보험법개정의 관점

-상법 보험편 개정안에 대한 비판적 검토-

양승규 · 장덕조 · 한창희
공저

청목출판사

머리말

2007년 초 모기지 대출회사의 연쇄부도로 시작된 서브프라임 모기지 사태는 전세계로 확산되어 우리나라 경제에 커다란 악영향을 미쳐 1997년 금융위기 이래 최대의 경제위기에 직면하고 있는 실정이다. 글로벌 보험사 중에서 세계 2위의 손해보험사인 AIG에 미국정부는 올해 3월 2일 300억 달러 포함하여 지난 6월간 총 1,800억 달러의 구제금융을 지원하였고, 세계 1위의 생명보험사인 ING 그룹에 대하여 네덜란드 정부는 100억 유로를 투입하였다. 지난 해 10월 28일 세계 제9위의 생명보험사인 Aegon사에 네덜란드 정부는 30억 유로를 투입한 경우에서 보다시피 보험사의 부실이 심각한 상황에 이른 것으로 판단된다. 이와 같은 보험회사를 둘러싼 상황변화에 대응하여 위험관리를 본질로 하는 보험산업의 규율방향에 대한 전면적인 재검토가 요망된다.

2007년 9월에 우리 정부는 보험사기 방지를 위한 규정, 질병보험 규정 등을 담고 있는 상법 개정안을 마련하여 현재 국회에서 본격적으로 심의를 진행하고 있고, 올해 2월부터 자본시장통합법의 시행과 함께 변액보험 등 투자성보험상품을 비롯한 각종 특약을 붙인 신종보험이 다양하게 출현할 것이 예상된다. 이에 따라 보험상품의 심사절차를 전면적으로 개선하여 신고상품 이외의 모든 상품을 자율상품화하는 네거티브방식으로 전환하고, 보험자의 설명의무와 변액보험에 대한 적합성원칙을 담은 정부의 보험업법 개정안이 또한 심의중이다.

보험은 대수의 법칙 등의 보험기술에 입각하여 행하여지는 이상 기본적으로는 법률규정도 보편적이어야 한다. 외국 보험시장에 대한 재보험의 필요성 등으로 인하여 보험에 관한 규범을 국제기준과 현대사회에 적절하도록 하는 것이 요구되고 있으며, 각국은 보험계약법의 현대화에 많은 노력을 기울이고 있다.

독일에서는 2008년부터 대폭 개정된 보험계약법이 시행되고 있는데, 새로운 보험계약법은 국내의 입법의 개정의 필요성뿐만 아니라, 앞으로 유럽의 보험법의 통일 가능성에 대비하여 독일이 지도적 지위를 확보하고자 야심찬 시도를 하고 있다. 예컨대, 고지의무 위반, 위험변경증가의 통지의무 위반, 보험계약자·피보험자의 중과실에 의한 보험사고 유발의 경우 전부 면책이 아닌 당해 사안의 사정에 따라 유연하게 보험금을 감액하는 새로운 비율적 보상원칙이 채용되어 있는 것이 그 예이다. 영국에서는 1906년 해상보험법이 정하는 원칙의 다수는 육상보험에도 적용되고 있지만, 이와 같은 영국 보험법의 현황은 해상보험에 관하여조차도 보험자의 이익을 지나치게 보호하는 것으로 판례에 의하여 수정되고 있다. 더구나 육상보험에 대하여는 소비자보호의 관점으로부터 매우 불합리한 사항에 대하여서는 1950년대로부터 판례법을 수정한 법률을 제정할 것이 제안되어 왔다. 그러나 보험업계에서는 법의 제정 대신에 판례법보다 보험계약자에게 유리한 자율규제를 정하여 옴부즈만 등의 재판외 분쟁절차에 의거하여 해결하여 오고 있고, 금융서비스시장법(the Financial Services and Markets Act 2000)의 시행과 함께 영국 법개정위원회는 보험계약법의 개정을 위하여 학계와 실무계의 역량을 집중하여 쟁점별로 보고서를 발간하고 있다. 고지의무와 담보특약(2007), 보험보조자와 계약성립전 의무(2007.3), 피보험이익(2008.1.14)에 관한 보고서 등이 그것이다.

오늘날의 보험계약법의 발상지라고 할 수 있는 유럽에서는 영국의 판례법주의 법계와 독일·프랑스의 대륙법계의 서로 다른 법률체계가 유지되어 온 결과 법제도의 근본적인 차이로 인하여 유럽의 통일작업에 커다란 장애가 됨을 인식하여 각 법영역별로 통일작업을 수행하기로 하여 2005년 5월 유럽연합집행위원회(EC Commission)는 유럽사법에 관한 공동조직(Joint Network on European Private Law)을 설립하여 민법분야에서는 2007년 말에 정의, 일반개념, 법률원칙을 담은 유럽계약법의 공통원칙(Common Principles of European Contract Law) 제1초안이 작성·제출되어 2008년 말에는 최종초안이 제출될 것으로 기대되고 있다. 보험법의 통일을 연구하는 클라크(Malcolm Clarke) 교수를 회장으로 하는 유럽보험계약법 리스테이트먼트 프로젝트 그룹은 2007년 12월에 '보험계약법준칙'의 초안을 발표하였다.

동아시아의 경우에도 보험법의 현대화의 노력이 진행되어 선도적인 결실도 나타나고 있다. 일본은 2년 후 시행될 예정으로 보험계약의 유형을 손해보험, 생명보험, 상해질병정액보험의 3가지로 구분하고, 고령화사회에서 중요한 질병보험 등을 포함한 96개의 조문으로 이루어진 보험법을 지난 6월 6일 공포하였다. 1995년 제정된 중국 보험법은 보험계약법과 보험감독법을 통합하여 규율하고 있는데, 2001년 WTO 가입에 따른 보험사업에 대한 외국자본에의 개방 등과 관련하여 2003년 보험감독에 관한 규정이 개정되었다. 그리고 2006년 중국 보험감독위원회는 보험계약법의 현대화를 위한 개정안을 마련하여 개정을 위하여 노력하고 있다.

보험법 개정의 목적은 그 현대화이고, 보험법 현대화는 보험에 관한 규범을 현대사회와 Global Standard에 적절하도록 하기 위한 것이다. 그 중 가장 중요한 과제는 보험계약자의 보호라고 할 것이다. 우리나라의 보험산업은 2006년 수입보험료 기준으로 생명보험은 세계시장점유율 3.3%로 전세계에서 7위, 손해보험은 1.91%로 세계 9위, 전체로는 세계 7위에 이를 정도로 그 성장이 눈부시다. 이와 같은 환경아래에서 보험계약관계를 규율하는 보험계약법과 보험사업에 대한 감독을 내용으로 하는 보험업법의 개정은 커다란 의미를 가진다.

이 책은 2009년 상법 제4편의 보험편 개정안과 보험업법 개정안에 대한 저자들의 견해를 담고 있다. 이 책의 교정을 위하여 힘써 준 서강대학교 대학원 법학과 박사과정의 김기수, 이진수 군에게 고마움을 표한다. 아무쪼록 이 책이 보험계약법과 보험업법의 현대화에 조금이나마 도움이 되기를 기원하는 마음 간절하다.

2009. 3

저자 씀

차 례

제1장

보험법 개정에 부쳐*

I. 머리말

보험은 우리의 경제생활에 따라다니는 갖가지 위험을 危險團體를 통해서 효율적으로 분산하여 우연한 사고로 고통을 받는 구성원의 경제적 어려움을 덜어주고자 하는 제도이고, 보험법은 이러한 보험관계를 규율하는 법이다.

보험제도는 인간의 이성으로 발견한 가장 훌륭한 제도의 하나이고, 보험계약은 보험자와 보험계약자 사이에 우연한 사고의 발생을 조건으로 보험료와 보험금을 주고받는 쌍무계약이나 개별적인 계약에서는 양자는 等價性이 없고, 다만 보험단체를 통해서 大數의 法則에 따라 급여와 반대급여의 균형이 유지되도록 짜여지는 것이다. 여기에서 보험계약은 다른 유상계약과는 근본적인 차이가 있고, 보험법은 보험단체를 건전하게 유지하기 위하여 여러 가지 제도적 장치를 마련하고 있다.

보험계약은 우연한 사고의 발생을 전제로 당사자의 법률관계를 정하고 있는 점에서 당사자의 善意性이 강조되고 이를 악용할 때에는 도덕적 위험(moral

* 이 장은 "보험법 개정에 부쳐", 「보험법연구」 제1권 1호, 보험법학회, 2007.8, 7~18면을 수정·보완하였음

risk)이 뒤따라 엄청난 사회적 문제를 일으키기도 한다. 오늘날 보험금을 노리고 벌어지는 위장사고 또는 위장살인 등 각종의 범죄는 바로 이를 드러내는 것이다.

이러한 점에서 보험계약관계를 둘러싸고 일어나는 당사자의 분쟁을 해결하는 데는 무엇보다도 보험제도와 보험계약의 법리에 따라 선의의 보험계약자를 보호하고 자신의 의무를 제대로 이행하지 않거나 고의 또는 중대한 과실로 보험사고를 일으킨 자와 음주·무면허운전과 같은 법률을 위반하여 사고를 일으킨 자에게는 보험보호를 할 수 없음을 보여 주는 것이 도덕적 위험을 방지하고 보험거래의 원활한 발전을 꾀할 수 있을 것이다.

1962년에 제정된 상법전에서 "제4편 보험"은 1991년에 해상편과 함께 개정되었고, 나는 그 개정위원회에 참여하여 개정안을 마련하기도 하였다. 그러나 그 법의 시행과 더불어 법원은 가령 상법 제638조의3의 규정에 대하여 개정의도와는 다른 해석을 하여 앞으로의 법개정시에는 해석상 의문의 여지가 없도록 규정하는 것이 필요하다고 느꼈다. 그리하여 여기서는 1991년의 보험법 개정시에 논의된 몇 개의 조문과 관련된 판례의 입장을 살피면서 앞으로의 보험법 개정시에 참고하도록 하고자 한다.

II. 보험법 개정사항과 관련하여

1. 보험약관의 교부·명시의무

보험계약은 우연한 사고의 발생을 전제로 하는 사행계약으로서 다수의 보험계약자를 대상으로 하는 부합계약이다. 이에 따라 보험계약은 필연적으로 보통보험약관에 의하여 그 계약조항이 정해지고, 이는 단체적인 구조를 전제로 하고 있다. 여기에서 보험계약법은 보험계약을 체결할 때에 보험자는 보험계약자에게 보험약관의 중요한 내용을 설명하여야 하는 이른바 약관교부·명시의무(상 제

638조의3 제1항)를, 그리고 보험계약자 또는 피보험자는 보험자에게 보험계약상 중요한 사항을 불고지 또는 부실고지를 아니하고 사실대로 알려야 하는 이른바 고지의무(상 제651조)라는 계약 전 의무(pre-contractual duty)를 각각 지도록 하고 또한 보험계약상의 갖가지 권리의무를 부과하고 있다.

상법 제638조의3 제1항은 보험자에게 보험계약체결시에 보험계약자에 대한 보험약관의 교부·설명의무를 지우고, 그 제2항은 약관규제법 제3조제3항과는 달리 보험자가 약관의 설명의무를 위반한 경우에는 보험계약자는 계약이 성립한 날로부터 1월내에 계약을 취소할 수 있도록 하고 있다. 이러한 상법의 규정은 우리나라의 약관규제법이 독일의 약관규제법에 따라 제정되었으나, 보험약관에 대하여 독일법 제2조의 편입요건을 갖추지 아니한 경우에도 주무관청의 인가를 받은 보험약관의 효력을 인정한 동법 제23조제3항과 같은 예외규정을 두고 있지 아니한 데서 1991년의 개정상법이 약관규제법 제3조제3항에 대한 특별규정으로 입법한 것이다.

그러나 대법원판례는 입법과정에서 논의된 바와는 달리 보험자가 보험약관의 설명의무를 위반한 경우에 약관규제법 제3조제3항의 규정에 따라 약관의 효력을 부인하고 있고, 이러한 현상은 입법에 관여한 사람으로서는 매우 당혹스러운 일이 아닐 수 없다.

▶대법원 1996.4.12. 선고 96다3893 판결

(1) 보험자 및 보험계약의 체결 또는 모집에 종사하는 자는 보험계약의 체결에 있어서 보험계약자 또는 피보험자에게 보험약관에 기재되어 있는 보험상품의 내용, 보험료율의 체계 및 보험청약서상 기재사항의 변동사항 등 보험계약의 중요한 내용에 대하여 구체적이고 상세한 명시·설명의무를 지고 있다고 할 것이어서 보험자가 이러한 보험약관의 명시·설명의무를 위반하여 보험계약을 체결한 때에는 그 약관의 내용을 보험계약의 내용으로 주장할 수 없다 할 것이므로 보험계약자나 그 대리인이 그 약관에 규정된 고지의무를 위반하였다 하더라도 이를 이유로 보험계약을 해지할 수는 없다.

(2) 상법 제638조의3 제2항에 의하여 보험자가 약관의 교부 및 설명의무를 위반한 때에 보험계약자가 보험계약 성립일로부터 1월내에 행사할 수 있는 취소권은 보험계약자에게 주어진 권리일 뿐 의무가 아님이 그 법문상 명백하므로 보험계약자가 보험계약을 취소하지 않았다 하더라도 보험자의 설명의무위반의 법률효과가 소멸되어 이로써 보험계약자가 보험자의 설명의무위반의 법률효과를 주장할 수 없다거나 보험자의 설명의무위반의 하자가 치유되는 것은 아니라고 할 것이다.

이 판결에서 보는 바와 같이 보험계약자가 보험계약을 체결할 때에 고지의무 등을 위반하고 보험자가 보험약관의 교부·설명의무를 이행하지 아니하였다고 주장하는 경우에 보험약관의 효력을 부인하고 그 의무를 위반한 보험계약자를 보호하는 것이 과연 법적 정의에 맞는 것인지 깊이 음미할 필요가 있다. 근자의 판결에서는 고지의무 등 법률에 규정된 사항에 대하여는 보험자의 설명의무가 없다고 판단하고 있으나, 그보다는 보험자가 약관의 교부·설명의무를 위반하였다 하더라도 보험계약자의 고지의무위반 등 중요한 사항이 있을 때에는 그에 대한 효력을 인정하는 것이 마땅하다 할 것이고, 독일법과 마찬가지로 그 뜻을 명문화하는 것이 필요하다고 생각한다.

독일의 약관규제법 제23조제3항은 ". . . 보험계약은 제2조제1항제1호, 제2호 소정의 요건을 지키지 아니한 경우에도 주무관청의 인가를 받은 보험자의 보통거래약관에 따른다."라고 규정하여 보험계약을 체결할 때에 보험약관의 編入要件을 갖추지 아니한 경우에도 그 약관의 효력을 인정하고 있다. 그리고 1994년의 독일개정보험계약법 제5조a는 보험자가 보험약관을 교부하지 아니하거나 소비자정보를 제공하지 아니한 경우에도 보험증권 등 문서를 수령한 후 14일 이내에 이의를 제기하지 아니한 경우에는 그 보험약관에 근거하여 보험계약이 체결된 것으로 본다는 뜻을 규정하고 있다.

▶대법원 2001.1.5. 선고 2000다31847 판결-상고기각

(1) 보험자가 서면으로 질문한 사항은 다른 특별한 사정이 없는 한 보험계약에 있어서 중요한 사항에 해당되는 것으로 추정되고, 여기의 서면에는 질문서는 물론 보험청약서도 포함될 수 있으므로 보험청약서에 일정한 사항에 관하여 답변을 구하는 취지가 포함되어 있다면 그 사항은 상법 제651조에서 말하는 중요한 사항으로 추정된다고 할 것인바, 다른 보험계약의 존재사실은 보험계약자가 보험자에게 고지하여야 할 중요한 사항으로 추정된다고 할 것이고, 따라서 보험계약자가 보험청약서의 다른 보험계약 사항란에 아무런 기재도 하지 아니한 것은 고의 또는 중대한 과실로 인하여 중요한 사실을 고지하지 아니한 경우에 해당한다고 할 것이다.

(2) 보험자에게 약관의 명시·설명의무가 인정되는 것은 어디까지나 보험계약자가 알지 못하는 가운데 약관에 정하여진 중요한 사항이 계약내용으로 되어 보험계약자가 예측하지 못한 불이익을 받게 되는 것을 피하고자 하는데 그 근거가 있다고 할 것이므로 **보험약관에 정하여진 사항이라 하더라도 거래상 일반적이고 공통된 것이어서 보험계약자가 별도의 설명 없이도 충분히 예상할 수 있었던 사항이거나 이미 법령에 의하여 정하여진 것을 되풀이하거나 부연하는 정도에 불과한 사항이라면 그러한 사항에 대하여서까지 보험자에게 명시·설명의무가 있다고 할 수 없을 것이다.**

▶대법원 2004.11.25. 선고 2004다28245 판결

보험자가 보험계약체결시에 자기신체사고 약관 공제조항에 관하여 설명하지 않았다면 보험자는 위 약관조항에 의한 보험금의 공제를 주장할 수 없다고 할 것이다.

이 판결은 보험자가 그 약관조항에 대한 설명을 하지 않았다는 이유로 가해차량의 공제자로부터 피보험자 딸의 사망에 대한 공제금(손해배상)을 받고 다

시 자손보험금을 받을 수 있다고 판단한 것으로 자동차종합보험의 근간을 흔드는 잘못된 판결이다.

2. 실효약관(失效約款)의 효력

보험계약에서 보험계약자가 보험료를 분할하여 지급하기로 하는 경우에 "제2회 이후의 계속보험료의 지급기일로부터 일정한 유예기간을 두고 그 기간 안에 보험료의 지급이 없는 때에는 보험계약은 효력을 잃는다"는 뜻을 정한 보험약관의 조항이 이른바 실효약관이다. 이와 같이 보험약관에 보험료의 지급기일로부터 일정한 유예기간(grace period)을 둔 경우에 보험자는 그 유예기간 동안에 생긴 사고에 대하여는 보험금지급책임을 지게 되나, 그 유예기간이 경과한 후에는 아무런 최고없이 보험계약은 자동적으로 효력을 잃게 된다.

이러한 실효약관은 계속보험료의 지급이 없는 경우에 보험자는 상당한 기간을 정하여 보험계약자에게 최고하고 그 기간 내에 지급이 없는 때에는 그 계약을 해지할 수 있다고 규정한 상법 제650조제2항에 어긋나 제663조에 따라 무효가 아니냐는 다툼이 생길 수 있다. 대법원 1977.9.13. 선고 77다329 판결과 대법원 1987.6.23. 선고 86다카2995 판결은 실효약관의 효력을 인정하였으나, 1995년의 전원합의부판결에 의하여 이를 변경했다.

▶대법원 1995.11.16. 선고 94다56852 전원합의부판결

분납보험료가 소정의 시기에 납입되지 아니하였음을 이유로 상법 제650조 소정의 최고와 해지절차를 거치지 아니하고 막바로 보험계약이 해지되거나 실효됨을 규정하고, 보험자의 보험금지급책임을 면하도록 규정한 보험약관은 상법 제650조와 제663조의 규정에 위배되어 무효라고 보아야 할 것이고, 상법 제650조의 규정이 보험료미납을 이유로 보험자의 일방적인 의사표시로서 보험계약을 해지하는 경우의 그 해지요건에 관한 규정일 뿐 보험자의 의사표시를 기다릴 필요없이 분납보험료가 연체되거나 혹은 그 분납보험료의 납입유예기간이 경과

되면 바로 보험계약이 실효되거나 보험자가 면책되는 것으로 규정하는 경우에까지 적용되는 것은 아니라고 해석할 것은 아니다.

▶대법원 2002.7.26. 선고 2000다25002 판결

(1) 내용증명우편이나 등기우편과는 달리 보통우편의 방법으로 발송하였다는 사실만으로는 그 우편물이 상당기간 내에 도달하였다고 추정할 수 없고 송달의 효력을 주장하는 측에서 증거에 의하여 도달사실을 입증하여야 할 것이다.

(2) 보험료납입의 연체를 이유로 보험계약이 일정기간 경과 후 당연히 실효된다고 한 보험약관의 규정은 모두 무효라 할 것이므로 보험자가 상법에 규정된 적법한 절차에 따라 상당한 기간을 정하여 보험계약자에게 연체된 보험료의 지급을 최고한 뒤 보험료납입의 연체를 이유로 보험계약을 해지하였다는 점에 관한 입증이 없는 한 그 보험계약이 실효되었다가 부활되었음을 전제로 하는 보험자의 주장은 이유없다.

실효약관의 효력을 부인한 대법원판결은 보험계약자의 편의를 위하여 한꺼번에 내어야 할 보험료를 보험계약자가 분할하여 지급하기로 약정하고, 그 지급기일로부터 상당한 기간(14일 또는 30일)의 유예기간을 두어 보험계약의 효력을 상실한다는 정함을 한 것이 보험계약자의 불이익으로만 볼 것은 아니라는 점에서 보험거래의 실정을 무시한 잘못된 판결이라 하지 않을 수 없다. 그리고 실효약관의 효력에 대하여는 본인이 1991년의 보험법 개정시안으로 제안하였으나, 당시 1977년과 1987년의 대법원판결에 의하여 그 효력이 인정되고 있다는 이유로 입법을 하지 않기로 하였다는 점을 부언하고자 한다.

3. 보험자의 면책사유

(1) 상법 제659조는 "보험사고가 보험계약자 또는 피보험자나 보험수익자의

고의 또는 중대한 과실로 생긴 때에는 보험자는 보험금액을 지급할 책임이 없다."라고 규정하여 보험계약자 등의 고의 또는 중대한 과실로 생긴 보험사고를 면책사유로 하고 있다.

보험자의 면책사유라 함은 보험계약에서 정한 보험사고가 발생한 경우에도 보험자의 보험금지급책임을 면제하는 사유를 말한다. 보험약관에서 보험자가 보험금을 지급하지 않는 사유로 정한 조항을 면책약관 또는 면책조항이라 한다.

미국의 Patterson은 보험계약에서 인과관계와 관련하여 보험자의 책임을 제한하고 있는 규정은 두 가지가 있는데, 그 하나는 보험사고의 결과에 따른 제한이고, 다른 하나는 보험사고의 원인(causes)에 따른 한정(restrictions)으로서 책임면제사유(exceptions)와 담보위험제외사유(exclusions)로 나누고 있다.

그러나 담보위험제외사유도 일반적으로 보험사고와 관련하여 보험자의 책임을 제한하는 데 사용하고 있고, 보험약관에서 정하고 있는 면책사유가 책임면제사유에 해당하느냐 아니면 담보위험제외사유에 해당하느냐의 구분이 명확한 것은 아니고 구체적인 상황에 따라 판단해야 할 사항이라 할 수 있다. 자동차종합보험약관에서 '산재사고' 면책조항은 이에 해당한다 할 수 있다.

▶대법원 2005.3.17. 선고 2003다2802 전원합의부판결-파기환송

업무용자동차종합보험약관 중 대인배상 II에서 '배상책임있는 피보험자의 피용자로서 산재보험법에 의한 재해보상을 받을 수 있는 사람에 대하여는 보상하지 아니한다'는 면책조항의 취지는, 사용자와 근로자의 노사관계에서 발생한 업무상 재해로 인한 손해에 대하여는 노사관계를 규율하는 근로기준법에서 사용자의 각종 보상책임을 규정하는 한편 이러한 보상책임을 담보하기 위하여 산재보험법으로 산재보험제도를 설정하고 있으므로 산재보험 대상인 업무상 자동차사고에 대하여는 산재보험에 의하여 전보 받도록 하고, 이처럼 산재보험에 의한 전보가 가능한 범위에서는 제3자에 대한 배상책임을 전보하는 것을 목적으로 하는 자동차보험의 대인배상의 범위에서 이를 제외하려는 데 있는 것으로 해석함이 상당하다. 그렇지 아니하고 업무상 자동차사고에 의한 피해근로자의 손해가 산재보험법에 의한 보상범위를 넘어서는 경우에도 그 면책조항에 의하여 보

험자가 면책된다고 한다면 자동차보험의 피보험자인 사업주의 피해 근로자에 대한 자동차손해배상보장법 또는 민법 등에 의한 손해배상책임이 남아 있음에도 불구하고 보험자의 면책을 인정하여 피보험자에게 실질적으로 손해배상책임을 부담하게 하는 것이 되는 바, 이는 피보험자동차의 사고로 인하여 피보험자가 타인에 대하여 부담하는 손해배상책임을 담보하기 위한 자동차보험의 취지에 어긋나는 것으로서, 약관규제법 제6조제1항, 제2항 제1호 및 제7조제2호 소정의 고객인 보험계약자 및 피보험자에게 부당하게 불리할 뿐만 아니라 사업자인 보험자가 부담하여야 할 위험을 고객에게 이전시키는 것이 된다. 따라서 '산재보험법에 의한 보상범위를 넘어서는 손해가 발생한 경우에도 보상하지 아니한다'는 면책조항의 '괄호 안 기재부분'은 위 같은 법률의 각 조항에 의하여 효력이 없다 할 것이다.

이 사건 대법원판결은 종래 자동차보험약관의 산재사고면책약관의 효력을 인정한 대법원 1989.11.14. 선고 88다카29177 판결과 동 1990.4.24. 선고 89다카24070 판결을 변경하여 '산재보험법에 의한 보상범위를 넘어서는 손해가 발생한 경우에도 보상하지 아니한다'는 면책조항의 '괄호 안 기재부분'은 약관규제법 제6조제1항 등의 규정에 의하여 효력이 없다 할 것이다.라고 판단하고 있다.

보험법리로 볼 때 보험자는 위험을 인수하지 아니한 사고로 생긴 피보험자의 손해에 대하여는 아무런 책임을 지지 않는다. 그러나 이 판결은 자동차종합보험의 대인배상책임보험에서 담보위험에서 제외하여 피용자의 산재사고에 대한 책임이 없는 보험자에게 산재보험금을 초과하는 손해에 대한 책임을 인정한 잘못을 저질렀다.

자동차종합보험약관의 대인배상책임보험에서 산재사고에 대한 면책조항은 신의칙에 어긋나는 것으로 볼 수 없을 뿐 아니라 상당한 이유없이 그 면책조항을 설정하고 있는 것도 아니다. 그리하여 대법원이 약관규제법 제6조1항, 2항1호 및 제7조2호를 들어 산재사고 면책조항이 무효라고 판단한 것은 같은 법조항의 해석도 그르쳤다고 하지 않을 수 없다. 법원, 특히 법의 해석·적용에 있어서 최종적인 판단을 내리는 대법원이 온정주의에 빠져 자동차사고로 인한 피보험자의 손해를 보상하여 주도록 하기 위하여 그 면책조항이 어떤 점에서 신의칙에 어긋나고, 고객에게 책임을 돌리는 상당한 이유가 없다는 점을 밝히지 않고 약관규제법의 각 조항을 들어 그 면책조항의 효력을 부인하고 있는 것은 부당하다.

산재보험은 근로자의 업무상의 재해에 대하여 근로기준법에서 정한 기준에 따라 보험급여를 하는 일종의 사회보험(산재보험법 38조 이하)으로서 피해자에게 충분한 보상이 이뤄지는 것이 아니다. 이에 대하여 자동차종합보험의 대인배상 II는 무한배상책임을 담보하고 있는 점에서 산재보험금을 초과하는 손해에 대하여 자동차보험자에게 그 책임을 지우는 것이 합리적이라고 생각할 수도 있다. 그러나 자동차종합보험에서 보험료가 반영되지 아니한 산재사고에 대하여 보험자에게 그 책임을 지우는 것은 보험제도의 성질상 용인될 수 없고, 산재사고에 대하여 그 초과분에 대한 담보책임을 인정하기 위하여는 특약을 붙이거나 또는 사용자배상책임보험을 이용하도록 하여야 하는 것이다.

이러한 점에서 이 사건 대법원판결은 산재사고와 자동차보험의 대인배상책임보험의 법리를 오해한 잘못이 있고, 이를 보험사업자들이 그대로 받아들일 수는 없다.

(2) 상법 제732조의2는 "사망보험계약에는 사고가 보험계약자 또는 피보험자나 보험수익자의 중대한 과실로 생긴 경우에도 보험자는 보험금액을 지급할 책임을 면하지 못한다."라고 규정하여 중대한 과실로 생긴 보험사고에 대하여 담보하도록 하고, 이 조문은 제739조에 의하여 상해보험에 준용하고 있다. 이에 따라 대법원 1990.5.25. 선고 89다카17591 판결 이래 상해보험의 경우 무면허운전면책약관에 대하여 과실로 평가되는 부분은 약관의 면책조항이 무효라고 판단하여 피보험자의 고의가 입증되지 않는 한 보험자의 보상책임을 인정하고 있는데 이는 무면허운전이 상해보험에서 담보위험에서 제외한 것이라고 볼 때에 무면허운전의 위법성을 제쳐놓는다 하더라도 판례의 입장은 옳다고 할 수는 없다. 음주운전의 경우에도 마찬가지이다.

▶대법원 1996.4.26. 선고 96다4909 판결

무면허운전은 형사처벌까지 받는 고의적인 범죄행위이긴 하나 그 고의는 특별한 사정이 없는 한 무면허운전 자체에 관한 것이고 직접적으로 사망이나 상해에 관한 것이 아니어서 그 정도가 결코 그로 인한 손해보상을 가지고 보험계약에 있어서의 당사자의 선의성 윤리성에 반한다고 할 수 없을 것이어서 약관 중 피보험자의 무면허운전이라는 사유로 생긴 손해는 보상하지 아니한다고 규정한 면책약관이 보험사고가 전체적으로 보아 고의로 평가되는 행위로 인한 경우뿐만 아니라 과실(중과실 포함)로 평가되는 행위로 인한 경우까지 보상하지 아니한다는 취지라면 과실로 평가되는 행위로 인한 사고에 관한 한 무효이다.

▶대법원 1998.4.28. 선고 98다4330 판결-파기환송

자기신체사고 자동차보험(자손사고보험)은 피보험자의 생명 또는 신체에 관하여 보험사고가 생길 경우에 보험자가 보험계약이 정하는 보험금을 지급할 책임을 지는 것으로서 그 성질은 인보험의 일종이라고 할 것이므로 그와 같은 인보험에 있어서의 음주운전면책약관이 보험사고가 전체적으로 보아 고의로 평가되는 행위로 인한 경우뿐만 아니라 과실(중과실 포함)로 평가되는 행위로 인한 경우까지 포함하는 취지라면 과실로 평가되는 행위로 인한 사고에 관한 한 무효라고 보아야 할 것이다.

무면허운전이나 음주운전은 사회질서에 어긋나는 행위이고, 이는 철저히 근절시키도록 하여야 할 사항이다. 그리고 음주운전자는 혈중알코올농도로 인하여 개별적인 차이는 있으나 신체의 기능이나 의식이 마비되고 판단력을 잃어 사고를 일으킬 개연성이 그만큼 높다고 할 수 있고, 사고를 일으키는 경우 자신은 물론 다른 사람에게도 커다란 손해를 입힐 가능성이 있음을 예견할 수 있다. 그러므로 무면허운전·음주운전면책조항을 담보위험제외사유가 아니라 책임면제사유로 본다 하더라도 운전자가 무면허 또는 술에 취한 상태에서 감히 운전을 하다가 사고를 일으켜 스스로 상해를 입고 사망한 경우에는 고의적인 범죄행위의 결과로 생긴 것이므로 적어도 미필적 고의로 생긴 사고로 보아 상법 제659

조에 의해서도 보험자의 면책사유에 해당한다고 풀이하는 것이 옳다고 생각한다. 왜냐하면 보험자의 면책사유로서 보험계약자 등의 고의는 원인행위에 있으면 되는 것이지 그 결과에 대해서까지 인식하여야 하는 것은 아니기 때문이다.

▶대법원 1998.10.20. 98다34997 판결-파기환송

비록 피보험자가 타인의 차량을 절취하여 무면허, 음주 상태로 운전을 하던 중에 발생한 것이라 하더라도 그 고의는 특별한 사정이 없는 한 차량의 절취와 무면허, 음주운전 자체에 관한 것이고, 직접적으로 사망이나 상해에 관한 것으로 볼 것은 아니며, 피보험자가 무면허라 하여도 그가 차량을 절취한 장소로부터 사고지점까지 약 10km를 운전한 점에 비추어 운전기능이 없었다고 추정할 수는 없을 뿐만 아니라 술김에 열쇠가 꽂혀 있는 차량을 절취하여 운행하게 된 점에 비추어 보더라도 다른 특별한 사정이 없는 한, 그 사고는 피보험자가 사고발생가능성을 인식하면서도 이를 용인하고 감행한 미필적 고의에 의한 사고라기보다 피보험자의 과실로 평가되는 행위로 인하여 발생하였다고 보는 것이 타당하다.

이 사건 대법원판결은 상해보험의 피보험자가 혈중알코올농도 0.13%의 상태에서 타인의 차량을 절취하여 운전 중 생긴 상해사고에 대하여서까지 상법 제732조의2의 규정에 따라 상해보험약관의 효력을 부인하고 피보험자의 과실로 인한 행위라는 이유로 보험자의 보상책임을 인정하여 원심판결을 깨고 되돌려 보내고 있다. 이러한 대법원판결의 입장은 참으로 이해할 수 없는 부끄러운 모습이 아닐 수 없다.

III. 맺는 말

보험은 인간의 경제생활에 따라 다니는 갖가지 위험을 위험단체를 통해서 효율적으로 분산하여 공동으로 그 위험에 대비하여 위험단체의 구성원이 보험사고, 즉 우연한 사고로 인한 경제생활의 어려움을 극복하도록 도와주는 제도이다. 보험자는 바로 위험단체의 위험관리인의 입장에서 수많은 보험계약자를 상대로 사고발생의 위험률에 따라 보험료를 받아 이를 관리운영하고 보험계약자의 보험사고로 인한 경제적 수요를 충족시켜 주는 것을 그 임무로 하고 있다고 할 수 있다.

이러한 보험제도의 특수한 상황에서 보험계약법은 어느 정도 단체법의 이념을 받아들이지 않을 수 없고, 소비자 보호라는 이유로 보험계약상의 의무를 게을리하였거나 음주·무면허운전 중의 사고의 경우에까지 보험자의 보험금지급책임을 인정하는 판결의 입장은 옳다고 할 수 없다. 이러한 우리 법원의 잘못된 판결은 보험과 관련하여 도덕적 위험 내지는 보험사기를 부추기는 결과를 가져오고 있다 할 수 있다. 그리하여 보험판례는 보험의 원리에 따라 보험의 남용을 방지하고 도덕적 위험을 배제할 수 있도록 하여야 하는데, 앞에서 든 몇 가지 판례들이 보이는 것처럼 보험의 원리나 법리에 맞지 않는 해석을 하여 혼돈을 낳고 있다. 그리하여 앞으로 보험법의 개정에서는 잘못된 판결을 바로 잡고, 보험질서를 바로 세울 수 있도록 구체적인 입법이 되도록 해야 할 것이다.

제 2 장

상법 보험편 개정안에 대한 검토*

Ⅰ. 글머리에

보험법 개정의 목적은 그 현대화이고, 보험법 현대화는 보험에 관한 규범을 현대사회와 Global Standard에 적절하도록 하기 위한 것이며, 그 중 가장 중요한 과제는 보험계약자의 보호라고 할 것이다.[1] 우리나라의 보험산업은 2006년 수입보험료 기준으로 생명보험은 세계시장점유율 3.3%로 전세계에서 7위, 손해보험은 1.91%로 세계 9위, 전체로는 세계 7위에 이를 정도로 그 성장이 눈부시다. 보험은 대수의 법칙 등의 보험기술에 입각하여 행하여지는 이상 기본적으로는 법률규정도 보편적이어야 하고,[2] 외국 보험시장에 대한 재보험의 필요성 등으로 인하여 보험에 관한 규범을 국제기준과 현대사회에 적절하도록 하는 것이

* 이 장은 "상법 보험편 개정안에 대한 검토", 「금융법연구」 제5권 제2호, (사)한국금융법학회, 2008.12, 201~234면에 실린 글을 수정 · 보완하였음

**이 글은 한국보험학회 보험법위원회(양승규 세종대총장, 정호열, 한창희, 장덕조 교수)의 "2007년 정부의 상법개정안에 대한 의견서"를 참조하였음.

1) 일본의 보험법 제정의 의의로서는 (ⅰ) 공제 등 유사보험에 규정대상의 확대, (ⅱ) 현대의 보험실무의 반영, (ⅲ) 보험계약자 보호의 강화, (ⅳ) 계약외의 제3자와의 법률관계의 정비 등이 들어가 있다(山下友信, "新しい保險法-總論的事項および若干の共通事項," 『ヅェリスト』, No. 1364, 2008. 10. 1, 11面.

2) 山下友信, "保險法現代化の意義," 『ヅェリスト』, No. 1368, 2008. 12. 1, 62面.

요구되고, 이에 2008년 8월 6일 정부의 상법 보험편 개정안이 국회에 제출되어 심의 중에 있다. 이 개정안의 중요쟁점을 검토하고 의견을 제시하는 것을 내용으로 하는 이 글에서 필자는 Ⅱ.에서 이 개정안의 중요논점인 최대선의의무와 관련하여 그 유래라고 판단되는 영국 보험법상의 최대선의원칙을 검토하고, 그 내용을 이루는 고지의무, 다른 보험계약의 체결사실의 통지의무, 위험의 증가, 사기적 보험금청구 등과 관련한 현대의 보험계약법의 동향을 살펴본 후 우리법에 대한 의견을 제시하고, Ⅲ.에서는 보험계약법 통칙에 관한 보험약관의 명시교부의무, 보험대리점 등의 권한에 대하여 살펴보며, Ⅳ.에서는 손해보험에 관한 미평가보험 규정, 보험목적의 양도, 손해방지비용의 보상, 청구권대위 등의 중요논점을 검토하고, Ⅴ.에서는 인보험과 관련하여 심신박약자의 보험가입, 사망보험의 경우 중과실로 인한 보험사고 면책의 금지, 보험금청구권의 압류금지 등에 관한 개정안의 내용을 검토하고자 한다. 끝으로 보험계약의 특성에 비추어 독립한 보험법의 제정 필요성을 강조하고자 한다.

Ⅱ. 최대선의의무

1. 서 언

2008년 국회에 제출된 상법 개정안 제638조 제2항은 "보험계약의 당사자는 보험계약의 체결, 권리의 행사와 의무의 이행을 최대선의의 원칙에 따라 하여야 한다"고 규정한다.

이 개정안상의 '최대선의의 원칙'은 "해상보험계약은 최대선의에 근거한 계약이고, 일방당사자가 최대선의를 준수하지 않은 경우에는, 타방당사자는 보험계약을 취소할 수 있다"고 규정하는 영국의 해상보험법 제17조를 비롯한 판례, 이론에서 유래한 것으로 보인다. 대륙법상의 신의성실의 원칙에 해당하는 영국 보험법상 최대선의원칙에 따를 의무[3]는 아래에서 살펴보는 바와 같이 보험계약의 체결단계만이 아니라 보험기간중 그리고 보험금청구시 등에 인정되므로 이하에서는 최대선의의 원칙(상법 개정안 제638조 제2항), 고지의무(상법 제651조), 다른 보험계약 체결사실의 통지의무(상법 개정안 제672조의2, 제732조의3), 위험증가의 통지의무(상법 제652조, 제653조), 사기적 보험금청구(상법 개정안 제657조의2) 등의 순서로 살펴본다.

2. 영국 보험법상의 최대선의의 원칙

1) 개 관

영국에서 피보험자는 보험계약 성립시만이 아니라 계약을 이행하는 단계에서도 보험자에 대하여 신의와 성실로 대하여야 한다는 것이 보험계약의 필요조건이지만,[4] 보험계약이 체결된 후에도 선의의 원칙이 종료되지 않고, 보험기간 동안 피보험자는 선의의무를 진다는 것이 영국 최고법원에서 확인된 것은 Star Sea호 사건[5]에서이다. 영국법상 일반계약법에서 선의의무는 중요시되지 않고, 오직 보험계약법에서만 보험계약의 특성에 비추어 잔존하고 있으며, 영국 보험법상의 최대선의의무는 대륙법상의 신의성실의무와 같은 원리로 해석된다.[6]

2) 단계별 선의의무

영국 보험법상 선의의무는 단계별로 성격이 다르다. '최대한의' 선의의무를 지는 것은 단지 계약성립시일 뿐이며, 보험기간중에는 원칙적으로 당사자간의 약정에 구속되는 것을 원칙으로 하지만, 사기적 보험금청구 등에 있어서 선의원칙이 적용된다.[7]

---

3) 계약법상 영미법상의 Good Faith 원칙은 대체로 대륙법상의 신의성실의 원칙과 같은 의미를 가진다: 윤진수, "미국 계약법상 Good Faith 원칙," 『법학』, 제44권 제4호, 서울대학교 법학연구소, 2003, 40면.

4) Soyer, "Duty of Utmost Good Faith in Insurance Contracts," [2003] Lloyd's Maritime and Commercial Law Quarterly 39.

5) [2001] UKHL 1, [2001] 2 WLR 170, 195.

6) Malcolm Clarke, "Good Faith and Bad Blood in Insurance Claims," 14 South African Law Journal 65 [2002].

(1) 보험계약 체결 이전의 고지의무

피보험자는 자신이 알고 있는 중요한 사실을 알리는 데 있어서 '최대한' 선의로 행하여야 한다.

(2) 보험기간중의 위험증가의 통지의무

영국 보통법상 보험기간 동안 발생하는 중요한 사실을 알릴 일반적인 의무는 존재하지 않는다. 다만 약정으로 피보험자가 보험기간중의 위험의 증가의 통지의무를 지는 것으로 하는 경우 선의의무가 인정되어 보험자는 보험계약을 종료하거나 추가보험료의 지급을 조건으로 담보하는 계속담보조항의 적용을 주장할 수 있다.

(3) 보험금청구

피보험자의 보험금청구에도 선의의무가 적용된다. 피보험자는 사실을 충분히 알려야 하고, 보험자 또한 피보험자에게 손해사정사의 보고서를 알릴 의무와 같은 의무를 진다. 피보험자에 의한 보험금청구가 합의로 해결되는 경우 그 화해는 선의의 원칙에 따라야 한다. 보험금청구가 금액 등의 점에 관하여 다툼이 있다고 하여 보험금지급의 거부는 아니고, 이는 합의절차의 일부로 고찰되고, 보험계약을 포함한 모든 계약상 당사자는 합의에 있어서 사실을 알릴 선의의무를 진다.

근래 영국 보험법상 최대의 쟁점인 사기적 보험금청구에 대하여는 Mercandian Continent호 사건, Agapitos v. Agnew, "The Aegeon" 사건[8] 등에서 보험자가 보험금지급책임을 면하는 사기적 보험금청구와 이를 피보험자가 사용한 결과가 보험자에 대하여 매우 중대한 경우에 한하여 보험자가 보험금지급책임을 면하는 사기적 방법[9]을 구별한다.[10]

---

7) Malcolm Clarke, The Law of Insurance Contracts, Informa : London, 2006. 12. 6, 27-1A1.

8) [2002] 2 Lloyd's Rep. 42, C.A.

9) Aegeon호 사건 [2002] 2 Lloyd's Rep. 30에서 Mance 판사는 "사기적 보험금청구는 피보험자가 손해를 입지 않았음을 알고서 또는 그가 청구하는 것보다 적은 손해를 입었음을 알고서 피보험자가 보험금을 청구하는 경우에 존재한다. 사기적인 방법(fraudulent devices)은 피보험자가 손해를 입었지만, 일부 거짓말로 보험금청구에 관한 사실을 개선하거나 장식하는 것을 추

한편 소송이 제기된 경우에는 "더 이상 이익의 공동체는 존재하지 아니하고, 당사자는 다툼중이며, 이익은 대립하고, 이들의 관계와 권리는 소송절차에 의하여 규율된다"고 한다.[11]

3) 선의의무의 정도와 위반의 효과

(1) 선의의무의 정도

선의의무의 정도는 단계별로 상이하다.

보험계약이 체결되는 시점에서는 피보험자가 알고 있는가 여부, 실제로 알고 있는가 여부를 묻지 않고 모든 중요한 사실을 알릴 의무가 있지만, 보험계약이 성립한 후에는 발생하거나 발견된 사실을 알릴 의무는 없다. 왜냐하면 원래의 위험이 승낙과 요율산정에 있어서 중요한 것이고, 새로운 정보가 보험자에게 소중한 것일지라도 알릴 필요가 없기 때문이다. 약관상 위험의 증가사실을 알리도록 한 경우에도 사기나 중과실의 경우에만 선의원칙 위반이고, 과실로 증가를 평가함에 있어서 착오는 위반이 아니다.

일단 보험금이 청구되면 다른 원칙이 적용된다. 선의의 부실표시 또는 불고지는 선의의무 위반의 문제가 되지 않고 사기적인 경우만이 문제된다.

(2) 선의의무 위반의 효과

영국법상 선의의무 위반의 경우 손해배상은 인정되지 않고, 무효 또는 취소만이 인정된다.

4) 보험자의 선의의무

영국 해상보험법 제17조는 보험계약의 두 당사자 모두 최대선의의무를 진다고 규정하는데, 영국의 경우 미국과는 달리 정당한 보험금청구에 대하여 부당하

구한다고 믿는 경우에 사용된다"라고 판시하였다.

10) Alison Padfield, Insurance Law - An Introduction, edited by R. Merkin, Informa : London, 2007, p. 163.

11) Agapitos v. Agnew(위의 각주 8)에서 Mance 판사의 판시 ; Jonathan Gilman and Robert Merkin, Arnould's Law of Marine Insurance and Average, 17th ed., Sweet & Maxwell : London, 2008, p. 777.

게 보상을 지체한 경우 등에 보험자의 선의의무 위반을 인정하는 데 매우 소극적이다. 이에 따라 사기적 청구를 할 때까지 또는 열악한 지위에 있는 피보험자가 화해할 때까지 보상을 지체하여도 제재를 염려하지 않아도 된다는 비판이 있고, 보험자의 나쁜 이미지형성의 원인이라는 비판이 유력하다.[12)]

3. 최대선의원칙

1) 상법 개정안의 내용

상법 개정안 제638조 제2항은 "보험계약의 당사자는 보험계약의 체결, 권리의 행사와 의무의 이행을 최대선의의 원칙에 따라 하여야 한다"고 규정한다.

2) 의 견

민법 제2조 제1항과 관련하여 상법개정안 제638조 제2항은 삭제하거나 표현을 민법 제2조 제1항을 참조하여 문언을 수정하거나 '최대'의 문구를 삭제하는 것이 타당하다.

3) 이 유

(1) 보험계약상 신의성실의 원칙의 근거

보험계약에 있어서 당사자의 신의성실의 원칙의 근거는 보험계약의 사행계약성, 위험의 관리라는 보험계약의 특수성, 정보의 불균형 등이다.

(가) 사행계약성

보험계약은 적은 금액의 보험료로 우연한 사고가 발생하는 경우 많은 금액의 보상을 내용으로 하는 사행계약이다. 따라서 이를 악용하여 경제적 이익을 얻으려는 도덕적 위험이 상존한다.

---

12) Malcolm Clarke, "Good Faith and Bad Blood in Insurance Claims," *14 South African Law Journal 65*, 76 [2002].

(나) 정보의 불균형

신의성실의 원칙의 또 다른 근거는 보험계약은 당사자 사이에 정보의 불균형을 특색으로 한다.

먼저 보험의 대상으로 되는 위험이 일반적으로 피보험자의 영역내에 있는 것에 유래하는 피보험자측의 정보우위이다. 다음으로는 보험회사의 보험소비자에 대한 정보우위의 측면도 중요하다. 첫째, 상품에 대한 보험자의 정보우위와 관련하여 이 측면에서의 정보격차를 방치한다면 소비자의 합리적인 선택이 불가능하고, 각 소비자는 자기의 필요에 적합한 계약을 체결할 수 없게 되는 것은 물론, 보험 금융시장에서의 최적의 자원배분이 침해된다. 둘째, 보험사고발생시 피보험자측에 비하여 보험자는 법률전문가로서 보상여부 또는 보상액의 산정 등에 있어서 주도적인 지위를 차지하고 있는 반면, 피보험자측은 보험금청구를 위한 법률요건 등에 있어서 정통하지 못하고 손해액의 산정에 있어서 전문적인 지식을 갖추지 못하는 불균형이 발생한다.[13)]

(2) 일본 보험법제정안상의 신의성실의무

2008년 일본 법무부의 보험법 제정안으로 확정되기 이전에는 "보험계약의 관계당사자는 보험계약의 체결로부터 종료할 때까지 보험계약의 취지에 따라 신의에 좇아 성실하게 행동하고, 당사자간의 형평을 위하여 필요한 때에는 상호협력하도록 노력한다"는 제안이 들어가 있었다.

2008년의 제정 보험법은 보험자의 보험계약해제사유로 피보험자가 당해 보험계약에 기한 보험급부의 청구를 행함에 있어서 사기를 행하거나 행할 우려가 있는 때(생명보험의 경우에는 보험수익자)와 보험자의 보험계약자 또는 피보험자에 대한 신뢰를 상실하여 당해 보험계약의 존속을 곤란하게 하는 중대한 사유(생명보험의 경우에는 보험수익자가 추가됨)를 들어(동법 제30조 제2호, 제3호; 제57조 제2호, 제3호) 보험계약자측이 보험계약 체결시만이 아니라 존속중에도 신의성실의무를 지는 것을 명확히 한다.

---

13) 한창희, "보험계약에 있어서의 신의성실의무," 『보험학회지』, 제80집, 한국보험학회, 2008. 8, 57~59면.

(3) 영국법에서 유래하는 최대선의의 원칙은 우리법을 포함한 대륙법상의 신의성실의 원칙과 크게 다르지 않다고 판단되고, 민법 제2조 제1항의 신의성실의 원칙은 사회적 지위 등 구체적인 사정에 따른 적용을 내용으로 하므로 정보의 격차 등 보험계약의 특성에 따른 신의성실의 원칙은 민법의 규정으로 충분한 점에 비추어 상법 개정안 제638조 제2항을 삭제하거나 우리법제에 맞게 규정하는 것이 타당하다.[14)]

4. 고지의무

1) 상법 보험편 개정안의 내용

보험법개정안은 고지의무 위반과 보험사고 사이에 인과관계가 인정되지 않더라도 보험자는 보험금을 지급하되 계약을 해지할 수 있는 것만을 개정하고 있는바, 외국의 최근동향을 검토하여 개선점을 논의할 필요가 있다.

2) 고지의무제도개선에 관한 최근동향

(1) 개 관

고지의무를 개정함에 있어서 참조할 주요한 입법례로는 ① 합리적인 피보험자에 관한 호주 원칙, ② 보험계약자는 보험자의 질문에 합리적인 응답을 요구하는 스위스 원칙, ③ 비율보상원칙을 취하는 프랑스 원칙 등이 있다.[15)]

(가) 호주 원칙: 합리적인 피보험자

호주[16)]와 벨기에[17)]는 "(a) 보험자가 위험을 인수할 것인가 여부 또는 어느 조건으로 인수할 것인가 결정하는 데 적정한 피보험자가 알고 있거나 (b) 합리적인 사람이 그 상황에서 적정한 사항이라고 알 것이 기대되는, 피보험자가 알

14) 김선정, "법무부 상법 개정안 재론," 『2008년도 보험업계 현안문제 해결을 위한 정책세미나 자료집』, 한국보험학회, 2008, 73면.

15) Malcolm Clarke, *Policies and Perceptions of Insurance Law in the Twenty-First Century*, Oxford University Press : New York, 2007, pp. 119~126.

16) 1984년 호주 보험계약법 제21조 제1항.

17) 1992. 6. 25 벨기에 보험법 제5조.

고 있는 모든 중요한 사항을 알릴 의무가 있다"고 한다.

(나) 스위스 원칙: 질문에 대한 합리적인 응답

고지의무는 보험자에 의한 서면의 질문에 충분하고 정직한 응답으로 충분하다는 입장으로 1994년 핀란드 보험법 제22조, 프랑스의 1989년 개정 보험법, 1908년에 제정되고 2006년부터 개정되어 시행되는 스위스 보험계약법 제4조, 2008년 개정 독일보험계약법 제18조 제1항, 2008년 일본의 제정 보험법이 취하는 입장이다.

(다) 프랑스 원칙: 비율보상

프랑스의 경우에는 악의적인 불고지 또는 부실고지의 경우 보험계약은 무효이지만, 그 밖의 경우에는 보험자는 충분하고 정확한 정보가 제공되었더라면 지급될 보험료와 지급된 보험료와의 비율에 따라 보험금을 지급하는 비율적 보상원칙이 채용된다.[18] 독일,[19] 덴마크,[20] 핀란드[21]와 같은 유럽의 다수의 법이 채용하고 있다. 이는 전부 또는 전무식의 접근방법을 수정하여 사안의 중요성에 따라 위반의 결과를 완화하는 장점을 가진다.

(2) 영국의 법률개정위원회의 고지의무에 관한 보고서

보험계약법의 개정을 위하여 쟁점별로 보고서를 발간하고 있는 동위원회는 현행 고지의무법리가 지나치게 보험계약자측에게 엄격함을 완화하기 위한 논의를 바탕으로 획기적인 개혁을 제안한다.[22]

(가) 답변의무

보험소비자는 질문하지 않은 사실에 대하여는 고지할 의무는 없고, 합리적인

18) 프랑스 보험법 제113-8조와 제113-9조.

19) 독일 보험계약법 제28조 제2항: 보험계약자가 이행하여야 할 계약상의 책무를 위반되었을 때 책무를 위반한 때에는 보험자가 급부를 의무가 없다는 약정을 한 경우, 중과실로 의무를 위반한 경우에는 보험계약자의 의무위반의 비율에 따라 보험자의 급부의무는 공제된다. 중과실이 없었다는 입증책임은 보험계약자가 진다.

20) 1930년 덴마크 보험계약법 제16조 제2항.

21) 1994년 핀란드 보험법 제24조와 제25조.

22) Law Commission, *Insurance Contract Law: Misrepresentation, Non-Disclosure and Breach of Warranty by the Insured*, TSO : London, 2007, pp. 75, 81, 105, 126, 272~279.

소비자가 질문이 특정한 정보를 요구하는 것으로 이해할 수 없는 불완전한 것과 같은 일반적인 질문의 경우에는 보험자에게 구제수단이 인정되지 않는다.

(나) 고의 또는 중과실의 요구

영국 보험법은 우리법과 달리 과실로 인한 고지의무 위반을 인정하는데, 이번 보고서는 고의나 중과실로 인한 경우로 한정하여 고지의무의 범위를 축소하는 안을 제시한다.

(다) 과실로 인한 고지의무 위반의 경우 비율적 보상원칙의 채용

보험계약자가 과실로 고지의무를 위반한 경우에는 보험자가 진실을 알았더라면 청구하였을 것을 보험료와 실제 지급한 보험료에 비례하여 보상을 허용하는 비율적 보상원칙을 채용할 것을 제안하고 있다. 즉, ① 보험자가 면책으로 하였을 경우에는 피보험자는 보상을 받지 못한다. ② 보험자가 위험의 인수를 거절하였을 경우에는 보험계약은 취소되고, 보험료는 반환되며, 보험금청구는 거부된다. ③ 보험자가 보험료의 증액을 청구하였을 경우에는 보험금은 비율적으로 감액된다.

(라) 소멸시효

고지의무 위반의 경우 취소권의 소멸시효기간에 대하여는 영국법원의 판례는 고지의무 위반사실을 안 날로부터 보험계약의 취소 여부를 결정하는 데 필요한 상당한 기간이라고 하는데,[23] 보고서는 보험계약이 발효한 날로부터 3년에 대한 여론을 조사한 후 이는 지나치게 사기를 촉진하고 선의의 보험계약자의 보험료의 인상으로 귀결된다는 비판을 수용하여 5년으로 연장하여 제안하고 있다.

(3) 일본 제정 보험법

(가) 내 용

일본 제정 보험법은 고지의무를 자발적 신고의무에서 질문응답의무로 하고, 비율적 보상은 채용하지 않고 있으며, 보험매개자의 고지방해의 경우 해제권을 제한한다.[24]

23) 대법원 1996.3.8. 선고 95다28779 판결

(나) 우리 상법과의 차이

일본 제정 보험법상의 고지의무는 다음과 같은 점에서 우리 상법과 차이가 있다.

첫째, 고지의무를 수동적 의무, 즉 답변의무로 변경하고 있다.[25]

둘째, 일본법은 고지사항을 "보험계약에 의하여 보상할 손해의 발생가능성에 관한 중요한 사항"으로 명확히 하는 점에서 우리 상법과 구별된다.

셋째, 해제의 제한사유로 일본법은 ① 보험계약의 체결시에 보험자가 전항의 사실을 알거나 과실에 의하여 알지 못한 때, ② 보험매개자가 고지를 방해한 때, ③ 해제의 원인이 있음을 안 날로부터 1월간 해제권을 행사하지 않거나 보험계약을 체결한 때로부터 5년이 경과한 때,[26] ④ 고지의무 위반과 보험사고

24) "보험계약자 또는 피보험자는 보험계약의 체결시에 보험계약에 의하여 보상할 손해의 발생가능성에 관한 중요한 사항 중 보험자가 될 자가 고지를 청구한 것에 대하여 사실을 고지하여야 한다"(일본 보험법 제4조, 제37조, 제63조, 제66조).

"① 보험자는 보험계약자 또는 피보험자가 고지사항에 대하여 고의 또는 중대한 과실에 의하여 사실을 고지하지 않거나 또는 부실의 고지를 한 때에는 보험계약을 해제할 수 있다. ② 보험자는 전항의 규정에도 불구하고 다음의 경우에는 보험계약을 해제할 수 없다. 1. 보험계약의 체결시에 보험자가 전항의 사실을 알거나 과실에 의하여 알지 못한 때 2. 보험자를 위하여 보험계약의 체결을 매개할 수 있는 자(보험자를 위하여 보험계약의 체결의 대리권이 있는 자를 제외한다. 이하 보험매개자라 한다)가 보험계약자 또는 피보험자가 전항의 사실을 고지하는 것을 방해한 때 3. 보험매개자가 보험계약자 또는 피보험자에 대하여 전항의 사실을 고지하지 않거나 부실의 고지를 할 것을 권유한 때 ③ 전항 제2호 및 제3호의 규정은 당해 각 호에 규정하는 보험매개자의 행위가 없었다고 하여도 보험계약자 또는 피보험자가 제1항의 사실을 고지하지 않거나, 부실의 고지를 하였다고 인정되는 경우에는 적용하지 않는다. ④ 제1항의 규정에 의한 해제권은 보험자가 동항의 규정에 의한 해제의 원인이 있음을 안 날로부터 1월간 행사하지 않은 때에는 소멸한다. 보험계약을 체결한 때로부터 5년이 경과한 때에도 같다"(동법 제28조, 제55조, 제84조).

"제4조에 반하는 특약으로 보험계약자와 피보험자에게 불리한 것은 무효이다"(동법 제7조).

"고지의무 위반으로 인한 보험계약의 해제의 효력은 장래를 향하여서만 효력이 발생하고"(동법 제31조 제1항), "고지의무 위반으로 인하여 해제한 때까지 발생한 손해에 대하여는 보상책임을 지지 않지만, 고지의무 위반사실에 기하지 않고 발생한 보험사고로 인한 손해에 대하여는 보상책임을 진다"(동법 제31조 제2항 제1호).

25) 이에 따른 일본 실무계의 대응에 대하여서는 淺湫聖志, "保險契約法の改正について-實務面への影響を中心に," 『損害保險研究』, 第70巻 第1號, 損害保險事業綜合研究所, 2008. 5, 49面; 한창희, "영국법의 최대선의의무 논의동향과 우리법에의 시사점," 『금융법연구』, 제5권 제1호, 금융법학회, 2008, 81면.

26) 고지의무와 관련된 내용 가운데 제척기간에 관한 규정을 제외하고 모두 상대적 강행규정화 되었다. 맹수석, "일본의 보험법 개정," 『일본 증권금융시장의 경쟁력 제고를 위한 법제개혁과 시사점』, 한일금융상사법포럼 국제세미나 자료집, 한일금융상사법포럼, 2008, 42면.

사이에 인과관계가 없는 때를 들고 있다. 우리 상법과 다른 점은 ① 우리 상법은 보험자가 중대한 과실로 알지 못하는 때로 하고 있으나 일본법은 과실로 인하여 알지 못하는 때로 하여 제한의 범위를 확대하고 있고, ②는 일본법에만 규정되어 있는 독자적인 규정이며, ③ 우리 상법은 보험계약을 체결한 날로부터 3년인데 일본법은 5년으로 장기간이 되었고, ④의 인과관계를 요구하는 점은 동일하다.

3) 개정의견

(1) 답변의무의 채용

고지의무제도의 엄격성을 완화하는 현대적인 경향에 비추어 답변의무로 변경하고, 나아가 2008년 독일 보험계약법과 프랑스 보험법에서 채용하고 있는 비율적 보상을 채용할 것을 검토하는 것이 요망된다.

(2) 소멸시효기간

소멸시효기간에 대하여는 미국 판결은 2년,[27] 호주,[28] 뉴질랜드 법개정위원회는 3년, 영국 법개정위원회와 일본 제정 보험법은 5년, 독일의 경우에는 과실로 인한 경우에는 5년, 고의로 인한 경우에는 10년을 취하는 입법례가 있다.[29] 답변의무로 개정하고, 소멸시효기간을 보험자가 고지의무 위반사실을 안 날로부터 1월, 보험계약이 성립한 날로부터 5년으로 하는 것이 타당하다.

---

27) Robert H. Jerry, II and Douglas R. Richmond, *Understanding Insurance Law*, 2nd ed., LexisNexis : Newark, NJ, 2007, pp. 797~798.

28) 호주 보험계약법 제29조 제3항과 제4항은 생명보험의 경우 보험계약이 성립한 날로부터 3년 이내에 고지하였더라면 계약을 체결하지 않았을 경우에는 취소하거나 보험계약의 내용을 변경할 수 있다.

29) 독일 보험계약법 제21조 제3항.

5. 다른 보험계약 체결사실의 통지의무

1) 상법 개정안의 내용

손해보험과 생명보험을 구별하여 전자의 경우에는 보험계약자 등의 고의 또는 중과실로 다른 보험계약의 체결사실의 통지의무의 위반의 경우 보험계약을 해지할 수 있다고 하고(상법 개정안 제672조의2), 후자의 경우에는 보험자의 질문이 있는 경우에 한하여 통지의무를 인정하고 위반의 경우에는 전자와 같은 효과를 부여한다(상법 개정안 제732조의3).

2) 개정의견

신설에 반대한다.

3) 이 유

(1) 다른 보험의 존재를 알리지 아니하였다고 하여 보험금 전액을 받을 수 없도록 한 점은 가혹하다는 비판의 여지가 있다.

(2) 보험계약자 등의 고의 또는 중과실로 다른 보험계약에 대한 통지의무의 위반의 경우 보험계약을 해지할 수 있다고 하는 제2항의 규정은 위반과 손해 사이의 인과관계를 요구하지 않는 점에서 상법 제651조의 고지의무 위반보다도 엄격한 효과를 부여하여 지나치게 보험계약자측에게 가혹하여 형평에 반한다.

(3) 고지의무제도의 엄격성을 완화하는 현대적인 경향에 따라 보험계약자측의 응답의무로 변경하는 경우 보험자측이 다른 보험계약 체결사실을 질문하여 다른 보험계약에 가입한 사실을 통지하지 않는 경우 고지의무 위반이 될 수 있다.

(4) 손해보험과 생명보험을 달리 규정하는 것이 타당한가 여부에 대한 종합적인 검토가 필요하다.

(5) 도덕적 위험의 존부를 판단하는 것은 시스템강화를 통한 보험자의 역할

이다.30)

6. 위험의 증가

1) 위험의 증가의 뜻과 고려요소

위험의 증가라 함은 보험계약 체결후 위험이 높아져 이 위험을 보험자가 인수하지 않았을 것이거나 같은 조건으로는 인수하지 않았을 정도로 보험자의 합리적인 판단에 영향을 미치는 것을 말한다.

보험계약자가 제공한 정보를 기초로 보험자는 보험료를 산정하여 위험을 담보하는 것이고, 위험이 증가하는 경우 보험계약에서의 균형확보를 위하여 증가된 위험을 재측정하는 데 필요한 정보를 보험목적을 지배하는 보험계약자측이 보험자에게 제공하도록 하는 제도이다.

또한 보험보호를 받고 있는 피보험자의 기대를 보호하기 위하여서도 계약내용을 재교섭할 수 있는 기회를 부여하는 것이 합리적이다.

위험의 증가법리에는 다음과 같은 여러 요소를 고려하여야 한다.31)

첫째, 보험계약자가 담보위험에 대하여 경제적 보장을 받고 있다고 믿고 있는데 대한 그의 신뢰를 고려하여야 한다.

둘째, 효율적인 보상과 손해의 경감을 꾀하는 사회전체의 이익이다. 즉, 사회가 인간의 잠재적으로 유용한 활동을 조장하려 하는 점에서는 첫째 요소와 중복되지만 사회는 또한 자의적이거나 낭비적인 인간의 행동을 억제하고자 하는 것이다.

셋째, 보험자의 이익으로 사회전체와 함께 보험자는 위험의 관리와 손해의 방지에 이해관계를 가진다. 이는 자의적이거나 낭비적인 행위를 억제하려는 점에서 둘째 요소와 중복된다. 이는 보험계약의 체결 이전 뿐만이 아니라 보험계

30) 김형기, 「2008년도 보험업계 현안문제 해결을 위한 정책세미나 자료집」, 한국보험학회, 2008. 11, 166면.

31) Malcolm Clarke, "Aggravation of Risk during the Insurance Period," [2003] *Lloyd's Maritime and Commercial Law Quarterly* 109~110.

약 체결이후에도 보험자가 보험계약자의 행위를 어느 정도 통제하는 것을 허용하거나 통제하도록 촉구하는 것이라고 할 수 있다.

넷째, 일반 보험계약자는 보험에 대하여 잘 알지 못하는 것이 보통이므로 이와 같은 법률지식이 없는 보험계약자를 보호하는 데 어느 정도 노력하여야 한다는 점이다. 즉, 법이 필요 이상으로 소비자에게 부담을 지우는 것은 소비자나 보험을 판매하는 보험자에게 이익이 아니라는 점이다.

2) 입법례

(1) 일본의 제정 보험법

일본의 제정 보험법[32]은 위험증가의 통지의무의 범위를 보험계약 체결시에 고지한 사항 중에 증가의 경우 통지하도록 약정한 사항으로 구체적으로 한정하고, 객관적 위험변경·증가의 통지의무와 위험유지의무로 구별하지 않는 점에서 중요한 의의가 있는 개정이다.[33] 다만 위험증가와 보험사고 사이의 인과관계를 요한다(동법 제31조 제2항 제2호, 제59조 제2항 제2호, 제88조 제2항 제2호).

(2) 프랑스 보험법

프랑스 보험법상 보험계약 체결 이후 위험의 증가에 대한 규정의 특색은 ① 보험계약자는 보험자에 대한 응답이 상황의 변화로 인하여 위험을 증대시키는 새로운 사실을 보험계약 체결 이후 통지하도록 하고 있는 점(프랑스 보험법 제113-2조 제3항), ② 통지의무 위반의 효과를 악의의 경우와 선의의 경우로 나누어 전자의 경우에는 보험계약이 무효가 되지만, 후자의 경우에는 보험사고 발생

---

32) 일본 제정 보험법 第29조, 第56조, 第85조는 (1) 당해 위험증가에 관한 고지사항에 대하여 그 내용에 변경이 발생하는 경우에는, 보험계약자 또는 피보험자가 보험자에게 지체없이 그 뜻을 통지한다는 내용이 당해 보험계약에서 정하고 있을 것 (2) 보험계약자 또는 피보험자가 고의 또는 중대한 과실에 의하여 지체없이 전호의 통지를 하지 않을 것을 충족하는 경우에는 보험계약을 해제할 수 있다고 규정하고, 이를 강행규정으로 하며, 그 효력을 장래를 향하여 효력이 있는 것으로 하고, 해제에 관한 위험증가가 생긴 때로부터 해제된 때까지 발생한 보험사고로 인한 손해는 면책이지만 당해 위험증가를 야기하지 않은 사유로 발생한 보험사고로 인한 손해는 보상한다고 규정한다.

33) 이에 대한 일본 실무계의 대응에 대하여서는 淺湫聖志, 前揭論文, 56面; 한창희, "영국법의 최대선의의무 논의동향과 우리법에의 시사점," 『금융법연구』, 제5권 제1호, 2008, 84面.

전인 경우에는 보험자에게는 우리 상법과 같이 추가보험료청구권과 보험계약의 해지권을 부여하고, 보험사고 발생후의 경우에는 중요한 사실이 통지되었더라면 지급하였을 보험료와 실제보험료의 비율에 따른 보상을 하되, 통지의무 위반사실과 손해와의 인과관계는 묻지 아니한다는 점, ③ 생명보험 또는 질병보험에는 통지의무가 적용되지 않는다(동법 제113-4조 제6항)는 점을 들 수 있다. 그 이유는 노화, 질병 등 위험이 악화되는 사태에 대비하는 것이야말로 생명보험의 존재이유이기 때문이다. 따라서 생명보험자는 등산·자동차경주·탐험 등 그 정도가 현저히 높은 위험을 계약체결시 배제할 수 있지만 체결시에 담보하기로 약정한 이상 그 이후의 위험의 모든 위험증가에 관하여 가입자측의 통지 여부와 관계없이 당연히 책임을 져야 한다.[34]

(3) 독일 보험계약법

독일 보험계약법은 객관적 위험의 증가와 주관적 위험의 증가로 나누어 규율하는데, 그 체제에서는 우리 상법과 같지만 우리법에 비하여 매우 상세하고, 2008년 개정 보험계약법은 위험증가의 통지의무 위반의 경우 전부 면책이라는 고정적인 효과를 법정하지 않고 당해 사안의 구체적인 사정에 따라 유연하게 보험금액을 감액하는 새로운 비율보상원칙을 도입하였다.[35] 또한 생명보험의 경우에는 서면형식의 명시적인 합의에 의하여 위험증가로 보는 위험사항의 변경만을 위험증가로 하고(동법 제158조 제1항), 보험자는 위험의 증가 후 5년이 경과하였을 때에는 위험의 증가를 주장할 수 없지만, 사기적인 통지의무 위반의 경우에는 10년으로 연장된다(동법 제158조 제2항).

3) 개정의견

먼저 체계상 객관적 위험변경증가의 통지의무와 위험유지의무를 통합하여 규정하고, 위험의 증가와 위험의 감소를 분리한다.

다음으로 위험증가의 통지의무의 범위를 보험계약 체결시 고지한 사항 중에

34) 김성태, "프랑스보험계약법상의 고지·통지의무," 『경희법학』, 제21권 제1호, 1986. 11, 81면.
35) 山下友信, "保險法現代化の意義," 『ヅェリスト』, No. 1368, 2008. 12. 1, 64面.

서 약관에 구체적으로 약정한 사항으로 한정하고(일본 제정 보험법, 개정이전 프랑스 보험법의 내용), 통지의무 위반과 사고 사이의 인과관계를 요구하는 현행제도를 유지하는 것이 바람직하다. 나아가 2008년 독일 보험법이 채용하는 중과실로 인한 통지의무 위반의 경우 비율적 보상원칙의 도입을 신중히 검토할 것이 요망된다.

7. 사기적 보험금청구

1) 상법 개정안의 내용

제657조의2(사기에 의한 보험금청구) ① 보험계약자, 피보험자, 보험수익자 또는 보험금청구권을 가지는 제3자가 보험금을 청구한 경우에 사기의 목적으로 다음 각 호의 어느 하나에 해당하는 행위를 하여 보험금의 지급 여부 또는 그 산정에 중대한 영향을 미친 때에는 보험자는 그 사실을 안 날부터 1개월 이내에 보험금청구권이 상실된다는 뜻을 통지하여 보험금의 지급책임을 면할 수 있다.

1. 손해 통지 또는 보험금청구에 관한 서면이나 증거를 위조하거나 변조하는 행위
2. 손해 통지 또는 보험금청구에 관한 서면에 거짓된 사실을 기재하는 행위
3. 그 밖에 보험금의 지급 여부 또는 그 산정에 중대한 영향을 미치는 사항을 거짓으로 알리거나 숨기는 행위

② 제1항의 경우 보험자가 이미 보험금을 지급한 경우에는 그 반환을 청구할 수 있다.

2) 의 견

보험자의 남용의 가능성에 대비할 필요성이 있고, 사기적 보험금청구의 효과를 완화할 필요가 있다.

3) 이 유

사기에 의한 보험금청구에 관한 상법 개정안 제657조의2에 대하여는 영국의 보험법, 일본의 제정 보험법[36]과 비교하여 다음의 점을 지적할 수 있다.

첫째, 사기적 보험금청구시 보험금청구권이 상실되는 요건과 관련하여 우리 상법 개정안은 사기행위의 주체를 "보험계약자, 피보험자, 보험수익자, 보험금의 청구권을 가지는 제3자"로 폭넓게 정하고 있으나, 일본의 제정 보험법과 같이 손해보험의 경우 피보험자, 생명보험의 경우 보험수익자로 제한하는 것이 합리적이다.[37]

둘째, 사기적 보험금청구시 보험금청구권을 상실한다고 규정하여, 엄격한 효과를 부여하는 영국의 법원판결과 같은 입장을 취하고 있다. 이와 관련하여 사기적 보험금청구와 선의의 과다청구와의 한계를 설정하기 어려움 등을 고려하여 영국의 경우 사기적 보험금청구의 문제는 고지의무와 더불어 지나치게 보험계약자측에게 가혹하다는 비판과 함께 보험옴부즈만은 이를 완화하여 적용하고 있고 보험소비자보호와 관련하여 집중 검토사항인 점, 호주의 경우에는 비율적 보상이라는 완화된 효과가 부여되고 있으며, 미국의 주법은 사기적 보험금청구와 선의의 과다청구를 구별하는 입법을 하고 있는 점, 일본 제정 보험법의 경우 사기적 보험금청구의 효과를 사기적 보험금청구행위 이전에 발생한 보험사고에 대하여는 영향이 없는 것으로 하는 있는 점 등에 비추어 그 효과를 완화하는

---

36) 일본의 제정 보험법은 사기적 보험금청구에 대하여 손해보험편과 생명보험편 각각 이를 규정하는 조항을 두고 있다. 손해보험계약의 경우에 "피보험자가 당해 손해보험계약에 기한 보험급부의 청구에 대하여 사기를 행하거나 행하려고 한 때" 보험자는 보험계약을 해제할 수 있지만, 해제는 장래를 향하여서만 효력이 있고, 사기가 행하여진 때로부터 해제한 때까지 발생한 보험사고로 인한 손해에 대하여는 보상책임이 없다(동법 제30조 제2호, 제31조 제2항 제2호). 다음으로 생명보험계약의 경우에는 "보험수익자가 당해 생명보험계약에 기한 보험급부의 청구에 대하여 사기를 행하거나 행하려고 한 때" 보험자는 보험계약을 해제할 수 있고, 생명보험계약의 해제는 장래를 향하여만 효력을 발생하며, 사기가 행하여진 때로부터 해제한 때까지 발생한 보험사고로 인한 손해에 대하여는 보상책임이 없다(동법 제57조 제2호, 제59조 제2항 제3호). 또한 사망보험계약의 피보험자가 당해 사망보험계약의 당사자 이외의 자인 경우에 보험수익자에 의한 사기적 보험금청구가 발생한 때 당해 피보험자는 보험계약자에 대하여 당해 사망보험계약의 해제를 청구할 수 있다(동법 제58조 제1호).

37) 장덕조, "사기적 보험금청구," 『인권과 정의』, 2008년 10월호, 대한변호사협회, 65~66면.

것이 바람직하다고 판단된다. 그 방안으로는 일본 보험법과 같이 사기적 보험금 청구의 경우 보험계약 해지의 효과는 이전에 발생한 보험사고에 대하여서는 영향을 미치지 않는 것으로 하고, 사회적 합의를 거쳐 그 범위를 확장하는 것이 합리적이다.[38]

Ⅲ. 보험계약법 통칙

1. 보험약관의 명시교부의무

1) 개정안의 내용

제638조의3(보험약관의 교부·설명의무) ① 보험자는 보험계약을 체결할 때에 보험계약자에게 보험약관을 교부하고 그 약관의 중요한 내용을 설명하여야 한다.

② 보험자가 제1항을 위반한 경우에는 보험계약자는 보험증권을 받은 날부터 3개월 이내에 그 계약을 취소할 수 있다.

2) 의 견

제3항에 취소하지 않은 경우의 효과에 대하여 "보험계약자가 보험계약을 취소하지 아니한 때에는 보험계약관계는 그 보험약관의 규정에 따른다"는 규정을 신설한다.

3) 이 유

(1) 약관의 설명의무를 위반한 효과와 관련하여 취소하지 않은 경우의 효과를 명확히 할 필요가 있다.

---

38) 한창희, "사기적 보험금청구," 『법조』, 제623호, 법조협회, 2008. 8, 65~68면.

(2) 판례(대법원 1999.3.9. 선고, 98다43342, 433359 판결)는 "상법 제638조의 3 제2항에 의하여 보험자가 약관의 교부 및 설명의무를 위반한 때에 보험계약자가 보험계약 성립일로부터 1월 내에 행사할 수 있는 취소권은 보험계약자에게 주어진 권리일 뿐 의무가 아님이 그 법문상 명백하므로, 보험계약자가 보험계약을 취소하지 않았다고 하더라도 보험자의 설명의무 위반의 법률효과가 소멸되어 이로써 보험계약자가 보험자의 설명의무 위반의 법률효과를 주장할 수 없다거나 보험자의 설명의무 위반의 하자가 치유되는 것은 아니다"라고 하여 1991년 상법 보험편 개정시의 입법취지와 다른 판결을 내리고 있어 이를 바로잡을 필요성이 존재하며, 현재의 안보다는 2007. 8. 31일자 법제처 송부안이 보다 합리적이다.

2. 보험대리점 등의 권한

1) 상법개정안의 내용

제646조의2(보험대리점 등의 권한) ① 보험대리점은 다음 각 호의 권한이 있다.

1. 보험계약자로부터 보험료를 수령할 수 있는 권한
2. 보험자가 작성한 보험증권을 보험계약자에게 교부할 수 있는 권한
3. 보험계약자로부터 청약, 고지, 통지, 해지, 취소 등 보험계약에 관한 의사표시를 수령할 수 있는 권한
4. 보험계약자에게 보험계약의 체결, 변경, 해지 등 보험계약에 관한 의사표시를 할 수 있는 권한

② 제1항에도 불구하고 보험자는 보험대리점과의 대리계약에서 보험대리점의 제1항 각 호의 권한 중 일부를 제한할 수 있다. 다만, 보험자는 대리계약상의 권한 제한을 이유로 선의의 보험계약자에게 대항하지 못한다.

③ 보험대리점이 아니면서 특정한 보험자를 위하여 계속적으로 보험계약의 체결을 중개하는 자는 제1항 제1호(보험자가 작성한 영수증을 보험계약자에게

교부하는 경우만 해당한다) 및 제2호의 권한이 있다.

④ 피보험자나 보험수익자가 보험료를 지급하거나 보험계약에 관한 의사표시를 할 의무가 있는 경우에는 제1항부터 제3항까지의 규정을 그 피보험자나 보험수익자에 대하여도 적용한다.

2) 의 견

입법에 대한 재검토가 요망된다.

3) 이 유

(1) 임의대리점인 보험대리점의 구체적인 권한은 수권계약에서 정할 일이며, 원칙적으로 법이 간섭할 문제가 아니고, 중개대리점에 대하여서도 원칙적으로 최초보험료 수령권과 고지수령권을 부여하는 개정안이 그대로 입법으로 이어질 경우, 보험회사들은 중개대리점 제도 자체의 이용을 기피하고 이는 대리점과 대리점의 모집사용인들의 기반을 크게 위축시켜 결과적으로 이들의 생존권을 위협할 소지도 적지 않을 것이다.

(2) 상법 보험편 개정안은 특히 중개보험대리점과 보험설계사의 대리권을 명시한 것에 큰 의의가 있으나 2008년 보험업법개정안상 신설되는 보험료 협상권을 부여받은 보험판매전문회사제도에 관한 논의에서 보다시피 보험대리점 등 보험보조자의 권한은 보험업법에서 규율하는 방법과의 입법의 효율성을 면밀히 검토할 것이 요망된다.

Ⅳ. 손해보험

1. 미평가보험 규정

1) 현행 상법의 내용

第671条(미평가보험) 당사자간에 보험가액을 정하지 아니한 때에는 사고발생시의 가액을 보험가액으로 한다.

2) 의 견

삭제하는 것이 바람직하다.

3) 이 유

(1) 보험가액의 산정은 보험사고가 발생한 때가 가장 중요한 것이지만, 보험사고가 발생하기 전이라도 초과보험, 중복보험 등의 문제가 있을 때, 다시 말하면 보험사고 발생시 이외에 때때로 변하는 보험가액을 산정할 필요가 생길 수 있으므로 이를 일률적으로 규정할 성질의 것이 아니다.[39]

(2) 미평가보험의 보험가액을 현행 상법과 같이 규정하는 입법례가 존재하지 않는다.

2. 보험목적의 양도

1) 상법개정안의 내용

第679条(보험목적의 양도) ① 피보험자가 보험목적을 양도한 경우 양수인은

39) 양승규, 『보험법』, 삼지원, 2004, 203면.

보험계약상의 권리와 의무를 승계한다.

② 제1항의 경우에 보험목적의 양도인 또는 양수인은 보험자에게 지체 없이 보험목적의 양도사실을 통지하여야 한다. 양도인 또는 양수인이 양도의 통지를 하지 아니한 상태에서 양도일부터 1개월을 지나 보험사고가 발생하고, 보험자가 제1항의 승계를 하지 않으리라는 사정이 인정되는 경우 보험자는 보험금을 지급할 책임을 면한다.

③ 보험자는 보험목적이 양도된 사실을 안 날부터 1개월 이내에 보험계약의 해지를 통지할 수 있다. 이 경우 보험계약자가 해지통지를 받은 후 15일이 지나야 해지의 효력이 생긴다.

2) 의 견

제3항 "보험자는 보험목적이 양도된 사실을 안 날부터 1개월 이내에 보험계약의 해지를 통지할 수 있다. 이 경우 보험계약자가 해지통지를 받은 후 15일이 지나야 해지의 효력이 생긴다"에서 "이 경우 보험계약자가 해지통지를 받은 후 15일이 지나야 해지의 효력이 생긴다"는 문언을 삭제하는 것이 타당하다.[40)]

3) 개정이유

양수인에게 제2항에 의하여 양도후 1월의 기간동안을 보호하고, 또 해지통지 후 15일의 해지예고기간의 이익을 제공하는 것은 지나치게 양수인을 보호하는 입장이다.[41)]

40) 일본의 제정보험법은 우리의 보험계약법과 달리 각 규정마다 상대적 강행규정인지 여부를 정하는 입법방법을 취하는데, 보험목적의 양도에 관한 규정은 두지 않고 있다. 그 이유로는 현행 손해보험약관에서는 보험목적의 양도시에 손해보험계약상의 권리 또는 지위를 이전하는 경우에는 보험자의 승낙을 필요로 하고, 당연히는 손해보험계약상의 권리는 이전하지 않는 것이 통례이라는 것이 들어지고 있다(高山崇彦 編著, 『Q&A 新保險法の解說』, 東京: 金融財政事情研究會, 2008, 306~307面). 상법 제679조의 개정에 대한 중요한 시사점이라고 판단된다. 2008년 보험업법 개정안이 보험상품의 심사절차를 전면적으로 개선하여 신고상품 이외의 모든 상품을 자율상품화하는 네거티브방식으로 전환하고 있는 등 보험사의 보험상품 운용에 있어서 자율성을 크게 제고하는 최근의 경향에 비추어 상대적 강행규정인 상법 제679조의 개정에 종합적인 고찰이 요망된다.

41) 한창희, "상법개정안(2007. 8. 31 법무부안) '손해보험에 관한 검토'", 『보험법연구』, 제1권 제2호, (사)한국보험학회, 2007, 120면.

3. 손해방지비용의 보상

1) 상법개정안의 내용

第680조(손해방지의 의무 및 비용) ① 보험계약자와 피보험자는 보험사고가 발생한 경우 그 사고로 인한 손해를 방지하고 줄이기 위하여 노력하여야 한다.

② 보험계약자나 피보험자가 제1항의 의무를 고의 또는 중대한 과실로 위반한 경우에는 보험자는 그 의무가 이행되었더라면 방지하거나 줄일 수 있었던 손해액을 보상액에서 공제할 수 있다. 다만, 제1항의 의무 위반이 손해의 발생 및 확대에 영향을 미치지 아니한 경우에는 그러하지 아니하다.

③ 보험자는 제1항의 의무를 이행하기 위하여 필요하거나 유익하였던 비용과 보상액을 보험금의 한도 내에서 부담한다. 다만, 이 의무의 이행이 보험자의 지시나 동의를 따른 것인 경우에는 비용과 보상액이 보험금을 초과하더라도 보험자가 부담한다.

2) 개정의견

第680조 제3항을 "보험사고가 발생한 경우에 피보험자가 보험의 목적의 손해를 방지하고 경감하기 위하여 지출한 필요하고 합리적인 비용은 보험자가 이를 부담한다. 보험자의 비용의 보상액은 손해보상액과는 별도로 산출하고, 보험금액을 초과할 수 없다"라고 한다.

3) 이 유

2008년 상법개정안은 第680조 제3항에 "보험자는 제1항의 의무의 이행을 위하여 필요 또는 유익하였던 비용과 보상액을 보험금의 한도 내에서 부담한다. 그러나 이 의무의 이행이 보험자의 지시에 따른 것인 경우에는 그 비용과 보상액이 보험금을 초과하더라도 보험자가 이를 부담한다"라는 조항을 신설하여 손해방지를 위하여 초래된 비용보상에 대하여 보험금액의 한도에서 보상하는 것을 원칙으로 하고 보험자의 지시에 따른 경우에만 보험금을 초과하는 보상을 허용한다.

이에 따르면 보험자의 지시가 있는 경우에만 보상액과 손해방지비용이 보험금액을 초과하여 보상받을 수 있도록 하는 것은 보험자의 지시를 받을 수 없는 급박한 경우에도 손해방지비용을 보험계약자의 부담으로 하므로 보험계약자에게 엄격한 손해방지의무를 지우면서도 전손의 경우 보험자의 지시가 없으면 손해방지비용을 전혀 보상받지 못하게 되어 피보험자의 도덕적 해이를 조장할 수 있다.[42] 또한 손해방지비용의 무한보상원칙을 취한 현행 상법 제680조에 비하여 지나치게 보상액을 축소하는 점을 지적할 수 있다. 이는 손해방지의무를 인정하는 공익적 이유에 반한다는 점에서 합리적이라 할 수 없다. 따라서 중국의 2003년 보험법 제42조, 2003년 영국의 국제선박보험약관의 제9조 제5항의 예에 따라 수정할 것을 제안한다.[43]

4. 청구권대위

1) 상법 개정안의 내용

제682조(제3자에 대한 보험대위) ① 손해가 제3자의 행위로 인하여 발생한 경우에 보험금을 지급한 보험자는 그 지급한 금액의 한도에서 그 제3자에 대한 보험계약자 또는 피보험자의 권리를 취득한다. 다만, 보험자가 보상할 보험금의 일부를 지급한 경우에는 피보험자의 권리를 침해하지 아니하는 범위에서 그 권

42) 개정전 일본 상법 제660조 제1항은 우리나라 1991년 상법개정 이전과 같이 "보험계약자 또는 피보험자는 손해의 방지에 노력하여야 한다. 그러나 이를 위하여 필요 또는 유익하였던 비용과 보상액이 보험금액을 초과한 경우라도 보험자가 이를 부담한다"라고 규정하고 있었고, 이와 관련하여 대부분의 일본약관은 손해방지비용 부담보약관을 두어 손해방지비용의 부담을 면하고 있는 상황과 관련하여 이와 같은 보험실무가 피보험자의 손해방지의무의 적극적인 노력을 방해하는 것이라는 것을 경제학적인 관점에서 검증하여 도덕적 해이의 방지를 위하여 옳지 않다는 견해가 유력하다: 野口多子, 『保險契約における損害防止義務-モラル ハザ-デ防止機能という觀點から』, 成文堂 : 東京, 2007, 110~147面.

43) 한창희, "보험계약상 손해방지의무의 개정방향에 대한 재검토," 『손해사정연구』, 창간호, 한국손해사정학회, 2008. 8, 33~44면.

리를 행사할 수 있다.

② 보험계약자나 피보험자의 제1항의 권리가 그와 생계를 같이하는 가족에 대한 것인 경우에는 보험자는 그 권리를 취득하지 못한다. 다만, 손해가 그 가족의 고의로 인하여 발생한 경우에는 그러하지 아니하다.

2) 의 견

(1) 제1항의 청구권대위의 범위와 관련하여 제3자에 보험계약자를 제외할 것이 필요하다.

(2) 제2항을 제3항으로 하고 제2항에 "보험자의 보상액이 손해액에 부족한 경우에는 보험자가 취득할 채권의 액에서 부족한 금액을 공제한 잔액을 한도로 보험계약자 또는 피보험자의 권리를 취득한다"라고 규정한다.

3) 이 유

(1) 대법원 1989. 4. 25. 선고 87다카1669 판결은 타인을 위한 손해보험계약의 경우에 보험계약자의 귀책사유로 보험사고가 발생한 경우에 그 보험계약자를 제3자로 보고 있으나 일반적으로 부당하다고 해석되고 있다.

(2) (가) 일부보험의 경우에 피보험자가 가지는 손해배상청구권이 손해액에 이르지 못하는 때에 보험자가 어느 범위에서 대위권을 취득하는가에 대하여는 절대설과 상대설, 차액설로 나뉘고, 통설은 차액설의 입장을 취하고 있다. 이에 따라 보험자의 청구권대위의 범위를 명확히 할 필요가 있다.

(나) 영국의 경우 Napier and Ettrick v. Hunter and Others [1993] 1 All ER 385, HL 등에서 논의되고 있고,[44] 일본의 판례[45]는 상대설을 취하지만 통설[46]은 차액설을 채용하고 있고, 일본 제정 보험법 제25조 제1항은 통설에 따라 이와 관련한 법률관계를 명확히 하고 있다.[47]

44) 양승규·한창희, 『해상보험법』, 삼지원, 2007, 560~562면.
45) 最判 昭和 62年 5月 29日 民集 41巻 4號, 723面.
46) 山下友信, 『保險法』, 有斐閣 : 東京, 2005, 566面.
47) 高山崇彦 編著, 전게서, 216~218面.

V. 인 보 험

1. 인보험자의 책임

1) 개정안의 내용

제727조(인보험자의 책임) ① 인보험계약의 보험자는 피보험자의 생명이나 신체에 관하여 보험사고가 발생할 경우에 보험계약으로 정하는 바에 따라 보험금이나 그 밖의 급여를 지급할 책임이 있다.

② 제1항의 보험금은 당사자간의 약정에 따라 분할하여 지급할 수 있다.

2) 의 견

제2항을 삭제하는 것이 바람직하다.

3) 이 유

첫째, 분할지급의 문구는 사적자치의 형태로 두는 것이 타당하고, 둘째, 이러한 문제는 보험사업의 영위에 관한 보험업법의 규정으로 미루는 것이 마땅하다.

2. 심신박약자의 사망보험계약체결

1) 개정안의 내용

제732조(15세미만자 등에 대한 계약의 금지) 다만, 심신박약자가 보험계약을 체결하거나 제731조에 따른 서면 동의를 할 때에 의사능력이 있는 경우에는 그러하지 아니하다.

2) 의 견

현행 규정을 존치하여야 한다.

3) 이 유

(1) 개정안에 따르면 심신박약자가 의사능력을 갖추고 있어야 하는 시점은 청약시라고 할 것인데, 의사능력의 존부 등을 둘러싸고 보험가입 부당거부, 보험가입시 의사능력의 존부의 입증 등과 사고발생시의 의사능력의 상실 등을 둘러싼 분쟁이 많을 것이고, 심신박약자 또는 의사능력회복에 관한 다툼은 사망보험의 특성상 사망사고가 발생한 후에 제기되는 수가 많아 이를 둘러싼 다툼의 해결 역시 쉽지 않을 것이다.

(2) 위험의 역선택, 인위적 사고유발과 같은 도덕적 위험의 문제를 유발하고, 이와 같은 위험은 사회보험에서 담보할 사항이다.[48)]

(3) 프랑스 보험법은 이를 금지하고 있다(동법 제132-3조).[49)]

3. 생명보험자의 면책사유

1) 개정안의 내용

제732조의2(생명보험자의 면책사유) ① 사망을 보험사고로 한 보험계약에서 보험사고가 다음 각 호의 어느 하나에 해당하는 경우에는 보험자는 보험금을 지급할 책임이 없다.

1. 보험사고가 보험계약자 또는 보험수익자의 고의로 발생한 경우

---

48) 김선정, "상법 제732조 개정안에 대한 검토," 『보험학회지』, 제78집, 한국보험학회, 2007. 12, 183면.

49) "① 12세 미만의 미성년자, 금치산자, 정신병원에 수용된 자에 대한 사망보험계약은 금지된다.
② 전항의 금지에 위반한 보험은 무효이다."

2. 보험사고가 피보험자의 자살로 발생한 경우

② 둘 이상의 보험수익자 중 일부가 고의로 피보험자를 사망하게 한 경우에는 제1항에도 불구하고 보험자는 다른 보험수익자에 대한 보험금지급책임을 면하지 못한다.

2) 의 견

제1항을 폐지하여야 한다.

3) 이 유

(1) 상법 제732조의2에 의하여 가령 달리는 자동차에 뛰어들어 사고사를 가장하는 경우 고의성이 입증되지 못하는 한 보험금을 지급하도록 되어 도덕적 위험을 야기할 수 있고,[50] 음주운전이라는 범죄적 행위에 의한 인적 손해를 보상하여야 하는 부당한 결과가 초래되고 있는 점에 비추어[51] 개정취지에는 찬성하지만, 이 조항을 삭제하는 것이 타당하다.

(2) 개정안 제1항의 제1호와 제2호는 생명보험의 보험사고가 사망, 생존으로 특정되어 있는 개정안에 의한다면 구별의 실익이 없다고 할 수 있다. 오히려 "피보험자의 자살"을 법정면책사유로 정해두는 경우 현행 약관과 부합하지 않는 면이 있을 수 있다.

4. 보험금청구권의 압류금지

1) 개정안의 내용

제734조의2(보험금청구권의 압류금지) ① 직계존·비속(直系尊·卑屬) 또는 배우자가 사망함으로써 보험수익자가 취득하는 사망보험금청구권의 2분의 1에 해당하는 금액은 압류할 수 없다.

---

50) 양승규, 전게서, 471면.

51) 한창희, "보험약관상의 실효조항과 무면허·음주운전면책조항의 효력," 『상사법연구』, 제18권 제2호, 한국상사법학회, 1999, 77면.

② 보험수익자가 사망보험금청구권을 취득하는 보험계약이 둘 이상인 경우에는 제1항을 각 보험계약별로 적용한다.

2) 의 견

이 규정의 신설에 신중을 기할 것이 요망된다.

3) 이 유

다음과 같은 결정적인 문제점들이 있다.

(1) 대표적 사법의 체계인 상법에서의 영리보험, 그 보험계약의 이론에 "공익적 성격", "사회보장적 성격"을 도입하는 것은 타당하지 않다. 사회보장적 내용을 보험계약법에 도입하는 것은 타당하지 않고, 이는 공적 보험 등의 영역에서 담당함이 타당하다.

(2) 민사집행법의 규정과 부합하지 않는 면이 있다. 민사집행법 제246조 제1항은 압류금지채권을 규정하면서 제2호에서 "채무자가 구호사업이나 제3자의 도움으로 계속 받는 수입," 제4호에서 "급료·연금·봉급·상여금·퇴직연금, 그 밖에 이와 비슷한 성질을 가진 급여채권의 2분의 1에 해당하는 금액"은 압류할 수 없도록 하였다.[52]

(3) 보험계약자의 지정변경권과도 어울리지 않는 규정이다. 즉, 보험수익자를 직계비속 등으로 한정하여 정해 둔 경우에만 이 규정이 적용될 수 있는 것이다.

5. 상해보험자의 면책사유

1) 상법 개정안의 내용

제737조의2(상해보험자의 면책사유) 상해를 보험사고로 하는 보험계약에는 사고가 보험계약자 또는 피보험자나 보험수익자의 중대한 과실로 인하여 생긴

---

52) 김선정, "인보험개정안에 대한 검토," 『보험법연구』, 제1권 제2호, 보험법학회, 2007. 12, 162~163면.

경우에도 보험자는 보험금을 지급할 책임을 면하지 못한다. 다만, 반사회성 및 고도의 위험성이 있는 행위 중 대통령령으로 정하는 행위의 경우에는 당사자간에 다르게 약정할 수 있다.

2) 의 견

인보험에서는 중과실을 면책사유로 하고, 기타의 문제는 약관으로 해결하도록 함이 타당하다.

3) 이 유

다음과 같은 문제점이 있다.

(1) 일반 사법인 상법의 영역에서 대통령령으로 위임하는 형식에 대하여는 보다 치밀한 고찰이 필요하다. "반사회성, 고도의 위험성"이라는 일반적 준거를 제시하면서 대단히 중요한 면책사유에 대하여 대통령령으로 정하는 형식은 흔치 않다.

(2) 약관에 의하여 피보험자의 중과실로 인한 사고를 보상하도록 하는 방안을 검토하는 것이 필요하다.

6. 질병보험자의 책임

1) 상법 개정안의 내용

▶제4절 질병보험

제739조의2(질병보험자의 책임) 질병보험계약의 보험자는 피보험자의 질병에 관한 보험사고가 발생할 경우 보험금이나 그 밖의 급여를 지급할 책임이 있다.

제739조의3(고의에 의한 질병의 악화) 피보험자가 질병을 악화시켜 보험금을 취득할 목적으로 통상적으로 받아야 할 치료를 받지 아니하여 질병이 악화된 경우 보험자는 그로 인하여 악화된 부분에 대하여는 보험금을 지급할 책임이 없다.

제739조의4(질병보험에 대한 준용규정) 질병보험에 관하여는 그 성질에 반하지 아니하는 범위에서 생명보험 및 상해보험에 관한 규정을 준용한다.

2) 의 견

질병보험에 관한 규정의 신설에 대하여는 이의가 없다. 그러나 제739조의3은 삭제하는 것이 타당하다고 본다.

3) 이 유

(1) 이 규정이 없다 하더라도 보험자가 면책이다.

(2) 오히려 이 규정의 신설로 해석상의 혼선만 초래될 우려가 있다. 즉 '통상적으로 받아야 할 치료'에 해당하는 치료를 받았는지에 대한 분쟁의 빈발이 우려된다.

Ⅵ. 맺 음 말

21세기의 금융환경의 변화에 부응하기 위하여 각국은 보험계약법의 현대화에 박차를 가하고 있다. 독일에서는 올해부터 대폭 개정된 보험계약법이 시행되고 있고,[53] 일본은 2년 후 시행될 예정으로 보험계약의 유형을 손해보험, 생명보험, 상해질병정액보험의 3가지로 구분하고, 고령화사회에서 중요한 질병보험 등을 포함한 96개의 조문으로 이루어진 보험법을 지난 6월 6일 공포하였다. 유럽에서는 다른 법체계에 속하는 영국 보험법과 독일, 프랑스 등의 보험법 등의 비교 검토를 통한 보험법의 통일작업이 진행되고 있다.[54]

53) 새로운 독일 보험계약법은 국내의 입법의 개정의 필요성뿐만 아니라, 앞으로 유럽의 보험법의 통일 가능성에 대비하여 독일이 지도적 지위를 확보하고자 하는 큰 시야에 따라 여러 전략적·야심적인 시도를 하고 있다. 예컨대, 고지의무 위반, 위험변경증가의 통지의무 위반, 보험계약자·피보험자의 중과실에 의한 보험사고 유발의 경우 전부 면책이 아닌 당해사안의 사정에 따라 유연하게 보험금을 감액하는 새로운 비율적 보상원칙이 채용되어 있다. 山下友信, "保險法現代化の意義,"『ヅェリスト』, No. 1368, 2008. 12. 1, 61, 64面.

54) 보험법의 통일을 연구하는 Malcolm Clarke 교수를 회장으로 하는 리스테이트먼트 프로젝트

2008년 8월 국회에 제출된 상법 보험편 개정안은 사기적 보험금청구, 다른 보험계약에의 가입사실의 통지의무 등을 보험계약자측에게 지우고 일반적 규정으로 최대선의원칙을 두고, 보증보험, 질병보험에 관한 장을 신설하는 등 보험법의 현대화에 많은 노력을 기울이고 있다. 그러나 오랜 동안 각국은 고지의무의 제도가 지나치게 보험계약자에게 가혹하므로 이를 완화하는 방안을 검토하여 왔고 프랑스, 일본 보험법 등이 답변의무로 하는 등의 개정을 완료하였고 우리 보험법도 이를 채용할지 여부를 신중히 고려할 필요가 있다. 또한 통칙부분에서 최대선의의 원칙, 위험의 증가, 사기적 보험금청구, 다른 보험계약의 체결사실의 통지의무 등의 중요쟁점, 손해보험분야에서는 보험목적의 양도, 손해방지비용의 보상, 청구권대위, 인보험과 관련하여 심신박약자의 보험가입, 사망보험의 경우 중과실로 인한 보험사고 면책의 금지, 보험금청구권의 압류금지 등에 관하여 종합적인 검토가 필요하다고 생각된다.

상법 제46조 제17호는 보험을 기본적 상행위로 규정하고 있지만 보험계약은 단체성, 상대적 강행법성 등의 일반 상행위와는 다른 특수성을 띠고 있고, 보험계약은 개인적으로는 적은 금액의 보험료로 큰 금액의 우연한 사고를 담보하는 위험전가방법이며, 사회전체로 볼 경우 위험단체를 통하여 위험을 감소시키는 위험관리의 특성에 비추어 독립한 단행법으로 규율함이 필요하다.[55]

단편적인 보험계약법의 개정보다는 보험계약의 유형을 포함한 체제를 비롯한 보험계약법 전반에 대한 충분한 검토를 통한 합리적인 보험법의 제정이 요망된다. 이를 위하여는 근래의 글로벌 금융위기로 인한 글로벌 보험사인 AIG, ING 그룹, Aegon사에 대한 구제금융 등과 관련하여 보험산업 전반에 대한 규제방향의 재검토 논의동향을 예의주시할 것이 요망된다.

그룹은 2007년 12월에 '보험계약법준칙'의 초안을 발표하였다(Project Group "Restatement of European Insurance Contract Law," Draft Common Frame of Reference, Chapter Ⅲ, Section Ⅸ, Insurance Contract, 17 Dec. 2007, available at http://restatement.info/cfr/Draft-CFR-Insurance-Contract-17122007-FINAL.pdf).

55) 독일과 스위스는 1908년, 스웨덴은 1927년, 대만은 1929년, 프랑스는 1930년, 중국은 1995년, 일본은 2008년에 각각 단행법으로서 보험법을 입법한 것에 비추어 우리나라의 경우는 너무나 늦은 감이 없지 않다.

제 3 장

상법 보험편 개정안에 대한 소론

I. 개관적 소론

금번 상법 보험편 개정안은 여러 점에 있어 대단히 중요한 작업임이 분명하다. 하지만 여러 점에서 아쉬운 감이 없지 않다.

첫째, 국제적 정합성(Trend)의 면이다. 보험거래는 재보험을 통하여 국제적으로 그 위험을 분산하고 있어 국제적 동향을 충분하고 면밀히 검토하는 것이 필요하나, 그러한 점에서의 문제로써 지나치게 독일법에 경도되어 있고 또한 최근 독일법의 개정안에 대하여도 충분히 숙고하였는지에 대한 의문이 일지 않을 수 없다. 최근 일본법의 개정안이 국회를 통과하였고, 영국법은 개정작업이 진행 중이며 이에 관한 여러 자료가 나오고 있으며 그 개정동향에 대한 면밀하고 정확한 검토가 필요하다. 하지만 혹 이에 대한 연구가 부족한 것은 아닌지 하는 의문이 들지 않을 수 없다. 여러 예가 있겠으나, 대표적 예로 고지의무를 들 수 있다. 고지의무의 기원은 100년전 만들어진 영국해상보험법에 기초를 두고 있으나, 이는 이미 시대에 뒤떨어진 것으로 평가를 받으며, 최근 고지의무는 수동적 의무로 전환되었고 되고 있다. 예컨대 일본의 개정 보험법 제4조에서는 "보험계약자 또는 피보험자가 되는 사람은, 손해보험계약의 체결시에, 손해보험계약에 따라 전보되는 손해발생의 가능성(이하 이 장에 있어서[위험]이라고 한다)에 관한 중요한 사항 중 보험자가 고지를 요구한 것(제28조 제1항 및 제29조 제1항에 있어서 [고지사항]이라고 한다)에 대해, 사실의 고지를 해야 한다"고 규정한다. 호주법은 고지의무에 관하여 보다 획기적 내용을 담고 있으며, 요약하면 첫째 중요성의 판단기준이 보험자가 아니라 보험계약자이고, 위반의 효과도 비율적으로 감액하는 것이며, 고지의무위반을 묻기 위하여는 그 성질과 효과에 대하여 설명과 명확한 경고를 할 것이 요구되고, 보험자가 알고 싶은 정보를 질문해야만 한다는 점들이다.

둘째, 균형적 시각에서의 면이다. 상법 보험편의 기본적 의의인 보험계약자 등의 보호와 관련한 균형적 입법안이 마련된 것인지의 의문이다. 최근 일본법에서도 보험법제정의 의의로 주장되어지며, 영국과 독일법도 개정의 첫 번째 이유로 지목된다. 특히 영국법에서는 워런티의 개념을 소비자보험에서는 삭제해 나가고 있다는 점으로, 전통적 워런티에 있어서도 인과관계의 입증 등을 요구한다. 그런데 금번 개정안에서의 보험가입자보호와 관련한 성과로 내세워지는 것이, 청구권대위에서 가족에 대한 보험자대위의 금지, 장애인의 생명보험의 부분적 허용, 생명보험의 수급권에 대한 압류의 금지 등을 들고 있으나, 청구권대위는 이미 판례와 학설로 확립된 부분이어 입법으로 그 실질적 내용이 달라지는 바가 없으며, 장애인의 부분적 허용이 보험가입자 보호와 관련된 것인지는 의문이 들지 않을 수 없으며, 생명보험의 수급권보호라는 것도 여러 난점이 있으며 또한 결국은 보험자를 제외한 당사자들간의 이해조정에 불과한 것이라면, 설득력이 약하다.

셋째, 무엇보다 중요한 것으로, 논리의 면이다. 대학에서 학문을 연구하고 가르치는 학자로서 가장 관심있는 측면의 하나이다. 이 점은 정책적인 판단의 문제는 차치하고[1] 상법학자가 보기에 아쉬운 점을 말하는 것이다. 그런데 금번 개정안은 향후 훨씬 심화되고 정밀한 논의를 거쳐야만 하는 것은 아닌가 하는 점에서의 아쉬운 대목이다. 이는 개정의 과정에서 그 기간이 단기이고 또한 충분한 의견수렴의 과정이 부족하지 않은 것은 아닌지에 대한 자성이다. 향후 충분한 검토와 재의가 필요하다고 본다.

예를 들면 영국법률위원회는 상당한 기간 동안 여러 논의를 거친 끝에 만들어낸 초안을 각 전문가들에게 보내어 의견을 구하였다. 그리고 종합된 의견에 바탕하여 다시 초안을 작성하는 중이고 이에 대한 논의를 모두 발간하고 검토 중이다.[2] 설사 영국과 같이 그렇게까지는 하지 않는다 하더라도 그런 의견 수렴의 과정이 적절하면서도 충분하였던 것인지에 대하여는 심각한 반성이 필요하다. 특히 특정 당사자의 이해관계로부터 자유롭다고 할 수 있고 또 그러해야만 하는 대학교수들이 로스쿨 준비와 관련한 긴박한 여건들도 있었고, 최근 개정안에 대한 다양한 의견이 개진되고 있다. 국가 전체적으로 보아서도 너무나 중요한 사안이므로, 보다 정치하면서도 치밀한 논의와 연구, 의견수렴의 과정이 필요하다는 省察이다.

II. 정치한 법률 논리의 면에서 몇 가지 점에 대한 비판

발표자분들이 여러 문제를 지적하였으나, 세 번째의 관점에서, 향후 보다 명확하면서도 정치하고 세밀한 연구가 필요한 부분에 대한 몇 가지만을 지적하여 본다.

첫째, 보험목적의 양도(안 제679조)이다. 이에 대한 개정안은 현행 법률보다는 진일보한 것으로 평가한다. 하지만 여전히 다음과 같은 문제점이 발견된다.

먼저, 통지의무자 관련한 문제점이다. 통지의무자로 양도인 또는 양수인으로

1) 법개정작업에서 각 이익단체들의 요구를 어느 정도까지 반영하는지의 문제를 떠난 입장을 말한다.
2) 독일보험계약법의 개정은 2000년 6월 결선된 보험계약법개정위원회의 안이 2006년 10월 11일 정부안으로 통과되었고, 일본 보험계약법 개정안도 개정안에 대한 논의는 차치하고 개정위원회가 2000년부터 시작되어 근 8년만에 국회에서 통과되었다.

규정되어 있으나, 양도인은 보험목적물 양도시 보험관계를 알고 있다고 할 수 있겠으나 양수인은 그렇지 않다. 즉, 양수인은 양도시 그 목적물이 보험에 가입되어 있음을 모를 수가 있다는 점이고 이에 대한 입법적 배려가 흠결되어 있다. 이 점은 통지의무의 기산점과 관련하여 보면 보다 분명하다. 개정안 제679조 제2항에서는 "양도인 또는 양수인이 양도의 통지를 하지 아니한 상태에서 양도일로부터 1개월을 지나 보험사고가 발생하고"라고 규정하여 그 기산점을 '讓渡日'로 규정한다. 그런데 통지의무 불이행의 기산점을 양도일로 규정하는 개정안의 내용대로라면 통지의무자는 실질적으로는 양도인으로 국한되는 문제가 발생할 수 있다. 즉 통지의무자로 양도인 또는 양수인으로 규정하는 취지와도 어울리지 아니하며, 보험관계를 알지 못하는 양수인에 대한 보호책이 미흡하다는 비판이 제기된다. 양도인은 더 이상 그 보험목적물에 대하여는 피보험이익을 가지지 않는 관계로 아무래도 통지의무의 이행에 있어 소홀할 수밖에 없고, 결국 피보험이익을 가지게 되는 양수인이 통지를 할 유인이 있을 터인데 그가 보험계약에 대한 정을 알지 못하던 상황에 대한 입법적 흠결의 문제점이다.

그리고, 통지의무 불이행의 효과와 관련하여서도 논란이 될 수 있는 부분이 있다. 먼저, 개정안 제679조 제2항의 "보험자가 제1항의 승계를 하지 않으리라는 사정이 인정되는 경우"라는 문구가 그것이다. 여기에 해당하는 경우에는 보험자가 책임을 지지 않는다는 것이나 그 문구의 해석과 관련하여서는 상당한 해석상의 논쟁 소지가 있고, 이에 갈음하는 다른 명확한 입법 규정이 필요하다. 또한 불이행의 효과와 관련한 다른 문제점도 있다. 이와 관련한 가정으로, 통지의무 불이행의 상태에서 양도일로부터 2개월이 경과한 상태에서 보험사고가 발생한 경우를 보자. 이 때 현 개정안에 의한다면 보험자가 제679조 제1항의 승계를 하지 않으리라는 사정이 인정되는 경우에는 보험금 지급책임을 면한다는 해석이 된다. 그런데 통지의무가 이행되지는 않았으나, 보험자가 알고 있었던 경우에는 어떤가? 예를 들면 보험자는 사고 발생일 약 2일 전에 이를 알고는 있었으나, 해지통지를 하지 않은 경우 개정안 제679조 제2항에 의하면 면책이나, 제3항에 의하면 논란의 여지가 있다. 즉 양도 후 1개월은 경과하였으나, 보험자가 그 양도의 사실을 알고 있었던 경우[3] 보험자의 지급책임에 대하여는 해석

상 다툼의 여지가 있는 것이다.[4)]

개정안의 이러한 문제점을 해결하는, 보다 논리적으로 명확하고 정치한 개정안을 기대하여 본다.

둘째, 사기적 보험금청구(안 제657조의2)이다. 본인은 사기적 보험금청구에 관한 개정안의 문제점을 지적하는 글을 발표한 적이 있다.[5)] 사기적 보험금청구의 문제를 영국에서는 최대선의로 보지 않고 있다는 점을 먼저 유의하여야 한다. 그리고 무엇보다도 개정안이 사기적 보험금청구조항을 책임보험에 적용되는 것으로 wording한 것은 오류이다. 관련 개정 규정이 보험편 통칙에 자리잡고 있고, 또한 그 표현에서도 보험금청구권의 상실자 중 하나로 **'보험금액의 청구권을 가지는 제3자'**를 포함시키고 있어 책임보험에의 적용을 전제한 것으로 보이나, 이는 타당하지 않다. 그 이유는 첫째 보험자와 제3자인 피해자 사이에는 아무런 보험계약관계가 없어 계약상 의무가 존재하지 않고, 금번 개정안에 나타난 보험계약 특유의 최대선의의무가 적용될 여지도 전혀 없다. 둘째, 외국의 입법례에서도 알 수 있듯 책임보험에서는 사기적 보험금청구 조항을 두지 않고 협조의무로 해결한다. 셋째, 무엇보다도 피해자 직접청구권에 관한 일반적 법리에 반한다. 현재 피해자 직접청구권을 손해배상청구권으로 파악하고 있으며 피보험자와 보험자는 피해자에 대한 부진정연대채무자로 본다. 그런데 만약 이 조항이 적용되어 피해자인 제3자의 행위가 문언상 요건을 충족하는 경우, 피해자가 보험자에 대하여는 보험금을 청구할 수는 없으나 피해자에 대하여는 손해배상을 청구할 수 있는 결과도 된다. 그리하여 가해자인 피보험자가 피해자에게 배상한 이후 보험자에게 보험금을 청구하여도 피해자의 귀책사유로 인하여 보험금을 받을 수 없는 수긍하기 어려운 예도 발견된다. 그 逆의 예로, 피보험자가 보험자에 대하여 일부 허위 과대청구를 하였다는 이유로, 피해자의 직접청구권이 상

3) 보험자가 알고서 그 해지 여부를 고민 중인 경우라면 더욱 그러하다.
4) 이에 대하여 독일보험계약법은 제71조 제2항에서 보험자가 양도를 안 때에는 보험금지급책임이 존속하는 것으로 규정한다.
5) 장덕조, "사기적 보험금청구 - 상법 보험편 개정안 비판 -, 인권과 정의", 대한변호사협회, 2008년 10월호, 50면 이하.

실된다는 경우도 그러하다.[6)]

특히 주의해야 하는 것으로는, 영국에서도 계약체결 이후의 최대선의 의무가 사기적 청구와는 무관하다는 것이 판례와 통설을 통하여 확립되었다는 점이고, 그 이유 중의 하나가 최대선의의 효과가 지나치게 가혹하다는 점으로 소급하여 무효로 만들어 버린다는 점이다.

셋째, 보증보험(안 제726조의5부터 제726조의7까지)이다. 대법원 판례가 많은 보증보험이 그 판례가 많은 이유가 법리가 명확하지 않아서이고 이를 분명히 하기 위하여서도 상법에 명문의 규정이 필요하다는 주장을 한 바 있다. 그런데 이상의 개정안은 보증보험의 적용법리를 명확히 하여 법적안정성을 제고한다는 당초의 의도와 부합하는 것인지에 대하여는 보다 면밀한 검토가 필요하다. 개정안 제726조의6 제2항에서 그 적용이 배제되는 규정들을 열거하여 두고 제726조의7에서는 성질에 반하지 않는 한 민법의 보증채무에 관한 규정을 준용한다는 것인데, 그 적용이 배제되는 규정들이 예시적인지 또는 제한적인지에 대한 의문부터 발생한다. 예를 들면 보증보험은 타인을 위한 손해보험계약으로 파악되나, 타인을 위한 보험에 관한 상법 규정의 적용 여부도 뚜렷하지 않다. 상법 제639조 제1항의 규정은 타인의 위임이 없으면 그 사실을 보험자에게 고지하여야 하고 이를 고지하지 아니한 때에는 피보험자가 모르는 사이에 보험계약이 체결되었다는 사유로 보험자에게 통지하지 못한다고 규정하고, 이는 피보험자가 고지의무나 각종의 통지의무를 이행할 수 없는 상황에 처할 수 있으므로 향후 이에 대비하기 위하여 둔 규정이다. 그러나 고지의무위반과 통지의무위반 등의 경우 피보험자의 귀책사유가 없는 한 보험자의 해지권을 제한하는 것과 견주어 보면, 보험계약자가 위임 없음을 고지하지 아니하였다 하더라도 본 규정을 보증보험에 적용하는 것은 무리이다. 뿐만 아니라 제726조의7 '성질에 반하지 않는 한'의 해석에 있어서도 논쟁이 생겨날 여지가 있다. 개정안이 보증보험에 관한 규정들

6) 기타 여러 쟁점이 되는 것들에 대하여는 위의 논문을 참조하기 바란다. 그 비교법의 예로 들어지는 호주법도 전혀 그 입법이 달리 되어 있는 등 현행 개정안은 많은 문제점을 내포하고 있다.

을 신설하여 그 법률관계를 명확히 하고 법적안정성을 담보하고자 한 것이라면, 현행의 개정안에 대하여 보다 심도 있는 검토가 필요하겠고, 이것이 보증보험제도의 활용을 드높이는데 이바지할 것이다.

기타 여러 점에 의문이 있으나, 향후 논문으로 지속적으로 발표할 예정이다.[7)]

---

7) 수급권의 보호에 있어서도 현행 다른 법률들과도 어울리지 않고 현재의 판례 등과는 맞지 않는다는 것이다. 한창희 교수님께서 발표하셨지만 보험수익자를 자신으로 지정한 경우에는 상속재산에 속하게 되고 이 경우 등과의 균형 등이 맞지 않음에 대한 괴리가 문제될 수 있다.

제4장

영국의 보험계약법 개정동향과 최대선의*

I. 서론

1906년 영국해상보험법은 비단 해상보험뿐 아니라 보험 전분야에 걸친 기본법으로서의 중요한 지위를 차지하는 법이다. 이 법률은 1세기에 걸쳐 개정된 바가 없었으나, 최근 그 개정논의가 활발하며 폭넓은 의견수렴 등의 개정과정을 거치고 있다. 영국은 보험법 분야에서 많은 국가에 상당한 영향력을 미치고 있고, 우리 상법 보험편의 해석이나 개정작업에서도 주요한 좌표 역할을 하고 있음을 부인할 수 없다. 여기서 영국보험계약법의 개정과정과, 개정의 이유, 개정대상이 되는 논점들에 대한 검토와 이해는 우리에게 큰 의의가 있다. 거의 비슷한 시기에 일본과 독일 등도 개정작업을 완료하였으며, 그 개정의 논점들이 상당히 유사하다는 점 또한 국제적인 정합성의 면에서 우리가 참조할 점이 많을 것이다.

필자는 영국의 보험계약법 개정작업에 대하여 많은 관심을 가지고 단계별로 연구를 진행하고자 계획을 세우고 있다. 이 글은 그 연구의 첫 걸음으로 관련 개정작업에 대한 대강의 논의와 함께, 보험계약의 기본적 속성으로 일컬어지고

* 이 장은 『보험학회지』 제82집 (2009년 4월 30일 발간 예정)에 게재 예정임.

고지의무와 밀접한 연관을 지니는 최대선의의 논점을 다룬다. 특히 2008년 국회에 제출된 상법 개정안 제638조 제2항은 "보험계약의 당사자는 보험계약의 체결, 권리의 행사와 의무의 이행을 최대선의의 원칙에 따라 하여야 한다"고 규정한다. 이 개정안은 최대선의라는 표현에서 알 수 있듯이 1906년 영국해상보험법 제17조의 영향을 받은 것이다.[1] 우리의 보험법 관련 교재 대부분은 이미 보험계약의 특성으로 최대선의성을 지적하고 있긴 하였다.[2] 그런데 민법 제2조에서는 신의성실의 원칙을 언명하고 있고, 그렇다면 사법관계에서의 원리인 신의성실의 원칙과 관련하여 의문이 생겨날 소지도 다분하다. 민법 제2조의 신의성실의 원칙이 최고의 지도원리이냐, 또는 보충적 해석원칙이냐 등에 관한 논의[3]가 완결된 것으로 보이지 않고, 최대선의라는 것이 이것과 구별되는 어떠한 다른 특질을 지니고 있는지 등에 대한 어려운 논쟁마저 추가된다. 따라서 이러한 본격적 논의의 기초로, 최대선의의 기원으로 보여지는 영국법에서의 개정동향과 그 논의를 살펴보는 것은 지극히 중요한 의미가 있다. 특히 최근 영국에서도 이에 관한 보다 성숙되고 정치한 논의가 나오고 있어 주목된다.

II. 영국보험계약법 개정동향

1. 진행

영국 법률위원회(Law Commission)는 상설의 기구로, 보험계약법도 현재 개정작업 중에 있다. 당 법률위원회가 최종의 보고서를 제출하였던 것은 1980년으로,[4] 그 보고서는 고지의무, 워런티위반에 대한 검토를 하였고 개정이 시급하다고 결론지었다.[5] 그 후 1997년 National Consumer Council이 발간한 보고서

1) 영국법상 관련 표현은 good faith, uberrima, utmost good faith 등 다양하다.
2) 양승규, 『보험법』, 삼지원, 2004, 52면 등 거의 모든 상법관련 교재가 이러한 설명을 한다.
3) 양창수, 『민법주해(1)』, 박영사, 2002, 74~107면.
4) 박세민, 『영국보험법과 고지의무』, 세창출판사, 2004, 330면 등에도 나와 있다.

도 시급한 개정을 역설하였고 그 보고서는 보험자대위 등을 개정 범위에 포함시켰다. 그리고 2002년 보험회사, 중개인과 관련 전문가 등으로 구성된 협회인 British Insurance Law Association[6]도 보험계약법 개정의견서를 제출하였다. 이 협회도 개정 필요성과 함께 상세한 개정안까지 제시하였고, 이에 영국법률위원회는 다시 개정작업을 본격적으로 가동하기 시작한다.[7] 최근의 진행 내용을 보면 2006년 1월 "Scoping Paper"를 발간하여 개정이 필요한 부분에 대한 광범위한 의견을 구하였고, 그 광범위한 의견 수렴의 결과를 Joint Paper의 형태로 발간하였다. 그 의견수렴의 과정에서 개정의 필요성에 관한 질문을 총 18개에 걸쳐서 하였고, 현재 개정의 범위에 포함된 주제들을 보면 고지의무, 피보험이익, 보험계약의 정의, 고지의무와 관련한 부분에 있어 보험보조자의 지위, 공동피보험자, 최대선의, 사기적보험금청구, 영국해상보험법 제22조와 53조의 규정, 보험금지급의 지체시 피보험자 보호책, 재보험 등이다.[8] 이에 따라 법률위원회는 중요 쟁점별로 초안의 성격을 지니는 보고서를 차례로 발간하기 시작하였다. 2006년 9월 고지의무(Issues Paper 1), 2006년 11월 워런티(Issues Paper 2), 2007년 3월 보험보조자와 계약체결이전의 정보(Issues Paper 3)를 발간하였다. 2007년 7월 이 세 가지 쟁점들에 대한 첫 번째의 "Consultation Paper"를 발간하였는데, 여기서는 불고지와 부실고지, 워런티, 보험보조자와 계약체결이전의 정보에 관한 규정 초안도 아울러 제시되었고, 그에 대한 각계의 의견을 재차 2008년 1월까지 구하였다. 그 답으로 총 105개의 의견이 개진되었으며 그 의견수렴에 대한 결과물이 2008년 5월 다시 발간되었다.

또한 추가적 쟁점인 피보험이익에 관한 보고서가 2008년 1월, 합리적 기간 내에 보험금을 지급하지 않는 책임보험의 보험자 문제를 다루는 보고서가 2009년 상반기에 발간될 예정이다. 그리고 가계보험에 관한 최종적 안은 2009년 여름에 발간될 예정이고, 기업보험에 있어서는 보다 장기적으로 계획한다.

---

5) Insurance Law, Non-Disclosure nad Breach of Warranty (1980) Law Com No 104.

6) http://www.bila.org.uk/ 참조

7) http://www.lawcom.gov.uk/insurance__contract.htm에서 각종 자료를 구할 수 있고 그 개정과정에 대하여도 알 수 있다.

8) 그리고 위 분야는 우리의 현행 개정안과 비교할 필요가 있을 것이다.

2. 개정의 필요성에 관한 논의

1) 필요성에 관한 논거

현재 영국에서는 보험계약법 개정의 필요성을 소비자단체, 법조인뿐 아니라 대다수 보험회사들도 공감하고 있다. 법률위원회는 개정의 필요성으로 다음 세 가지 이유를 든다.[9]

첫째, 보험계약자와의 보다 공정한 거래(fairer deal)를 위하여서이다. 이 문제가 집중적으로 고려되는 분야가 특히 고지의무와 워런티이다. 이 점에 대하여 보험소비자만이 아니라, 다수 보험회사들도 보험산업의 신뢰도 제고를 위하여 개정을 원하고 있다.

둘째, 효율적인 보험거래를 저해하는 낡고(archaic) 명확하지 못한 법 규정들의 정비이다.

셋째, 현재 유럽에서 논의되는 단일 보험계약법이 성사되는 경우, 현재의 영국보험법은 영국의 지위를 격하시킬 수 있다는 우려에서이다. 유럽보험계약법의 통합시 영국이 지도적 위치를 차지하고자 함에 있어, 현재의 영국법은 그 통합에 적절한 토대를 제공하지 못한다는 것이다. 따라서 영국이 선도적 지위를 점하기 위하여 개정이 필요하다는 것이다.

2) 개정 반대론과 그에 대한 반론[10]

영국의 대부분 보험법 전문가들은 개정의 범위와 그 구체적 내용에 대하여는 이견이 있으나, 필요성에 대하여 만큼은 공감한다.[11] 그 개정을 반대하는 의견이 소수이기는 하나, 반대의 근거 등을 살펴보는 것 자체가 현재 영국보험계약

9) The Law Commission & The Scottish Law Commission, *A Joint Scoping Paper for Insurance Contract Law*, 2006, §1.9.

10) The Law Commission & The Scottish Law Commission, A Joint Scoping Paper, §1.13 - §1.25.

11) The Law Commission & The Scottish Law Commission, A Joint Scoping Paper, §1.13.

법의 제반 상황과 함께 우리의 개정작업을 되짚어 볼 수 있는 계기가 된다.

영국에서 개정을 반대하는 의견으로는, 현재의 법률이 만족한 것이라고 주장하기도 하고, 또한 설사 현행 영국법이 보험계약자에게 공정하지 않다 하더라도 다음의 점들을 주장한다.

첫째, 실무상으로는 가계보험에 있어 FSA(Financial Services Authority)의 규칙과 FOS(Fianancial Ombudsman Service)의 역할에 의하여 엄격한 법이 적용되지 않는다.

둘째, 기업보험에 있어서는 보험계약자들이 전문적인 법률조언을 접하고 있으며, 또한 협상력이 보험자와 별반 다를 것이 없다.

셋째, 현행 보험계약법상의 일부 구제책들이 지나치게 엄격하다고 할 수도 있으나, 이는 보험자의 협상 수단으로서 중요한 의미가 있다. 특히 사기의 의심은 있으나 입증할 수 없는 경우가 그러하다.

넷째, 현재의 법률은 명확성(certainty)의 면에서 별 문제가 없으며, 개정의 결과가 오히려 바람직하지 못한 결과를 초래할 수 있다.

다섯째, 유럽법의 통합 논의 등이 있는 상황에서, 그 개정은 연기되어야 한다.

이상 반대의 논거들에 대하여, 법률위원회는 각 쟁점별로 다음의 반론을 제시한다.

첫째의 근거에 대하여는, 먼저 기업보험의 경우에는 FOS의 대상이 되지 않는다. 또한 가계보험에 있어서도 많은 사건이 법원에서 처리되지 않고 FOS에 의하여 처리되는 것이 역으로 보험 법률의 발전을 가로막고 있으며, 또한 이것이 외견상 법개정의 필요성을 과소평가하는 것으로 보이게 하는 점도 있다는 것이다. 그리고 일부 소비자들은 FOS에 의한 처리를 선호하지 않을 뿐 아니라 FOS의 관할과 그 처리의 법률효과가 제한적이다.

둘째의 근거에 대하여는, 이 경우의 보험계약자도 보험은 단지 사업의 목적 자체가 아니라 부수되는 업무에 불과하다. 이러한 점에서 법률전문가의 의견이 잠재적 분쟁에 대비하여 제공될 수는 있으나 보험회사와의 기본적 불공정을 없애지는 못한다. 더구나 대다수의 기업들이 보험자와 대등한 협상력을 지니는 것도 아니다. 따라서 기업보험도 개정의 대상이 된다고 한다.

셋째의 근거, 즉 현 보험법에서 보험자는 기술적인 방어를 위하여 그 지위를 유지할 필요가 있다는 근거에 대한 반론이다. 이 주장이 설득력을 가지려면 보험계약자들에게 엄격하면서도 가혹한 법률이 존재하여야만 보험계약자들과 합리적 협상이 가능하다는 전제가 서야 할 것이나, 이는 바람직한 태도가 아니라고 본다. 예를 들면 현재 고지의무와 관련하여 선의(innocent)의 고지의무위반자에 대하여도 계약을 소급하여 취소할 수 있고 이러한 엄격한 무기를 지속적으로 보험자에게 보장하여 주는 것은 보험계약 당사자간의 바람직하지도 않고 공정치도 않은 불균형을 창출한다는 것이다. 사기를 입증하는 것이 어렵다는 이유로 선의의 고지의무 위반에 대하여도 엄격한 자세를 견지하여야 한다는 주장에 대하여도 반대한다. 왜냐하면 보험자는 선의의 보험계약자에 대하여도 그들의 주관적인 인식에 기초하여 엄격한 방법을 사용할 가능성이 있기 때문이라는 점이다. 즉 만약 보험자의 의심이 진실이 아닌 경우 명백히 정의에 반할 수 있고, 어떤 경우든 보험자로 하여금 입증되지 않은 사기의 경우 보험금청구를 거절할 수 있는 권리를 부여해 주는 것은 부당하다고 본다.

넷째의 근거인 현재의 법률이 명확하다는 주장은 잘못된 것이라 본다. 그 예로 이 글의 주제이기도 한 최대선의를 지적한다. 또한 법률개정으로 예견하지 못하였던 결과가 올 수 있음은 인정하나, 이 문제는 그 의견수렴의 과정에서 극복가능한 것으로 보고, 또한 호주 등과 같이 이미 개정을 마친 국가들에 대한 참조는 많은 도움이 된다고 한다.

다섯째의 근거에 대한 반론으로, 앞서 보았듯이 오히려 이것이 개정이유로 주창된다. 즉 현재의 영국법은 공정하지 못하여 통합의 기초가 되는 것은 바람직하지 않다는 점이다. 만약 영국보험법의 개정이 성공적이라면 그 개정된 법률은 통합에 있어 긍정적인 영향을 미칠 수 있다.

3) 소결

이상 영국법에서의 논의과정에 있어 개정의 근간에 자리하는 인식은, 현재의 법률이 보험계약자에게 가혹하여 공정하지 못하다는 점, 명확하지 못한 일부 법률의 존재, 유럽통합과 관련한 문제들로 요약할 수 있다. 위험분산이라는 보험의 중요한 기능은 재보험을 통하여 국제적인 거래라는 점, 보험법에서 영국법의 지위를 감안한다면 영국에서 논의되는 개정 근거와 쟁점들에 대한 연구와 검토는 필수적이다.

III. 영국보험계약법에서 최대선의

1. 영국해상보험법

1906년 영국해상보험법은 비해상보험에도 적용되며 많은 국가의 중요한 모델이다. 이 법 고지의무의 편(제17조 내지 제21조) 제17조에서 해상보험계약은 최대선의에 기초한 계약이며, 만일 일방당사자가 최대선의를 준수하지 않았을 경우 상대방은 그 계약을 취소할 수 있다고 규정한다. 이 규정은 그 소속된 편에서도 알 수 있듯이 계약체결 이전의 고지의무와 관련한 중요한 근거이었으나, 최근 계약체결 이후에의 확장 문제 등도 다루어졌으며 현재 개정논의의 대상이다. 영국법에서의 최대선의에 관한 논의는 몇 가지로 요약할 수 있다.

첫째, 주로 고지의무와 관련하여 논의된다는 점이다.[12] 보험계약에서의 최대선의는 고지의무와 직결되어 있고, 보험계약으로 인한 위험인수시 그 평가에 관한 사실이 보험자가 아니라 보험계약자 측에 존재한다는 점에 바탕한다. 대표적 판례는 Carter v. Boehm이다. 그 사건에서 맨스필드 판사는 "보험계약은 투기적인 계약이다. 보험계약의 체결 대상이 되는 많은 사실은 피보험자 측의 영역에 있는 것이다. 보험자는 그의 진술을 믿을 수밖에 없고 보험계약자가 그의 지식에 반하는 것을 하지 않으리라는 확신에서 나아간다." 즉 보험계약자에게 알려진 사실은 보험자에게 고지되어야 하고 그 의무의 근거를 최대선의에서 찾고

12) Malcolm A. Clarke, *The Law of Insurance Contracts* (2006), §.23; Evan James Macgillivray et al., Insurance Law (2003), §.17.

있고, 최대선의 의무의 관점에서 보험계약자 등은 모든 중요한 사실을 고지해야 한다는 것이다.

둘째, 그러나 매우 중요한 점으로, 영국은 보험계약을 제외한 일반 계약에서는 최대선의 의무를 인정하지 않는다.[13] 이는 대부분의 대륙법계 국가와의 큰 차이점이고, 영국법률가들은 최대선의라는 묵시적 요소가 불확실성을 자아내는 것으로, 영국법은 명확하면서도 정확한 이행을 촉구하기 위하여 법적안정성이나 예측가능성의 측면에서 최대선의를 배제한 것이며, 이것이 영국법의 장점이라고 말한다.[14] 최대선의원칙을 보험계약에서 확립한 Carter v. Boehm 판결[15]에서 그 사건은 단지 해상보험에만 관한 것이었음에도 불구하고 최대선의는 모든 계약에 적용되는 것이라고 하였다. 하지만, 애초부터 그 견해가 잘못되었다는 지적도 있고,[16] 보험계약 이외의 계약에는 그 의의가 상실되었다고도 한다.[17] 어쨌든 최대선의는 보험계약에만 존재하는 것으로, 기타 일반의 계약에는 존재하지 않는 원칙 및 의무이다.

셋째, 1906년 영국해상보험법 제17조에 규정된 최대선의 의무위반시 효과는 소급(ab initio)한 취소(avoid)뿐이다. 최근 그 효과를 손해배상으로 인정할 수도 있지 않은가 등에 대한 주장만 있을 뿐, 법률 제17조의 명문규정으로 인하여 취소만이 허용된다. 이는 보험자에게 고지의무를 인정하였던 Skandia 사건에서의 판결도 그 위반의 효과에 대하여 손해배상은 인정할 수 없다고 확인한 바 있다.[18]

---

13) Malcolm A. Clarke, "The Common Law of Contract in 1993: Is There a General Doctrine of Good Faith?" (1993) *23 H.K.L.J.* 318; Beatson and Friedmann (eds), *Good Faith and Fault in Contract Law* (1995). Alan Berg, "Promises to Negotiate in Good Faith" (2003) *119 L.Q.R.* 357.

14) 영국을 제외한 독일과 프랑스, 스위스의 신의성실의 원칙에 관한 입법례에 대하여는 양창수, 앞의 책, 78-84면에서 알 수 있다. Kotz and Flessner, *European Contract Law* (1997), §.7; Zimmerman and Whittaker (eds), *Good Faith in European Contract Law* (2000).

15) Carter v Boehm (1766) 3 Burr. 1905.

16) Christopher Butch, Good Faith In Insurance Law: A Redundant Concept, *J.B.L.*(2008), 380.

17) Malcolm A. Clarke, Good Faith and Bad Blood in Insurance Claims, *14 South African Law Journal 65* (2002).

18) [1988] 2 Lloyd's Rep. 513, 547~550.

넷째, 최대선의 의무는 영국해상보험법 제17조에 규정된 대로 계약의 쌍방 당사자를 모두 구속하는 것이다. 최근의 논의는 주로 보험자에 대한 적용문제에 집중되어 진다.

다섯째, 최대선의의 적용범위가 명확하지 못한 점에 대한 우려이고, 이러한 연유로 개정논의 대상이 되었다.

2. 최대선의에 관한 비판적 시각

1) 예시되는 판례

Drake Insurance Plc v. Provident Insurance Plc[19]가 최근 영국에서의 최대선의 의무의 문제점을 제시하는 중요한 판례로 언급된다.[20] 그 사건에서 보험자는 위반된 불고지된 사항이 보험료에 차이를 두는 것이었음을 주장하면서, 고지의무위반을 물어 보험계약을 해지하고 보험금지급을 거절하고자 하였다. 보험계약자는 사기 등의 의도는 없었으나 결과적인 고지의무 위반이 되었고, 보험료에서 아주 미세한 차이가 있었다는 사실관계이다. 법원은 이 사건에서 보험자에게 최대선의의무가 있음을 확인하면서 이것으로 보험자의 해지권을 제한하였다.[21] 보험계약자 측의 최대선의 의무 위반이 있더라도, 최대선의가 다시 보험자를 구속하여 그가 가지는 취소권의 행사를 제한한다는 것이다. 최대선의 의무 위반으로 인한 피해자인 보험자에게 부여된 구제책이 취소권임에도, 그 취소권의 행사가 최대선의에 반한다는 이유로 제한된 것이다.

19) Drake Insurance Plc v Provident Insurance Plc [2003] EWCA Civ 1834; [2004] Q.B. 601; [2004] 1 Lloyd's Rep. 268.

20) Christopher Butch, supra, 376.

21) Drake Insurance Co. v. Provident Insurance Co. [2004] Lloyd's Rep 1R 277. 또한 이 사건에서 영국법원은 고지의무가 불공정하게 집행되는 것을 방지하기 위하여 고지사항의 중요성 의미를 아주 협소하게 해석한다. 유인의 의미를 보험자들이 그 사실을 알았더라면 다르게 행동하였을 것이라는 점을 입증하도록 요구하였다.

2) 고지의무와 관련하여[22)]

최대선의는 주로 계약체결 이전의 고지의무와 관련되는 것으로, 고지의무는 아무런 계약관계가 존재하지 않을 때 요구하는 의무로써 그 근거를 최대선의에서 구하게 된 것이기 때문이다.[23)] 그리고 보험계약자뿐 아니라 보험자도 관련 중요한 사실을 피보험자에게 알릴 의무가 있으나(영국해상보험법 17조), 최대선의는 당사자들이 단순히 최대선의를 유지하여야 한다는 점에서 한걸음 나아가 여러 요건을 창출하였고 이는 보험계약자등에게는 지극히 불리한 것으로 간주되고 있다. 이러한 점에서 영국의 개정작업에서 가장 중요한 개정대상이 고지의무라 할 수 있고[24)] 고지의무에 대한 Consultation Paper도 발간하였다.[25)] 따라서 여기서 고지의무에 관한 문제점의 지적과 그 개정방향을 살펴보는 것이 요청된다.

첫째, 중요성의 판단이다. 중요성의 판단은 보험계약자가 아니라 보험자를 기준으로 하고 있어, 그 결과 보험계약자라면 그 위험을 보험에 가입할지 여부를 판단함에 있어 신중한 보험자가 고려하는 모든 사항을 고지하여야 한다. 따라서 신중한 '보험계약자'가 중요한 사실로 판단하지 않더라도 신중한 '보험자'가 중요한 사실로 판단하는 모든 사항에 대하여 고지하여야 한다.[26)] 그리고 이것은 비단 해상보험뿐 아니라 다른 유형의 보험에 확장되어 적용된다.[27)] 이는 애초

22) The Law Commission & The Scottish Law Commission, *A Joint Scoping Paper*, 32면 이하.

23) 고지의무는 묵시적 조건에서 나오지 않음을 Good Luck 사건에서 명확히 한 바 있다. Good Luck [1989] 2 Lloyd's Rep. 238 at 263.

24) 고지의무와 관련한 호주의 개정작업에 대하여는 Kate Lewins, "Reforming non-disclosure in insurance law: the Australian experience" *J.B.L.*(2008), 158.

25) 이 보고서 또한 http://www.lawcom.gov.uk/insurance_contract.htm에서 구할 수 있다. 이 보고서에 대한 연구로 Merkin and Lowry, "Reconstructing insurance law: the Law Commissions' consultation paper" (2008) 71 M.L.R. 95.

26) 영국해상보험법 제18조. Pan Atlantic Insurance Co Ltd v Pine Top Insurance Co Ltd [1995] 1 A.C. 501.

27) Lindenau v Desborough (1828) 3 C. & P. 353; 8 B. & C. 586; Brownlie v Campbell (1879-80) L.R. 5 App. Cas. 925 at 954; Seaton v Heath [1899] 1 Q.B. 782; Krantz v Allan (1921) 9 Ll. L. Rep. 410 at 412

의 의미나 의도하였던 것보다 보험계약자에게 불리하게 발전된 것이라고 한다.

둘째, 논란이 많은 부분으로 제18조에 규정된 위반의 효과에 관한 것이다. 문제된 정보가 그 보험계약과 관련이 없을 것으로 판단한 보험계약자의 경우에 있어서도 고지의무위반이 되고 계약이 취소된다.[28] 이는 결과적으로는 악의(bad faith)를 방지함에 필요한 범위 이상으로 보험자를 과도하게 보호한다는 지적이다. 선의를 확보하기 위하였던 원칙이 오히려 보험자의 악의를 유도할 수 있는 강력한 무기가 되어 버렸다고도 한다. 이러한 점 등으로 인하여 영국 실무상으로는 과거부터 옴부즈만에 의한 해결에 있어 비율적 보상을 실시하고 있었으며, 그 도입을 적극적으로 주창하고 있다.[29]

셋째, 최대선의의 전제라 할 수 있는 보험계약자의 정보우위에 대한 시대적 상황의 변화 등에 대한 포착이다. 현재의 상황은 Carter v. Boehm 판결시인 1760년과는 명백히도 다르다. 현재의 정보습득 수단은 이메일이나 인터넷 등 1760년의 옛날과 비교할 수도 없다. 과거 보험자는 보험계약자가 제공하는 정보에 의존할 수밖에 없었으나, 현재는 당시의 상황에 기반한 논리가 통용될 수 없는 것으로,[30] 그 근간이 되는 제도가 현재에도 그대로 존재하는 것은 긍인될 수 없다는 점이다. 오히려 보험자가 보다 광범한 자료를 수집할 인적·물적 능력이 있고, 또한 다른 시각에서 고지의무제도를 대체할 수 있는 보다 효율적 체계를 구축할 수도 있다고 한다.

넷째, 보험계약자의 사기, 과실, 선의로 인한 고지의무를 모두 동일하게 처리하고 있음으로 인한 문제이다. 최근의 주류적 논의는 사기의 경우는 취소할 수 있다 하더라도 다른 부분에 대하여는 비율적 보상 등 다른 방안을 고려하고 있다.

즉 이상과 같이 최대선의의 출발점이라 할 수 있는 정보의 불균형 등이 시대

28) 이것은 지나친 과잉살육(overkill)으로 표현되기도 하였다. MacDonald Eggers et al., *Good Faith and Insurance Contracts*, Cambridge University Press, 2004, §.3.08.

29) 1980년의 법률위원회의 보고서는 비율적 보상이 어렵다는 결론이었으나, 금번의 개정작업에서 법률위원회는 입장을 선회하고 있다.

30) John Birds, *Modern Insurance Law*, London Sweet & Maxwell, 2001, 96.

상황이 전혀 다른 관계로 영국에서도 개정으로 가닥을 잡고 있다. 즉 최대선의를 가장 필요로 하는 고지의무가 중요한 개정의 대상인 것으로, 그 명확한 요건과 효과 규정을 두는 것이 보다 바람직하고 그 근거로서의 최대선의는 불필요하다는 것이다.[31]

3) 적용범위의 불명확성

최대선의의 중요한 난점은 그 적용범위가 명확하지 못하다는 점이다. 보험계약이 최대선의계약이라 한다면 고지의무 이외에도 그 적용되는 부분이 있어야 함에도, 그 범위가 상당히 모호하다. 최근 계약체결 이후의 선의의무에 대하여 다양한 논의가 있었으나 지금도 정리되지 않은 부분으로 파악된다.[32] 그리고 계약체결 이후의 선의의무의 적용 논의는 불확실성이라는 문제를 증폭시킨다. 보험계약 체결 이후의 경우에는 주로 보험자의 최대선의 의무가 강조되고 있으며 이것이 현실화되었다고 보는 경우는 다음에 불과하다.[33] "책임보험의 보험자가 피해자의 청구에 대하여 협상을 할 때 피보험자와 이익충돌을 피하여 하는 의무, 재보험자가 사건과 관련 없는 것을 고려하지 않을 의무, 보험계약자의 고지의무위반이 있더라도 보험자가 알고 있었다면 계약을 취소할 수 없는 의무, 피보험자의 요구가 있을 때 보험자는 성실히 답변하여야 하는 의무" 등에 불과하다.

오히려 다음에서 살펴보는 바와 같이 그 효과가 취소라는 점으로 인하여 보험자에 의하여 악용될 소지가 크다고 본다. 보험자로서는 만연히도 피보험자의 행동이 선의의무에 부합하지 않는다는 주장을 하고자 할 것이기 때문이다.[34]

31) Christopher Butch, supra, 380-381. 고지의무에 대한 근거로써 선의원칙을 유지해야 할 이유가 없다. 고지의무의 요건에 대한 규정을 두고 또한 그 효과에 대하여 적절한 규정을 두는 것으로 족하다. 보험계약을 선의계약으로 유지해야 할 아무런 이유가 없다. 이러한 상황에서 그 원칙의 보유를 주장하는 것은 설득력이 없다.

32) Agapitos v Agnew (The Aegeon) (No.1) [2002] EWCA Civ 247; [2003] Q.B. 556. Christopher Butch, supra, 381.

33) The Law Commission & The Scottish Law Commission, *A Joint Scoping Paper*, §3.5.

34) Robert Merkin, *Reforming Insurance Law: Is There a Case For Reverse Transportation?, A Report For The English and Scottish Law Commissions on The Australian Experience of Insurance Law Reform*, §3.4.

4) 쌍방 당사자의 의무 – 효과와 관련하여

많은 판례에서 확인되었고 영국해상보험법 제17조에 규정된 바, 최대선의는 계약의 쌍방 당사자를 모두 구속하는 것이다. 그리고 그 효과가 일방 당사자가 선의의무를 위반하는 경우 타방 당사자는 계약을 취소할 수 있다. 일견 이 해법은 공평한 것으로 보일 수도 있으나, 하지만 이는 오해라는 지적이다.[35] 취소라는 구제책은 보험자의 입장에서는 아주 강력한 무기가 됨에 반하여, 피보험자에게는 장점이 되지 못한다. 영국에서 현재까지는 피보험자의 입장에서 보험자측의 고지의무위반을 문제삼아 보험계약을 취소한 경우가 단 한 건도 없다고 한다.[36] 보험자가 피보험자에게 악의로 간주될 수 있는 행위를 한 경우, 예를 들면 정당한 이유없이 지급을 거절하는 경우 등에 있어 피보험자는 계약취소가 아니라 손해배상의 구제책을 원할 수 있음에도 불구하고, 영국법은 최대선의 의무위반에 대하여 이러한 구제책을 허용하지 않는다.[37] 그 결과 최대선의의 쌍방 당사자에 대한 적용이라는 형평은 실로 환상에 불과하다고 본다.

요컨대, 보험자도 최대선의의무를 부담하기는 하나, 영국에서는 최대선의의무 위반의 유일한 효과가 취소인 점을 감안한다면 보험계약자 측에서 이 의무위반을 문제삼을 소지는 거의 없고, 이것이 최대선의는 쌍방 당사자의 의무라는 전제에 대한 명확한 한계를 선명하고 있다.

5) 기타[38]

(1) 일반 계약에는 존재하지 않는 점으로 인하여

최대선의의무가 영국에서는 일반의 계약에는 존재하지 않음에 반하여 보험계약에만 존재한다. 따라서 보험계약과 비보험계약을 구분하는 것은 필수적이 되

35) Christopher Butch, supra, 379-380
36) Christopher Butch, supra, 379.
37) Bank of Nova Scotia v Hellenic Mutual War Risk Association (Bermuda) Ltd (The Good Luck) [1990] 1 Q.B. 818; [1989] 2 Lloyd's Rep. 238; Banque Keyser Ullman SA v Skandia (UK) Insurance Co Ltd [1990] 1 Q.B. 665.
38) Merkin and Lowry, "Reconstructing insurance law: the Law Commissions' consultation paper" *71 M.L.R.*(2008), 95.

고[39] 그 선결작업인 보험계약 여부의 판별이 어려운 경우도 존재한다. 그리하여 영국법원은 최대선의가 적용되는 계약을 분류하는 어려움으로 인하여 유사보험에 그 선의원칙을 적용하려 하지 않는다고 한다.

(2) 명시적 계약규정을 통한 해결

예견되지 않은 상황을 위하여 최대선의가 필요하다는 주장에 대하여는, 계약을 통하여 자신들의 권익을 보장할 수 있다는 것으로, 계약체결 이후에는 필요한 의무들을 미리 계약에 의하여 확정하고 그 위반의 효과도 명확히 정하는 것이 관철되어야 하는 기본원리로 본다.

3. 기타 영미법계 국가

1) 미국[40]

미국에서는 최대선의 원칙이 그다지 발전된 것이 아니다.[41] 미국 뉴저지의 최고법원이 선의원칙을 인정한 최초의 법원이고 이것이 보다 광범위하게 적용되기 시작한 것으로 본다. Bowler v. Fidelity and Casualty Company of New York 에서 뉴저지 최고법원은 다음과 같이 정리하였다. “보험계약은 최대선의 계약이고 보험자에 의하여 이러한 방식에 의하여 처리되어야 한다. 최대선의는 보험자가 일반인을 전문가가 아닌 일반인으로 처우하는 것을 요구한다. 모든 보험계약에서 일반인들에게 그 담보범위가 기망의 요소가 있는 경우 묵시적 최대선의가 존재하고 보험자들은 보험계약으로 인한 혜택을 받고자 하는 보험계약자들의 권리를 침해하는 행위를 할 수 없다”고 하였다. 다른 대부분의 주들도 이와 같은 취지에서 이 의무를 적용한다.[42] 예를 들면 테네시주 최고법원은 손해사정인으로 하여금 피보험자에게 협상을 개시하기 전에 피보험자가 보전받을

39) MacDonald Eggers et al., supra, §1.44 - §1.50.

40) 미국법상의 최대선의에 관한 보다 상세는 한창희, 보험계약에 있어서의 신의성실의무, 『보험학회지』 제80집, 2008, 48-52면.

41) Robert E. Keeton, *Insurance Law*, West Pub., 2001, §6.2.

42) Robert E. Keeton, supra, §6.2.

수 있는 범위에 대하여 알려주어야 한다고 하면서 특히 손해사정인에게 피보험자가 그것을 알고 있지 못함이 명확한 경우에는 더욱 그러하다고 하면서 피보험자의 무지를 악용하여 선의의무 위반이라고 하였다.[43]

요약하면, 미국의 특징은 징벌적 손해배상을 위시하여 보험자의 선의의무에 중점을 둔다.

2) 호주

(1) 법률규정[44]

호주는 1984년 제2장에서 최대선의 의무(The Duty of Utmost Good Faith)라는 제목하에 제12조 내지 제15조 규정을 둔다.

첫째, 제12조의 규정[45]에 의하여, 피보험자가 계약체결 이후의 위험변경증가의 통지의무를 이행하지 않은 경우 보험자는 최대선의 의무위반이라는 주장을 하지 못한다. 호주법의 핵심은 제12조가 피보험자에 의한 통지의무위반이 최대선의의무위반이라는 주장을 봉쇄하기 위한 것이라고도 한다.[46] 따라서 보험자가 약관상 위험변경증가통지의무를 규정하고 있는 경우에 한하여 그 위반의 책임을 물을 수 있다.

둘째, 제13조의 규정[47]에 의하여, 계약당사자가 최대선의로 행위하지 않은 경우 그는 계약상의 조항을 주장할 수 없고, 이러한 점은 보험자에게 보다 큰 영향을 미친다고 한다. 실제 최대선의 의무라는 묵시적조건 위반에 대한 주장은 보험계약자가 보험자에 대하여 주장한다는 것이다.[48] 하지만 이 점에서 Merkin은 호주에서는 계약체결 이후의 최대선의는 사멸한 것으로 본다. 왜냐하면 최대선의는 계약에 정해진 사항을 준수해야 한다는 의미에서 뿐이고, 계약의 일방당

43) MFA Mutual Insurance Company v. Flint, 574 S.W.2d 718 at p. 722 (Tenn. 1978)

44) http://www.austlii.edu.au/au/legis/cth/consol_act/ica1984220/s13.html

45) 第12조 (적용배제) 이 장의 효과는 -- 보험자에 대한 사항의 고지에 대하여 피보험자에게 고지의무 이외의 의무를 지우는 것은 아니다.

46) Robert Merkin, supra, §3.6.

47) 第13조(최대선의의무) 보험계약은 최대선의에 기초한 계약이고 이 계약에는 각 당사자가 상대방에게 최대선의로 행동할 것을 요구하는 조항이 묵시적으로 존재한다.

48) Robert Merkin, supra, §5.5.

사자가 계약의 조항을 위반하면 그는 타방 당사자에게 계약의 준수를 요구하지 못한다는 뜻만 있다는 점에서이다.[49)]

셋째, 그 위반의 효과는 계약에 맡기고 있으며 결과적으로 손해배상이 가능하다.[50)]

(2) 고지의무와 밀접한 관련

호주도 최대선의의무는 고지의무의 근간이 되는 것으로 고지의무와 최대선의의무간에 관계를 살펴보아야 한다. 다음은 호주의 고지의무제도의 특징이다.

첫째, 중요성의 판단은 신중한 보험자에 기초하고 있는 것이 아니라 신중한 보험계약자에 기초하고 있다.[51)] 둘째, 보험자가 특정의 질문을 하지 않는다면 고지의무는 포기되어진 것으로 본다.[52)] 셋째, 보험자는 고지의무에 대하여 통지할 의무를 부담한다. 만약 그렇지 않는다면 보험계약자가 사기의 의도가 있는 경우 이외에는 이를 문제 삼을 수 없다.[53)] 넷째, 고지의무 위반의 효과이다. 영국의 법률과 달리 취소만 인정하는 것은 아니다. 예를 들면 만약 그 사실을 알았던 경우라면 고율의 보험료를 책정하였을 것이라면 그 추가 보험료의 액에 해당하는 만큼 피보험자의 청구액은 감소된다. 다만 고지의무위반이 사기적(fraudulent)인 경우에 한하여, 보험계약을 취소할 수 있다.[54)] 또한 부실고지와 관련하여서도 모호한 질문은 합리적인 사람들이 이해하는 범위 내로 해석되어야 하고,[55)] 합리적 이유에 의한 믿음은 부실고지가 아니며,[56)] 신중한 보험계약자의 요건을 충족해야 부실고지가 된다.[57)] 또한 제24조에 의한다면 보험계약자에 의한 진술은 '워런티(warranty)'가 아니다.

49) Robert Merkin, supra, §5.1.

50) Commonwealth v. Amann Aviation Pty Ltd (1991) 174 CLR 64. 그 예로 제시되고 보통의 약관에 정해두는 내용이 보험자는 보험금지급청구를 상당한 기간 내에 처리하여야만 하고 만약 그렇지 못한다면 결과적 손해에 대하여도 배상하여야 한다는 점이다.

51) 이는 영국과도 다르고, 현재의 우리법 해석과도 다르다.

52) 호주보험계약법 제21조A.

53) 호주보험계약법 제22조.

54) 호주보험계약법 제28조.

55) 호주보험계약법 제23조.

56) 호주보험계약법 제26조(1).

57) 호주보험계약법 제26조(1).

3) 비교(소결)

첫째, 영국과 호주 모두, 계약체결 이전에는 고지의무에서의 논의가 주류인 관계로 보험계약자 측의 선의를 주로 요구하며, 계약체결 이후에는 보험자의 선의를 주로 문제삼는 점은 동일하다. 최대선의가 보험자에 대한 의무로써의 역할을 강조하는 미국의 입장도 이 점 유사하다. 이와 관련하여 거시되는 예들로 보험자는 보험증권과 관련된 중요한 사항들을 보험계약자에게 통지해 주어야 하고, 보험금청구에 대하여 적시의 결정을 하여야만 하는 등 보험금청구를 최대선의로 처리할 의무를 부담한다는 등이다.[58]

둘째, 위반의 효과면에서 호주는 영국과 달리 약관의 규정에 의하고 따라서 손해배상이 가능하다.[59]

셋째, 영국과 호주 모두 최대선의와 사기적 보험금청구는 무관한 것으로 파악한다.[60] 애초 호주와 영국 모두 처음에는 사기적보험금청구의 개념이 최대선의로부터 나온 것이나 현재는 이들과는 분리된 독립된 개념이 되었다.[61]

IV. 결 론

이상 영국에서의 보험계약법 개정동향과 최대선의를 중심으로 한 개정논의들을 살펴보았다. 먼저 그 개정과정에서 광범한 의견수렴을 지향하는 신중하면서도 정치한 논의과정은 시사적이다. 그리고 영국에서는 최대선의 의무의 적용범위에서의 모호함, 구제의 효과가 취소뿐이라는 점, 출발점이 되었던 고지의무에 대한 비판과 그 전면적 개정의 움직임 등, 최대선의에 대하여 많은 지적과 신랄

58) 호주에서는 지체된 보험금지급의 경우에는 제57조에 의한 이자뿐 아니라 결과적 손해에 대한 배상을 할 의무가 있다고 한다.

59) Commonwealth v. Amann Aviation Pty Ltd (1991) 174 CLR 64.

60) 이에 관하여는 장덕조, "사기적 보험금청구", 『인권과 정의』 제386호, 2008, 50~69면 참조.

61) Robert Merkin, supra, § 6.1. 등 다수의 영국 문헌과 판례에서 확인된다.

한 비판이 있다. 그 삭제를 적극적으로 주장하는 의견도 개진되고 있으며, 보험계약법 개정의 논점에 포함되어 있다. 이러한 점, 우리가 최대선의를 도입·규정함에 있어 보다 신중하면서도 종합적 검토가 요구됨을 알 수 있다. 이는 우리 민법 제2조의 의의와 해석, 그 적용을 둘러싼 많은 견해가 있음을 볼 때에도 그러하다. 종국적으로는 그 도입이 우리의 법체계에 반드시 필요한 중요한 규정인지 하는 점에 집중되어지는 것으로, 사법체계의 일관성에 있어 오히려 저해될 수도 있지 않은가 하는 점도 고려의 대상이다. 그 도입에는 다음의 질문에 대한 설득력 있는 답이 가능하여야 한다.

첫째, 무엇이 최대선의인가?

둘째, 고지의무와 구별되는 독자적 최대선의 의무를 명시적으로 인정한다면 그 범위는 어떠하며, 왜 필요하고, 어떠한 실익이 있는 것인가?

셋째, 최대선의 위반의 효과는 무엇인가?

넷째, 민법 제2조와 최대선의는 어떻게 구별되는가? 민법 제2조의 신의칙이 특별결합관계의 존재 즉 계약 등의 채권관계 기타 일정한 사회적 접촉을 가지는 사람 사이에 적용되는 것으로,[62] 신의칙에 의하여 보호되는 신뢰는 규범적으로 평가되는 신뢰를 의미한다고 하며 "규범적 신뢰의 인정 여부는 그 채무자를 동일한 상황에 있는 다른 채무자와 개연성계산의 도움을 받아 평가적으로 비교함으로써 판단"된다고 한다.[63] 그렇다면 보험계약관계에서의 선의성에 관한 기저가 민법 제2조의 신의칙에 의하여 해결할 수 있을 것임에도, 별도로 최대선의라는 조항을 두어야 하는 이유는 무엇인가? 이를 검토함에 있어서는, 영국법은 우리와 달리, 일반의 계약에서는 최대선의를 인정하지 않음을 반드시 염두하여야 한다.

통상적 의미에서 보험계약은 선의를 요구한다는 점을 애써 부인하자는 뜻이 아니다. 다만 법률규정상 일반조항으로서의 최대선의를 선언하는 것은 전혀 다

62) 양창수, 앞의 논문, 94면.
63) 위의 논문, 96~97면.

른 문제인 것이다. 보다 중요한 과제는 현재 각국 개정동향을 참조할 때 고지의무 제도를 국제적 정합성의 측면에서 합리적으로 개선하는 것이라 본다.

제5장

변액보험에 대한 적합성원칙의 적용*

Ⅰ. 머리말

1. 변액보험에 적합성원칙의 도입 의의

보험계약은 당사자사이에 정보의 불균형을 특색으로 하고, 보험자의 정보우위와 관련하여 먼저 부합계약으로서의 보험계약의 성격상 보험계약의 조건은 당사자가 서로 흥정하고 양보하여 얻어진 결과가 아니라 보험자가 미리 마련한 정형화된 약관에 따른 것이고, 보험상품은 금융파생상품의 등장과 함께 점차 일반인이 이해하기 어려운 복잡한 구조와 법률용어로 이루어져 있기 때문에 이 측면에서의 정보격차를 방치한다면 소비자의 합리적인 선택이 불가능하고, 각 소비자는 자기의 필요에 적합한 계약을 체결할 수 없게 되는 것은 물론, 보험·금융시장에서의 최적의 자원배분이 침해된다. 또한 보험사고발생시 피보험자측에 비하여 보험자는 법률전문가로서 보상여부 또는 보상액의 산정 등에 있어서 주도적인 지위를 차지하고 있는 반면, 피보험자측은 보험금청구를 위한 법률요

* 이 장은 "변액보험에 대한 적합성원칙의 적용", 『보험법연구』 제2권 2호, 한국보험법학회, 2009.12, 151~170면을 수정·보완하였음

건 등에 있어서 정통하지 못하고 손해액의 산정에 있어서 전문적인 지식을 갖추지 못하는 불균형이 발생한다. 따라서 보험자가 보상을 정당한 사유없이 거부하거나 지체하고, 지나치게 낮은 보상액을 제시하여 화해를 유도하는 등의 문제가 발생할 수 있다. 미국의 경우에는 이와 같은 경우 거액의 징벌적 손해배상을 명하여 이를 억제하는 반면, 영국 등의 경우에는 보험자의 손해배상책임을 인정하는데 매우 소극적이고, 이는 우리나라의 경우에도 적용된다고 할 수 있다.[1)]

2008년 보험업법개정안은 회사 및 판매자는 일반 보험계약자에게 보험계약의 체결을 권유하는 경우 보험계약의 중요내용을 설명하고, 이해하였음을 서명, 기명날인, 녹취 등의 방법에 따라 확인을 받도록 하며, 회사는 보험계약의 청약, 체결 시부터 보험금 지급시까지 주요 과정을 안내하고, 보험금 지급을 요청한 경우 보험금 지급절차 및 지급내용 등을 설명할 의무를 지우고 있고, 위반시 과징금(수입보험료의 25%까지) 또는 과태료(보험회사: 5천만원 이하 보험설계사·보험대리점: 2천만원 이하)를 부과하고 있다(보험업법개정안 제95조의 2).[2)]

---

1) 한창희, 보험계약에 있어서의 신의성실의무, 보험학회지 제80집, 한국보험학회, 2008, 59면.

2) 제95조의2(설명의무 등) ① 보험회사 또는 보험의 모집에 종사하는 자는 일반보험계약자에게 보험계약 체결을 권유하는 경우에는 대통령령으로 정하는 보험계약의 중요 사항을 일반보험계약자가 이해할 수 있도록 설명하여야 한다.

② 보험회사 또는 보험의 모집에 종사하는 자는 제1항에 따라 설명한 내용을 일반보험계약자가 이해하였음을 서명, 기명날인, 녹취, 그 밖에 대통령령으로 정하는 방법으로 확인을 받아야 한다.

③ 보험회사는 보험계약의 청약 및 체결시부터 보험금 지급시까지의 주요 과정을 대통령령으로 정하는 바에 따라 일반보험계약자에게 안내하여야 한다.

④ 보험회사는 일반보험계약자가 보험금 지급을 요청한 경우 대통령령으로 정하는 바에 따라 보험금의 지급절차 및 지급내역 등을 설명하여야 하며, 보험금을 감액지급 또는 불지급할 경우에는 그 사유를 설명하여야 한다.

자본시장법 제47조는 "①금융투자업자는 일반투자자를 상대로 투자권유를 하는 경우에는 금융투자상품의 내용, 투자에 따르는 위험, 그밖에 대통령령으로 정하는 사항을 일반투자자가 이해할 수 있도록 설명하여야 한다. ② 금융투자업자는 제1항에 따라 설명한 내용을 일반투자자가 이해하였음을 서명, 기명날인, 녹취, 그 밖의 대통령령이 정하는 방법중 하나 이상의 방법으로 확인을 받아야 한다. ③ 금융투자업자는 제1항에 따른 설명을 함에 있어서 투자자의 합리적인 투자판단 또는 해당 금융상품의 가치에 중대한 영향을 미칠 수 있는 사항을 거짓으로 설명하거나 중요사항을 누락하여서는 않된다"고 규정하고, 제48조 제1항은 "금융투자업자는 제47조 제1항 또는 제3항을 위반한 경우 이로 인하여 발생한 일반투자자의 손해를 배상할 책임이 있다"고 규정한다.

반면 이와 달리 적합성원칙과 관련한 동법 제46조의 위반으로 인하여 발생한 손해에 대한 근래 변액보험의 성장세가 눈부시다. 2007년도의 생명보험의 수입보험료 75조956억원 중 변액보험은 전년대비 50.9% 성장한 17조3,912억원으로 23.2%를 점하고 있고, 2006년의 37.5% 성장률에 비하여 높은 성장세를 나타내고 있다.[3] 정액보험은 자산운용에 따른 투자위험을 보험회사가 부담하는데 반하여, 변액보험은 자산운용실적에 따라 보험금이나 해지환급금이 변동하므로 그 투자위험을 보험계약자가 부담하는 점에서 정액보험과 구별되고, 변액보험은 보험자의 자산운용에 따라 보험금 등이 변동하는 점에서 투자신탁회사의 수익증권이나 뮤추얼펀드와 같은 실적배당상품이다. 또한 예금자보호제도에 의하여 금융기관이 파산한 경우 1인당 5천만원을 한도로 보호되지만, 특별계정으로 운용되고 그 운용성과에 따라 보험금과 해약보험금 등이 증감되는 등 일반계정과 성격을 달리하는 원본미보장 변액보험은 보호대상예금에 해당하지 않는다. 다만 변액보험의 최저사망보험금에 대한 보장은 예금자보호법의 취지상 원리금보장부분에 대하여 예금자보호가 필요하다.[4]

이에 변액보험의 경우에는 적합성원칙을 도입하여 보험회사 및 판매자는 보험계약의 체결을 권유하기 전에 면담 또는 질문을 통하여 고객의 연령, 재산상황, 가입목적 등을 파악하고 확인(서명 등)을 받도록 하고, 시행령에서 적용상품(예:변액보험)과 확인내용, 유지관리기간 등을 규정하도록 위임하고 있다(보험업법개정안 제95조의 3).

배상책임을 규정하고 있지 않다.

3) 보험연구원, 『보험동향』 제46호(2008년 여름호), 60면.

4) 유관우 · 이현열, 『인보험약관해석』, 알림G&P, 2006, 534면.

보험업법 개정안	자본시장법
제95조의3(적합성의 원칙)	제46조 (적합성 원칙 등) ① 금융투자업자는 투자자가 일반투자자인지 전문투자자인지의 여부를 확인하여야 한다.
① 보험회사 또는 보험의 모집에 종사하는 자는 일반보험계약자에게 보험계약 체결을 권유하기 전에 면담 또는 질문을 통하여 보험계약자의 연령, 재산상황, 보험가입 목적 및 다른 보험의 가입여부 등을 파악하고 일반보험계약자의 서명(「전자서명법」제2조제2호에 따른 전자서명을 포함한다), 기명날인, 녹취, 그 밖에 대통령령으로 정하는 방법으로 확인을 받아 이를 유지 · 관리하여야 하며, 확인받은 내용을 일반보험계약자에게 지체없이 제공하여야 한다.	② 금융투자업자는 일반투자자에게 투자권유를 하기 전에 면담 · 질문 등을 통하여 일반투자자의 투자목적 · 재산상황 및 투자경험 등의 정보를 파악하고, 일반투자자로부터 서명(「전자서명법」 제2조제2호에 따른 전자서명을 포함한다. 이하 같다), 기명날인, 녹취, 그 밖에 대통령령으로 정하는 방법으로 확인을 받아 이를 유지 · 관리하여야 하며, 확인받은 내용을 투자자에게 지체 없이 제공하여야 한다.
② 보험회사 또는 보험의 모집에 종사하는 자는 일반보험계약자의 연령, 재산상황, 보험가입 목적 및 다른 보험의 가입여부 등에 비추어 그 일반보험계약자에게 적합하지 아니하다고 인정되는 보험계약의 체결을 권유하여서는 아니된다.	③ 금융투자업자는 일반투자자에게 투자권유를 하는 경우에는 일반투자자의 투자목적 · 재산상황 및 투자경험 등에 비추어 그 일반투자자에게 적합하지 아니하다고 인정되는 투자권유를 하여서는 아니 된다.
③ 제1항 및 제2항을 적용하는 보험상품은 대통령령으로 정한다.	
④ 보험회사 및 보험의 모집에 종사하는 자가 제1항에 따라 확인 받아야 할 내용 및 확인 내용의 유지 · 관리기간은 대통령령으로 정한다.	

2. 글로벌 금융위기와 적합성원칙

2007년 초 모기지 대출회사의 연쇄부도로 시작된 서브프라임 모기지 사태는 전세계로 확산되어 우리나라 경제에 커다란 악영향을 미쳐 1997년 금융위기 이래 최대의 경제위기에 직면하고 있는 실정이다. 글로벌 보험사 중에서 세계 2위의 손해보험사인 AIG에 미국정부는 올해 3월 2일 300억 달러를 포함하여 지난 6월간 총 1,800억 달러의 구제금융을 지원하였고, 세계 1위의 생명보험사인 ING 그룹에 대하여 네덜란드 정부는 100억 유로를 투입하였으며, 지난 해 10.28 세계 제9위의 생명보험사인 Aegon사에 네덜란드 정부는 30억 유로를 투입한 경우에서 보다시피 보험사의 부실이 심각한 상황에 이른 것으로 판단된다.[5)]

이와 같은 보험회사를 둘러싼 상황변화에 대응하여 위험관리를 본질로 하는 보험계약의 규율방향에 대한 전면적인 재검토가 요망된다. 은행, 증권과의 지나친 경쟁을 통하여 생명보험사가 근래의 금융위기의 주원인인 파생금융상품과 같이 위험률이 제대로 확인되지 않는 변액보험 등의 영업비중을 지나치게 강화한 점, 2007년 52.3%의 초회보험료 성장률을 나타냈으며 당분간 의료실손보험을 중심으로 한 질병보험이 장기손해보험의 고성장을 이끌 것으로 보이는 바[6)] 손해율이 불안정한 질병보험에 대한 정확한 위험관리가 긴요한 것으로 판단된다.

이에 투자성보험상품인 변액보험의 특성을 감안한 보험자의 보험상품설명의무에 추가된 의무라고 할 수 있는 적합성원칙을 검토하는 데 있어서 새로운 보험환경을 감안하는 것이 긴요하다.

이 글은 이와 같은 상황인식 아래 보험업법 개정안상의 적합성원칙의 내용을 검토하는 것을 내용으로 한다.

---

5) 글로벌 보험산업의 현황에 대하여서는 양상문 외 5인 공저, 보험회사 글로벌화를 위한 해외보험시장조사, 보험연구원, 2008. 3, 43, 243면 참조.
6) 이진면 외 9인, 2009년도 보험산업 전망과 과제, 보험연구원, 2008. 11, 114면.

Ⅱ. 적합성원칙의 의의와 변액보험에 대한 적용 필요성

1. 적합성원칙의 의의와 필요성

적합성원칙(suitability rules)은 증권 등의 투자권유자가 투자자의 의뢰를 받을 경우, 투자자의 요구에 적합한 투자권유를 하여야 할 의무를 말한다. 즉 투자권유자는 투자자의 투자목적과 경험, 재산상태 등에 비추어 적합한 투자가 아니라면 당해 고객에 대하여 이를 권유하여서는 안된다는 원칙이다. 이는 증권거래에 있어서 적용되는 투자자보호를 위한 중요한 원칙의 하나이다.

사적 자치의 원칙상 매매거래의 당사자는 대등한 위치에서 자기판단과 자기책임의 원칙에 의하여 거래를 하면 된다. 따라서 금융판매업자가 고객에게 충분한 정보를 제공하면 고객은 그 정보에 기초하여 의사결정을 할 수 있기 때문에, 결정의 결과에 자기책임을 지게 된다. 즉 매수인이 목적물에 대해 하자 유무 여부를 조사하여야 한다는 매수인 주의의 원칙(caveat emptor rule)이 적용되는 것이다. 그러나 오늘날 금융상품의 복잡성에 비추어 보면 정보개시만으로 충분하지 않고, 보다 높은 정도의 보호가 필요하게 된다. 정보개시는 고객에게 충분한 정보를 제공하면 되지만, 고객은 주어진 전문적이고 기술적인 금융상품정보의 내용을 정확히 이해하여 의사결정을 내리기 어렵기 때문에 적합성의 원칙의 적용이 필요하게 된 것이다.

2. 변액보험의 의의

변액보험이라 함은 보험금이 자산운용의 성과에 따라 변동하는 보험을 말한다(보험업법 제108조 제3항). 변액보험은 보험계약자가 납입한 보험료의 일부를 별도의 특별계정에 산입하여 이를 주식이나 채권 등 유가증권에 투자하고, 그

운용실적에 따라 보험금액이나 해지환급금이 변동되는 것을 내용으로 하는 생명보험이다.

정액보험은 자산운용에 따른 투자위험을 보험회사가 부담하는데 반하여, 변액보험은 자산운용실적에 따라 보험금이나 해지환급금이 변동하므로 그 투자위험을 보험계약자가 부담하는 점에서 양자는 다르다.

변액보험은 보험자의 자산운용에 따라 보험금 등이 변동하는 점에서 투자신탁회사의 수익증권이나 뮤추얼펀드와 같은 실적배당상품이다. 다만 변액보험은 보험의 기본적 기능인 보장성을 유지하므로 사망시, 연금지급시 등 보험금지급시 투자실적과 관계없이 이미 납입한 보험료를 보장하는 최저보증옵션 등 일정시점 적립액을 보증하는 기능을 가지고 있으며 또한 자산운용도 수익증권이나 뮤추얼펀드에 비하여 장기적이고 안정적인 자산운용을 한다는 점에서 양자는 구별된다.

3. 변액보험에 적합성원칙의 적용 필요성

변액보험은 특별계정의 운용성과에 따라 보험금이 변동하기 때문에 투자상품의 성질을 가지고, 이러한 특성에 의하여 보험자에게는 투자상품에 인정되는 가중된 설명의무가 지워지는지 여부가 문제된다.

즉 변액보험에 대하여는 그 투자성에 근거하여 보험자가 판매권유단계에서 투자자의 목적이나 재산상황 등의 정보를 파악하여 투자권유를 할 의무가 인정되는가가 문제된다. 이 원칙은 기관투자자와 같은 전문성이 있는 투자자에게는 적용되지 않고, 일반 소비자인 투자자에게만 인정된다.

Ⅲ. 각국의 적합성 원칙의 동향

1. 미국

미국증권협회(National Association Securities Dealers: NASD) 규칙상 증권거래위원회 등록상품을 판매할 때 당해 상품이 고객에게 적합한지 확인할 의무를 진다. 미국 연방대법원[7]은 변액연금계약이 보험계약의 성격을 갖고 있지만, 뮤추얼 펀드를 발행하는 것과 같은 투자계약의 성격을 매우 상당하게 포함하고 있기 때문에 변액연금계약도 SEC에 등록되어야 한다고 판시하였다. 이에 따라 변액보험도 SEC의 규제대상이다. NASD 규칙 제2310조[8] 제 a항에 따르면 고

7) SEC v. Variable Annuity Life Insurance Co., 359 U.S. 65(1959).

8) NASD 2310. Recommendations to Customers (Suitability)

(a) In recommending to a customer the purchase, sale or exchange of any security, a member shall have reasonable grounds for believing that the recommendation is suitable for such customer upon the basis of the facts, if any, disclosed by such customer as to his other security holdings and as to his financial situation and needs.

(a) 고객에게 증권의 구입, 판매, 교환을 추천함에 있어, 증권거래인은 고객이 알려준 다른 증권의 보유상황, 개인의 재정상황 등의 사실들을 근거로, 고객으로 하여금 적합한 권유라고 받아들일 수 있는 타당한 근거를 확보해야 한다.

(b) Prior to the execution of a transaction recommended to a non-institutional customer, other than transactions with customers where investments are limited to money market mutual funds, a member shall make reasonable efforts to obtain information concerning:

(b) 뮤추얼펀드와 같은 한정된 투자를 하고 있는 고객과의 거래를 제외하고, 증권거래인들은 기관투자가 이외의 고객과 거래를 추천 또는 실행하기 이전에 다음과 같은 정보를 수집하기 위한 합리적인 노력을 하여야 한다.

(1) the customer's financial status;
(2) the customer's tax status;
(3) the customer's investment objectives; and
(4) such other information used or considered to be reasonable by such member or registered representative in making recommendations to the customer.

객에게 어떤 증권의 구입, 매도 또는 교환을 권유함에 있어서 증권중개인 등은 당해 고객이 보유하고 있는 다른 증권 및 재무상황·재무상의 필요성에 관한 정보가 공시되는 경우에 그 정보에 기초하여 권유를 당해 고객이 믿기 위한 합리적인 근거를 가져야 한다고 규정한다. 또 한 뮤추얼펀드 등에 한정된 투자를 하고 있는 고객과의 거래를 제외하고는 증권중개인은 기관투자자 이외의 고객에 대하여 거래를 추천함에 있어서 그 거래를 실행하기 전에 ① 고객의 재산상황 ② 고객의 과세상황 ③ 고객의 투자목적 ④ 고객에게 권장할 때 증권중개인 등에 의하여 이용되고 또한 합리적이라고 생각되는 기타의 정보를 입수하기 위하여 상당한 노력을 하여야 한다고 규정한다. 즉, 적합성판단을 위한 전제로서 고객정보의 수집과 관련하여 "고객정보 수집을 위해 합리적인 노력을 하여야 한다"고 규정하고 있으나[동 규칙 제2310조 (b)], 수집해야 하는 항목, 내용이 구체적이지 않아 세부적인 내용에 대하여는 회사의 상황에 따라 자율적으로 운용하고 있다.

다만, 변액보험은 주식이나 뮤추얼펀드와는 달리 생명보험상품이기 때문에 그 상품이 고객에게 적합한가 아닌가를 확인할 사항은 위의 NASD 규칙 제2310조의 확인사항만으로 불충분하다고 하여 NASD는 2000년 변액보험판매지침을 마련하였다. 이에 따르면 증권중개인 등은 고객의 연령, 수입, 실제 자산, 실제유동성자산, 피부양자의 수, 투자목적, 보험료의 출처, 투자경험, 기존의 투자 및 생명보험계약, 투자기간, 리스크의 허용도에 관한 상당한 정보를 입수하기 위한 상당한 노력을 하고, 그 정보를 기초로 당해 고객이 변액보험을 필요로 하고 있는가 여부, 계약을 유지하기 위하여 보험료를 지급할 능력이 있는가의 여부를 조사하여야 한다고 규정한다.

2006년 6월 NAIC[9]는 "연금거래에 있어서 적합성모델규칙"을 제정하였다.[10]

---

(1) 고객의 재정상황
(2) 고객의 세무상황
(3) 고객의 투자목적
(4) 고객에게 권유함에 있어 증권거래인 또는 등록된 대표자에 의해 합리적이라고 사용되거나 고려되어지는 기타의 정보

9) National Association of Insurance Commission의 약자로 미국보험감독협회임.

10) 제1조 이 규칙은 연금상품을 거래하는 경우 거래시점에 고객의 보험필요와 재산적인 목적이

이로 인하여 모든 연령의 개인연금투자자에게 적합성원칙이 적용되게 되었다. 이 규칙은 연금거래에 있어서 당해 거래가 이루어지는 시점의 소비자의 보험필요 및 금융목적에 적합하게 권고가 이루어지도록 연금보험권고를 규율하는 기준 및 절차를 확립하는데 목적이 있다(동규칙 제1조). 동 규칙은 서면절차의 유지 및 부적합한 판매의 관행을 발견하거나 방지하기 위한 기록의 검사를 포함한 보험자와 보험모집인에게 적합성 및 감독의무를 지우고 있다. 다만, 2006.8월 기준으로 연금보험에 대하여 적합성원칙은 고령자를 가입대상으로 하는 연금에 대해 13개주가, 일반인을 가입대상으로 하는 연금에 대해서는 12개주가 적용하고 있는 등 일부 주에 한하여 적용되고 있다.

2. 영국

영국의 금융서비스법(Financial Services Act 1984)은 투자업과 투자사업을 폭넓게 정의하여 소비자를 보호하고 있다. 즉, 동법의 규제대상인 투자사업은 투자물건의 거래와 관리, 투자조언 등을 말하고, 투자물건에는 주식과 사채 등은 물론 장기보험계약을 포함시키고 있기 때문에 변액보험도 이 법의 규제대상이 된다. 다만 적합성원칙은 규정하지 않고, 기업의 행동강령(The Core Conduct of Business Rules) 제16조(적합성)는 투자와 투자계약을 개인고객에게 권장하거나 거래하는 경우에는, 당해 고객에게 공시된 정보와 사업자가 인지하여야 할 기타의 사항에 비추어 적합한 경우가 아니면 권장하거나 거래해서는 안된다고 규정한다.

적절히 고려되어야 하고, 권유의 기준과 절차를 정하는 것을 목적으로 한다.

제2조 보험모집인, 보험회사에 의하여 이루어지는 고객에 대한 연금의 구입 또는 계약변경의 권유로, 최종적으로 계약이 체결되는 경우에 적용된다.

제6조 A 보험자와 모집인은 고객에게 연금의 구입 또는 계약변경을 권유하고 그 결과 당해 고객이 새로운 보험계약 또는 연속하여 보험계약을 체결하는 경우 당해 고객의 투자상품 및 기타 보험상품과 함께 재산상태 및 보험필요에 관하여 당해 고객에게 적합하다고 믿을 합리적인 근거가 있어야 한다.

제6조 B 권유의 결과 연금의 구입이나 계약변경을 하기 전에 보험자 또는 보험모집인은 소비자의 재산상태, 세무상태, 투자목적, 보험모집인 또는 보험자가 소비자에게 권유할 때 이용되거나 합리적이라고 생각되는 기타 정보를 얻기 위하여 노력하여야 한다.

또한 2001년부터 시행되고 있는 금융서비스와 시장법(Financial Services and Market Act 2000) 제5조 제1항은 소비자보호의 목적을 소비자에게 적절한 수준의 보호를 확보하기 위한 것이라고 하고, 제2항은 ① 투자와 기타 거래별로 리스크가 다르다는 점 ② 각각의 소비자가 관여하는 상품별로 또 경험과 능력별로 보호가 다르다는 점 ③ 소비자가 조언과 상세한 정보를 어느 정도 필요로 하는가 하는 점 ④ 소비자는 자기의 결정에 대하여 책임을 진다는 점 등을 고려하여야 한다고 규정한다. 영국 금융서비스국은 1999년 금융서비스시장법의 영업규칙에 적합성의 원칙을 포함시켰다. 즉 조언 및 고객의 판단에 신뢰를 제공한 경우에 재량을 수반한 결정에 대하여 적합성을 확인하도록 충분한 주의를 기울이도록 한 것이 그것이다. 이를 위반하는 경우 법정의무위반으로 손해배상책임을 진다.

3. 일본

일본에서는 변액보험에 대해 적합성원칙을 적용할 것인가에 대한 논란이 있었다. 해석론으로 변액보험은 예정사고율을 보증하고 있기 때문에 보험으로서의 성질을 갖는 것으로 보면서 1985년의 보험심의회답신 및 미국에 있어서의 연방증권법 등에 기초한 규제, 영국에서의 '금융서비스법'의 규제대상인 점을 감안하여 변액보험의 권유행위에 대하여 적합성원칙을 적용할 수 있다고 하였다. 즉 일본 증권거래법상 증권회사가 업무를 영위할 때 고객의 지식, 경험, 재산의 상황에 비추어 부적당하다고 인정되는 권유를 해서는 안된다는 규정이 변액보험에도 적용된다고 해석하였다.

이러한 원칙은 2000년 소비자보호법과 2001년 금융상품판매법에 의하여 명확히 되었다.

소비자보호법은 사업자가 소비자계약의 체결에 대하여 권유를 할 때, 중요사항에 대하여 사실과 다르게 알리거나 계약의 목적이 되는 사항에 대하여 단정적인 판단을 하여서는 안되고, 만일 이를 위반하여 소비자가 오인하여 계약을 체결한 경우에는 당해 계약을 취소할 수 있다(동법 제4조 제1항)고 규정한다.

금융상품판매법은 금융상품의 판매시에 금융상품판매업자에게 고객에 대한 중요사항의 설명의무를 지우고(동법 제3조), 이 설명의무를 이행하지 아니한 때에는 이에 의하여 생긴 고객의 손해를 배상할 책임을 지며(동법 제4조), 이 때 원본결손액은 손해액으로 추정된다(동법 제5조)고 규정한다. 이는 변액보험 등에 관한 금융기관의 설명의무위반을 민법의 신의칙위반에 근거하여 불법행위책임을 인정하던 판례가 입법화되었고, 원본결손과 같은 중요한 사항을 설명할 의무를 금융상품판매업자에게 부여한 것에 의의가 있다.

2006년에는 증권거래법이 폐지되고 금융상품거래법이 제정되었는데, 적합성원칙은 고객의 지식, 경험, 재산에 비추어 부적당하다고 인정되는 권유를 해서는 안되는 원칙으로 이해되고 있다.

일본 보험업법은 금융상품거래법을 준용한 적합성원칙을 도입하였다. 즉 보험회사 및 보험모집인, 보험중개인은 금리, 외환, 금융상품거래소 등의 시장지표 변동에 의해 손실이 발생할 우려가 있는 상품(변액보험, 변액연금, 외화표시 보험, 연금 등)인 특정보험계약의 체결시 고객의 지식, 경험, 재산상황 및 목적에 비추어 부적당하다고 인정되는 권유행위를 하지 못한다(보험업법 제300조의 2, 금융상품거래법 제40조).

이에 따라, 일본의 금융감독규정인 "보험회사 대상의 종합감독지침"에서 2007년 9월 특정보험계약에 대한 적합성원칙[11]을 규정하고 "고객의 지식, 경험, 재산의 상황 및 계약체결 목적을 파악하여 고객 속성 등에 근거한 적정한 판매, 권유할 필요가 있다"고 정하고 있다. 그러나 동 지침에서는 수집하여야 하는 고객정보를 생년월일, 직업, 자산수입 등 재산상황, 금융상품 가입경험, 특정보험계약을 체결하는 목적 등으로 예시하고, 고객속성 등을 파악할 수 있는 고객관리체계 확보 등을 규정하게 하고 있는 등 적합성원칙 적용에 있어서 고객정보

11) Ⅱ-3-5-1-3 특정 보험계약에 있어서의 적합성 원칙
"보험회사·보험모집인은, 준용 금융상품거래법 제40조 제1호 및 규칙 제234조의 27 제1항 제3호의 규정에 따라, 특정 보험계약의 판매·권유에서는, 고객의 지식, 경험, 재산의 상황 및 특정 보험계약을 체결하는 목적을 정확하게 파악하고, 고객 속성 등에 준거한 적정한 판매·권유의 이행을 확보할 필요가 있다."

수집을 의무사항으로 하지는 않고 있다.

실무에 있어서는 적합성확인서(의향확인서와 겸용 가능)로 고객정보수집 및 적합성판단을 하게 하고 판매관리자가 적합성확인서를 확인하고 서류를 스캔하고 보관하는 방식으로 적합성원칙을 운용하고 있다.

Ⅳ. 변액보험에 적합성원칙의 도입의 쟁점

1. 적합성원칙에 관한 자본시장법의 규정의 변액보험에의 적용의 문제

2007년 제정된 자본시장과 금융투자업에 관한 법률은 투자성있는 모든 금융상품에 대하여 적합성원칙을 규정하고 있다. 즉 금융투자업자는 일반투자자에게 투자권유를 하기 전에 면담·질문 등을 통하여 일반투자자의 투자목적·재산상황 및 투자경험 등의 정보를 파악하고(동법 제46조 제2항), 금융투자업자는 일반투자자에게 투자권유를 하는 경우에는 일반투자자의 투자목적·재산상황 및 투자경험에 비추어 그 일반투자자에게 적합하다고 인정되는 투자권유를 하여서는 안된다고 규정한다.

변액보험에 대하여 자본시장법상의 적합성원칙을 적용할 수 있는가에 대하여는 견해가 나뉜다.

1) 긍정설

긍정설은 현재 판매되고 있는 변액보험은 만기보험금액 및 해지환급금에 대하여 최저보증을 하지 않는 점에서 종래의 보험상품과는 차이가 있으므로, 변액보험은 보험상품으로서의 성질과 증권 등의 금융상품으로서의 성질도 동시에 갖고 있고, 자본시장법이 투자성있는 금융상품에 대하여 포괄적으로 적용하는 포괄주의적 입법형태를 취하고 있기 때문에 변액보험에 투자성이 인정되는 한 변액보험에 대하여는 보험업법상의 규제와 자본시장법상의 규제를 동시에 받게 된다고 한다.

이에 따라 변액보험에의 가입권유에 대하여 적합성원칙을 적용하여 투자자를 보호하는 것이 합리적이라는 것이다.

2) 제한적 긍정설

자본시장법상의 적합성원칙은 원본손실로 발생하는 소비자피해를 최소화하기 위하여 도입된 제도인데, 보험상품은 변액보험의 경우에도 원금의 100%를 보장하는 경우에는 금융투자상품에서 제외되어야 하고, 적합성원칙은 그 한도에서 배제된다고 한다.[12)]

3) 소결

자본시장법상의 적합성원칙의 입법취지에 비추어 원본이 보장되지 않는 변액보험에 한하여 자본시장통합법상의 적합성의 원칙이 적용된다는 제한적 긍정설의 입장이 타당하다.[13)]

---

12) 맹수석, 보험판매와 고객보호의 원칙-자본시장통합법과 변액보험을 중심으로, 2008년도 한국보험학회·한국리스크관리학회 하계학술대회자료집, 2008, 368면.

13) 변액보험의 금융투자상품의 포함여부와 관련하여 입법예고당시 정부(당시 재경부)는 보험계약의 보험료 전액을 원본으로 볼 경우, 전통적 보험의 경우에도 원본손실이 발생할 가능성이 있는 것으로 간주되어 금융투자상품에 포함될 가능성 있음을 우려하고, 투자성을 갖지 않는 전통적 예금과 보험계약이 투자성을 갖는 것으로 해석되지 않도록 '원본'의 개념과 '회수금액'의 개념을 시행령에 근거를 마련함으로써 명확하게 규정하기로 하였다.

즉, 소비되는 금액(보험상품의 위험보험료·사업비 등)은 원본에서 제외하고, 특별계정으로 투자되는 금액만을 원본으로 포함하여 전통적 보험상품이 투자성을 갖지 않음을 명확히 하고, 투자되는 보험료에 비해 지급받는 보험금이 작은 변액보험의 경우에는 금융투자상품으로 분류됨을 명확히 하고, 또한, 중도해지수수료, 세금 등을 포함하여 회수금액을 산정하도록 함으로써 전통적 예금, 전통적 보험 등을 중도에 해지함으로써 입게되는 원본손실은 투자성으로 보지 않음을 명확히 하기로 하였다(2006년 6월 30일 재정경제부 - 자본시장과 금융투자업에 관한 법률제정안 설명자료).

또한 법률 입법예고에 대한 의견을 수렴한 결과 "변액보험은 실적배당 상품이지만 감독규정에 의하여 원본이 보장되므로 금융투자상품으로 보지 말아야 한다는 의견에 대하여 변액보험의 보험료는 위험보험료, 사업비 및 특별계정(투자운용되는 부분)으로 구분되며, 변액보험의 원본을 특별계정을 통해 투자되는 금액으로 한정함으로써 투자성 존부를 판단하고, 특별계정에 편입된 금액과 향후 지급받을 보험금 총액을 비교하여 원본이 보장되지 않는다면 금융투자상품에 해당되는 바, 이 기준에 의하면 현재까지 판매된 변액보험은 거의 대부분 투자성이 없어 금융투자상품에 해당하지 않음"이라고 하여 원본보장되는 변액보험이 금융투자상품에서 제외됨을 밝혔다(2006년 6월 재정경제부 - 자본시장과 금융투자업에 관한 법률 제정안』공청회

2. 보험법법상의 변액보험에의 적합성원칙조항의 신설

1) 보험업법 개정안 제95조의3의 내용

동조항은 보험회사 및 판매자에게 고객의 연령, 재산상황, 가입목적, 과거 보험계약 경험 등을 파악하여 서면으로 확인받도록 하는 고객정보수집의무를 지우고, 수집한 고객정보 등에 비추어 일반보험계약자에게 부적합한 보험상품의 권유·판매를 금지하며, 동법 시행령에 의하여 변액보험에 우선 적용하는 것으로 한다.

2) 문제점의 요약

(1) 고객정보 수집의무 부여는 과도한 규제

소비자 보호를 위한 적합성원칙의 제도적 도입에는 일정부분 공감하나 고객정보 수집의무(Know Your Customer Rule) 도입은 자본시장통합법이 고객정보 수집을 의무화한 것을 그대로 차용하는 것으로 보험영업 현실을 고려하지 않은 과도한 규제이다.

보험거래는 보험사업의 성질상 다수의 보험가입자를 필요로 하기 때문에 먼저 고객을 발견·권유하는 데에서 시작하여, 다음으로 보험상품의 내용을 설명하게 된다.[14]

영업소에 찾아오는 고객을 상대로 투자상품을 판매하는 타 금융권은 고객정보를 파악하는 것이 일반화되어 있고, 관련업무의 노하우가 축적되어 제도 도입의 충격이 그리 크지 않지만, 보험권은 아웃바운드 영업이라는 특성상 방문, 권

등을 통한 의견수렴 결과).

법률 제정 이후 시행령제정시 원본손실이 중도해약시에만 발생하는 보험상품이라면 중도해지로 인한 손실을 회수되는 금액에 포함되는 '해지수수료에 준하는 것'으로 해석하여 금융투자상품에서 제외 가능하게 함으로써, 계약의 만기 또는 사망 이전에 중도해지로 인해 원본 손실이 발생하는 보험상품(변액보험 포함)이 금융투자상품에 포함되지 않도록 하였다(2008년 7월 금융위원회 - 자본시장통합법 시행령 입법예고시 제시의견 검토결과)

14) 山下友信/竹濱修/洲崎博史/山本哲生. 保險法アルマ, 有斐閣 : 東京, 2000, 25面.

유행위 자체가 어려운데 더 나아가 정보 수집은 더욱 어렵다 할 수 있다.

정보수집을 의무화한 상황에서 고객이 제한된 정보만을 제공하거나 정보제공을 거절할 경우 적합성판단 자체를 할 수 없게 되므로 판매자체가 어렵게 되고, 불가능 해지는 문제점이 발생한다.

(2) 고객정보 수집의무화는 고객의 불편과 불만을 초래

고객정보 수령을 전적으로 고객에게 의존하는 상황에서 가입절차 복잡성에 따른 고객 불편과 불만이 증폭될 우려가 있다. 고객 정보 확인을 의무화 하는 것은 개인정보 제공을 꺼리는 우리나라 현실에 적합하지 않으며, 미국 등과 달리 자산상황 및 형태에 대한 질의/답변에 대한 부정적 고객 반응도 예상된다.

(3) 고객과의 분쟁 및 의무위반사례가 다수 발생하는 등 부작용 예상

현행 보험고객정보 수집 관행을 볼 때, 거부의사 표시 서면의 진위여부와 관련한 고객의 민원발생 및 분쟁이 많을 것으로 보이는 등 고객정보 수집 의무화의 부작용이 상당할 것으로 예상된다.

현재도 고객의 보험내용분석 등을 위하여 회사 자체적으로 고객정보 동의서, 청약서 등을 통하여 고객의 수입, 재산상황 등을 수집하고 있으나 고객이 정보제공을 꺼려하여 심지어는 설계사가 임의로 작성하고 있는 등 제대로 된 정보수집이 어려운 상황이며, 정보수집이 의무화되었을 때, 보험영업 실적만을 위하여 고객정보를 형식적 또는 임의로 작성하는 등 관행이 지속될 것이며 이 경우 범법자를 양산하는 결과를 초래한다.

(4) 변액보험은 자본시장법이 적용되는 일반 투자상품과 다른 특성을 지님

변액보험은 원본보장옵션 기능 및 상품 한 개의 가입으로 다양한 펀드를 취사선택 및 교체할 수 있어 투자리스크가 분산되는 등 펀드의 운용방법, 손실가능성 등에서 위험성이 큰 타 금융상품과 차이가 크다.[15)]

---

15) 타금융권 상품과 달리 변액보험의 경우 일정시점 적립액을 보증하는 기능을 가지고 있으며 주식편입비율도 제한적이고, 변액연금의 경우 연금개시시점 기납입보험료 보증옵션(GMAB)을 부과 중이며, 펀드내 주식편입비율의 경우 일반적으로 최대 30%~70% 이내 운용 중이다.

변액보험은 일반펀드와 달리 장기운용(10년 이상) 상품으로 종목의 매매가 빈번하지 않으

(5) 원본 미보장[16] 변액보험의 자본시장법 · 보험업법 이중규제 문제 발생

변액보험 중 일부상품에 대해서 자본시장법 적용이 예상되는 상황에서 보험업법에서 변액보험 전체에 대해 원칙을 적용할 경우 이중규제에 해당한다. 변액보험에 관하여 자본시장의 적용을 배제하지 않는다면 적합성원칙의 적용상품범위, 구체적인 실행방안 등을 두 법에서 각각 정함에 따라 법적용의 혼란을 야기할 수 있다.

V. 맺음말

적합성의 원칙에 관한 보험업법 개정안 제95조의3에 관하여서는 다음과 같은 점을 검토할 필요가 있다.

첫째, 자본시장법과 보험업법에서 2중규제하는 현행법 체제를 취하는 경우에는 적합성원칙의 적용상품범위, 구체적인 실행방안 등을 두 법에서 각각 정함에 따라 법적용의 혼란을 야기할 수 있다. 따라서 보험업법에서 원본미보장 변액보험에 한하여 적합성원칙을 도입하는 데 있어서 자본시장법 제46조는 적용되지 않음을 명확히 규정하는 것이 바람직하다.

둘째, 변액보험에 관한 적합성원칙에 따라 "보험회사 및 보험의 모집에 종사하는 자가 제1항에 따라 확인받아야 할 내용 및 확인 내용의 유지 · 관리기간은 대통령령으로 정하여야" 하므로(보험업법개정안 제95조의3 제3항) 이를 정함에 있어서 적합성원칙이 변액보험의 판매와 당사자간의 분쟁과 관련하여 우리의 보험실무에 연착륙할 수 있도록 합리적인 방안을 찾아야 할 것으로 판단된다.

셋째, 보험업법개정안 제95조의3의 법적 성격이 문제된다. 이와 관련하여 자본시장법 제47조는 금융투자업자의 상품설명의무를 인정하고, 동법 제48조 제1

며, Umbrella형 구조(채권형, 혼합형, 인덱스형 등)로 이루어져 있으며 펀드간 변경이 가능하여 투자리스크가 분산된다.

16) 최저보증액(변액연금)이 기납입보험료의 100% 이하로 보장하는 상품.

항은 "금융투자업자는 제47조 제1항 또는 제3항을 위반한 경우 이로 인하여 발생한 일반투자자의 손해를 배상할 책임이 있다"고 규정하는데 비하여, 이와 달리 적합성원칙과 관련한 동법 제46조의 위반으로 인하여 발생한 손해에 대한 배상책임을 규정하고 있지 않음을 주목할 필요가 있다. 판례는 우리나라의 증권투자에 관한 적합성원칙위반이 사법상 위법한 것으로 평가되려면, 고객의 투자상황에 비추어 과대한 위험성을 수반하는 거래를 적극적으로 권유한 경우에 해당되어야 한다는 기준을 잇따라 제시하고 있다.[17] 이에 적합성원칙을 위반한 경우 필연적으로 발생하는 보험자의 손해배상책임과 관련하여 그 요건을 정함에 있어서 신중한 접근이 요망된다고 판단된다.

넷째, 근래 보험상품의 규제에 대한 자율화의 흐름이 거세다. 2008년 6월 6일 공포된 일본 제정 보험법은 화재보험, 운송보험, 해상보험 등 보험계약의 각칙규정을 모두 배제하고 보험약관에 의한 규율이라는 사적 자치의 영역으로 이양하는 입법형태를 취하고 있다. 한편 영국의 법률위원회는 2008년 1월 14일 "보험계약법 쟁점 보고서(4) 피보험이익"에 관한 방대한 저술을 발간하였는데, 이 보고서는 보험과 다른 금융파생상품의 구별이 어렵다고 보고, 보험계약의 정의와 도덕적 위험과 보험을 가장한 도박의 방지라는 피보험이익의 본래의 2 가지 기능과 관련하여 해상보험을 제외한 손해보험의 경우에는 더 이상 피보험이익의 개념이 필요하지 않고 손해보상의 원리만으로 충분하다고 한다.[18] 우리의 2008년 보험업법 개정안은 보험상품 심사절차와 관련하여 보험상품을 판매전 신고상품과 판매후 제출상품으로 구분하고, 모든 상품에 대하여 3중 확인절차

---

17) 양석완, 판례로 본 증권투자권유에 따른 적합성원칙, 기업법연구 제12집, 한국기업법학회, 2003, 325~326면; 대법원 2007.4.12. 선고, 2004다62641판결은 "증권회사의 임・직원이 증권거래법에 위반한 방법으로 투자를 권유하였으나 투자 결과 손실을 본 경우에 투자가에 대한 불법행위책임이 성립하기 위하여는 거래행위와 거래방법, 고객의 투자상황(재산상태, 연령, 사회적 경험정도 등), 거래의 위험도 및 이에 관한 설명의 정도 등을 종합적으로 고려한 후 당해 권유행위가 경험이 부족한 일반 투자가에게 거래행위에 필연적으로 수반되는 위험성에 관한 올바른 인식형성을 방해하거나 고객의 투자상황에 비추어 과대한 위험성을 수반하는 거래를 적극적으로 권유한 경우에 해당하여 결국 고객에 대한 보호의무를 저버려 위법성을 띤 행위인 것으로 평가될 수 있어야 한다"라고 한다.

18) Law Commission, Insurance Contract Law Issues Paper 4 Insurable Interest, http://www.lawcom.gov.uk/docs/Insurance_Contract_Law_Issues_Paper_4.pdf, section 7.1~7.50.

(① 선임계리사 확인, ② 보험개발원 확인, ③ 금융감독원 확인)를 거치도록 하는 현재의 절차를 자율상품제도로 전환하여 부실판매의 가능성이 큰 상품은 신고상품으로 하고 신고상품의 구별기준을 명확히 설정하며 신고상품 이외의 상품을 모든 자율상품으로 하는 네거티브(Negative) 방식을 채택하고 있다. 이에 따르면 현재의 제출상품(90%), 신고상품(10%)의 비중이 자율상품(75~85%), 신고상품(15~ 25%)으로 되어 보험상품 개발절차가 매우 간소화될 전망이다.

한편 서브프라임 모기지 사태로 야기된 글로벌 금융위기와 관련하여 글로벌 대형 보험사인 AIG, ING사 등의 부실화와 구제금융은 위험관리의 중요성과 보험감독에 대한 규제의 강화가 21세기 보험법의 최대 과제임을 나타내고 있다. 투자성보험인 변액보험에 대한 적합성원칙의 도입에 의한 보험소비자보호의 강화와 함께 보험사는 파생금융상품의 일종인 변액보험에 대한 철저한 위험분석을 통한 종합적인 점검이 요망된다.

제 6 장

사기적 보험금청구*

- 상법 보험편 개정안 비판 -

I. 서언

현재 상법 보험편 개정안이 국무회의에서 심의의결되었다.[1] 상법 보험편은 1991년 개정된 이래 실로 오랜만에 개정작업을 거친 것으로 그 간의 금융관련 산업과 법제의 역동적인 변화를 감안한다면 참으로 중요한 과제로서, 이에 많은 관심과 비판을 가져야 할 것이다. 그럼에도 불구하고, 법조지에 특집호로 실린 개정위원들의 글[2] 이외에는 비판 또는 평가하는 글을 찾아보기가 쉽지 않다.

최근 우리나라뿐 아니라 일본, 독일과 기타 각국에서도 보험법개정 작업을 마쳤거나 작업중이다. 아주 최근에 일본과 독일이 보험법을 개정하였고 영국 등은 과거 10년 이상 동안 개정논의를 거치고 있고 조금씩 구체화하는 중이다.[3] 우선 이 점에서 오랜 세월을 두고 치밀하게 개정 이유와 문제점들을 연구하고

* 이 장은 「인권과 정의」 통권 386호, 대한변호사협회, 2008. 10, 50~69면을 수정 · 보완하였음.
1) http://www.lawtimes.co.kr/LawNews/News/NewsContents.aspx?serial=41531
2) 법조협회에서 발간되는 법조지 2007. 10.호에 "특집: 현행 상법(보험편)의 문제점과 개정방향"이라는 주제로 실린 글들이다.
3) http://www.lawcom.gov.uk/insurance_contract.htm

준비해 온 이 국가들과, 우리나라의 개정작업은 비교된다. 어쨌든 이 글은 개정안에 대한 평가를 위한 글의 시발점으로서, 사기적 보험금청구라는 쟁점에 집중한 것이다. 현재 입법예고된 상법 보험편 개정안(이하 '개정안'이라 한다) 제657조의2에 "사기에 의한 보험금의 청구"라는 제목으로 관련 조항을 담고 있으나,[4] 현재 외국에서 유사 조항을 법률로 제정해 둔 예를 찾는 것은 쉽지 않아 보인다. 다만 최근 영국에서 최대선의의무의 확대적용과 관련하여 보험계약체결 이후에도 그 의무가 적용되는 것인가가 보험법에서 중요한 쟁점으로 되어 있고, 이 논의와 결부지어 사기적 보험금청구에 대하여도 토론이 활발하며 보험법 개정작업[5]과도 맞물려 있다. 이하에서는 사기적 보험금청구에 대하여 국내외의 논의를 개관하고, 사기적 보험금청구에 대한 연구 검토를 하면서 끝으로 상법 개정안을 비판한다.

---

4) 제657조의2(사기에 의한 보험금의 청구) ① 보험계약자, 피보험자, 보험수익자 또는 보험금청구권을 가지는 제3자가 보험금을 청구한 경우에 사기의 목적으로 다음 각 호의 어느 하나에 해당하는 행위를 하여 보험금의 지급 여부 또는 그 산정에 중대한 영향을 미친 때에는 보험자는 그 사실을 안 날로부터 1개월 이내에 보험금청구권이 상실된다는 뜻을 통지하여 보험금의 지급책임을 면할 수 있다.

1. 손해 통지 또는 보험금 청구에 관한 서면이나 증거를 위조하거나 변조하는 행위
2. 손해 통지 또는 보험금청구에 관한 서면에 거짓된 사실을 기재하는 행위
3. 그 밖에 보험금의 지급 여부 또는 그 산정에 중대한 영향을 미치는 사항을 거짓으로 알리거나 숨기는 행위

② 제1항의 경우 보험자가 이미 보험금을 지급한 경우에는 그 반환을 청구할 수 있다.

5) http://www.lawcom.gov.uk/insurance_contract.htm에서 관련 각종의 자료를 구할 수 있다. 가장 최근의 보고서로는 보험법개정위원회가 Reforming Insurance Contract Law를 2008. 5. 28 발간하였다.

II. 사기적 보험금청구의 의의와 국내외 논의 현황

1. 사기적 보험금청구

1) 의의

사기적 보험금청구조항이 보험약관에 등장하기 시작한 것은 19세기 화재보험에서 부터이다.[6] 그런데 각국의 논의 동향을 보면 그 내용이 일정치 않아 정의를 내리는 것 자체도 까다로운 일이다. 영국에서는 일반적으로 "if there appear fraud in the claim made, or false swearing or affirming in support thereof, the claimant shall forfeit all benefit under such policy"라는 문구가 사용된다.[7] 그리고 미국에서는 "in the event of fraud, false swearing, or willful misrepresentation, the policy will be voided and recovery will be barred"로 표현되기도 한다.[8] 또한 호주에서는 "Where a claim under a contract of insurance, or a claim under this Act against an insurer by a person who is not the insured under a contract of insurance, is made fraudulently, the insurer may not avoid the contract but refuse payment of the claim"이라고 한다.[9] 일본에서는 최근 국회를 통과한 보험법 개정안에서 "보험급부청구에 대해서 사기를 행하고"라고 하고 있다.[10]

그런데 보험금을 청구하는 과정에서 사기적인 행위를 하는 것도 다음의 여러

6) Cf Levy v. Baillie (1831) 7 Bing. Rep 349사건이 최초라고 한다. 이후 Goulstone v. Royal Insurance Co (1858) 1 F&F 276와 Britton v. Royal Insurance Co (1866) 4 F&F 905는 모두 화재보험사건이다.

7) James Davey, Unpicking the fraudulent claims jurisdiction in insurance contract law: sympathy for the evil?, [2006]LMCLQ 129~288, 223, 228.

8) Allan Windt, Insurance claims and Dispute 5th (2008), §3:6

9) 호주보험계약법 제56조 제1항.

10) 일본 보험계약법 개정안 제30조 제2호.

양태가 있을 수 있다.

첫째, 보험사고가 없었음에도 보험금을 청구하는 경우,

둘째, 보험사고는 실제 발생하였으나 손해금액을 과장하여 청구하는 경우,

셋째, 보험사고가 실제 발생하고 애초의 보험금청구는 정직한 것이었으나 이후 애초 청구액이 손해액보다 훨씬 많다는 것을 발견하였음에도 불구하고 정정하지 않은 경우,

넷째 보험사고가 실제 발생하고 정당한 범위에서의 보험금을 청구하고자 하나 그 청구의 방법에서 허위의 수단을 사용하는 행위로써 예컨대 소명하여야 하는 영수증을 분실하여 이를 위조하는 등의 경우이다.

이상 여러 양태가 있으나, 실제 많이 논의되는 것은 두 번째의 경우이다. 한편 이 사건을 비롯하여 우리나라 화재보험약관 등에서는 "보험계약자 또는 피보험자가 손해의 통지 또는 보험금 청구에 관한 서류에 고의로 사실과 다른 것을 기재하였거나, 그 서류 또는 증거를 위조 또는 변조한 경우, 피보험자는 손해에 대한 보험금청구권을 상실한다"이고, 개정안에서는 "보험계약자, 피보험자, 보험수익자 또는 보험금액의 청구권을 가지는 제3자가 보험금액을 청구한 경우에 사기의 목적으로 다음 각 호의 어느 하나에 해당하는 행위를 하여"라고 한다.

2. 현재 국내 논의와 판례

1) 국내 논의

현재 국내에서의 논의는 거의 전무한 실정이다. 보험법 교재에 그 약관의 의의만을 소개하고 있으며[11], 최근 개정안을 입안하면서 그 정당성을 주장하는 글[12]만이 있을 뿐이다. 관련 교재에서는 이를 '보험금청구권상실조항'이라 하면서[13] 보험금청구에 있어서도 보험사고의 원인이나 손해의 정도 등에 관한 정확

11) 양승규, 『보험법』, 삼지원, 2004, 226면.

12) 장경환, "보험사기에 관한 상법개정안의 개관", 『법조』 613호, 2007, 53~89면.

13) 양승규, 위의 책, 226면. 보통의 화재보험보통약관에 이 조항이 있고 "보험계약자, 피보험자

한 정보를 보험자에게 제공하도록 하는 것이 요청되고, 서류를 위조하거나 증거를 조작하여 손해액을 과장하여 보험금 청구를 하는 때에는 보험계약의 선의성에 어긋나는 것이어서 그 유효성을 인정한다고 설명한다.[14)]

요컨대 사기적 보험금청구조항은 실무상 화재보험약관을 중심으로 사용되고는 있었으나, 개정안에 대한 정당성을 피력하는 최근의 글 이외에는, 법학의 연구 성과물이 없다.

2) 판례

① 이 문제를 최초로 언급한 판례는 대법원 2003.5.30. 선고 2003다15556판결이다. 이 판결에서 "보험금청구권의 상실사유는 보험계약에 있어서 신의성실의 원칙에 반하는 사기적 보험금청구행위를 허용할 수 없다는 취지에서 규정된 것으로서 보험계약당사자의 윤리성이나 선의성을 요구하는 보험계약의 특징 및 보험의 투기화, 도박화를 막고 피보험자에게 실제의 피해 이상의 부당한 이득을 취하지 못하도록 하기 위하여 고의로 인한 보험사고의 경우에는 보험자의 면책을 인정하고, 사기초과보험의 경우 그 계약 자체를 무효로 규정하고 있는 점 등에 비추어 볼 때 **이는 거래상 일반인들이 보험자의 설명 없이도 당연히 예상할 수 있었던 사항에 해당하여 설명의무의 대상이 아니다**"라고 하였다.

② 정면으로 이 조항의 유효성을 인정한 것은 대법원 2006.11.23. 선고 2004다20227(본소), 2004다20234(반소) 판결이다. 사기적 보험금청구 조항을 둔 취지는 보험자가 보험계약상의 보상책임 유무의 판정, 보상액의 확정 등을 위하여 보험사고의 원인, 상황, 손해의 정도 등을 알 필요가 있으나 이에 관한 자료들은 계약자 또는 피보험자의 지배·관리영역 안에 있는 것이 대부분이므로 피보험자로 하여금 이에 관한 정확한 정보를 제공하도록 할 필요성이 크고, 이와 같은 요청에 따라 피보험자가 이에 반하여 서류를 위조하거나 증거를 조작하는

또는 이들의 대리인이 상당한 이유 없이 손해의 조사를 방해 또는 회피한 때에는 그 해당 손해에 관한 보험금청구권을 상실한다"라는 규정도 둔다.

14) 양승규, 위의 책, 227면.

등으로 **신의성실의 원칙에 반하는 사기적인 방법으로 과다한 보험금을 청구하는 경우에는 그에 대한 제재로서 보험금청구권을 상실하도록 하려는 데 있는 것**으로 보아야 할 것이라고 하면서 그 유효성을 인정하였다.

③ 대법원 2007.2.22. 선고 2006다72093 판결에서는 "만일 위 약관 조항을 피보험자가 허위의 청구를 하지 않은 다른 보험목적물에 관한 보험금청구권까지 한꺼번에 상실하게 된다는 취지로 해석한다면, 이는 허위 청구에 대한 제재로서의 상당한 정도를 초과하는 것으로 고객에게 부당하게 불리한 결과를 초래하여 신의성실의 원칙에 반하는 해석이 된다고 하지 않을 수 없다. 따라서 앞서 본 약관해석의 원칙에 따라, 위 약관에 의해 피보험자가 상실하게 되는 보험금청구권은 피보험자가 허위의 청구를 한 당해 보험목적물의 손해에 대한 보험금청구권을 의미한다고 해석함이 상당하다 할 것이다"라고 하여 제한 해석하였다.

보험목적물	보험금청구시 원고 주장 손해액	실제 손해액
건물	263,478,000원	118,864,362원
시설	251,621,971원	190,918,896원
동산	899,268,560원	534,077,160원
총계	1,414,367,431원	843,860,000원

위 동산에 관한 부분의 청구에 있어서만 사기적 청구가 있었다고 하여 동산 부분에 대하여만 무효로 한 것이다.

④ 그 다음은 대법원 2007.6.14. 선고 2007다10290 판결로써 대상판결과 동일한 취지에서 조항의 유효성을 인정은 하였으나, 제한적인 해석을 하였다. "피보험자의 보험금 청구권 중 피보험자 등이 허위의 청구를 한 **당해 보험목적물의 손해에 대한 보험금 청구권만을 상실시키는 것**으로 해석될 뿐, 피보험자가 보험금을 청구함에 있어서 증빙서류 구비의 어려움 때문에 구체적인 내용이 일부 사실과 다른 거래명세서나 세금계산서를 제출하거나 보험목적물의 가치에 대한

견해 차이 등으로 보험목적물의 가치를 다소 높게 신고한 경우까지 보험금청구권을 상실시키거나 보험목적물 중 일부 목적물에 대하여 허위청구가 있다고 하여 전체의 보험금청구권을 상실시키는 것은 아니라고 해석되므로"라고 하였다. "보험금을 청구하면서 보험목적물 중 제품·반제품 청구 부분에 대하여는 피해물품을 허위로 추가하고 적극적으로 증거를 조작한 데 대해 위 약관조항을 적용한다 하여도 그로 인해 당해 보험목적물, 즉 제품·반제품 부분에 대한 보험금청구권 만이 상실될 뿐 다른 보험목적물에 대한 보험금청구권까지 모두 상실된다고 볼 것은 아니다"고 한다.[15)]

⑤ 대법원 2007.12.27. 선고 2006다29105 판결도 제한하여 해석하였다. 실제 감정가는 153,000,000원의 물건에 대하여 165,000,000원으로 청구한 사건이었는데, "이 사건 약관조항에 의한 보험금청구권의 상실 여부는 이 사건 약관조항을 둔 취지를 감안하여 보험금청구권자의 청구와 관련한 부당행위의 정도 등과 보험의 사회적 효용 내지 경제적 기능을 종합적으로 비교·교량하여 결정하여야 할 것이다. 따라서 피보험자가 보험금을 청구하면서 실손해액에 관한 증빙서류

15) 나아가 원심판결 이유와 원심이 인용한 제1심판결 이유에 의하면, ooo은 나머지 보험목적물인 건물, 제조기계, 잡화가구류에 대하여는 허위물품 추가나 증거조작을 한 것이 아니라 단지 구체적인 피해액을 산출하기 어려워 보험금 청구서류에 그 손해액을 건물신축시의 공사비나 물품들의 대충 계산한 시가에 기초한 금액으로 기재하였다는 정도에 불과하고, 피고의 주장에 의하더라도, 건물, 제조기계, 잡화가구류와 관련된 원고 측의 보험금 청구상의 잘못은, 건물의 경우에는 손해액을 신축공사비로 청구하면서 감가상각을 하지 아니하였으며, 제조기계, 잡화가구류의 경우에는 감가상각을 하지 아니하였다는 내용일 뿐인바, 그러한 사유만으로는 이 사건 약관 조항이 적용된다고 보기 어렵고, 따라서 원고가 위 약관조항에 의해 그 부분 보험목적물에 대한 보험금청구권까지 상실하였다고 볼 수는 없다. 그럼에도, 원심은 그 판시와 같이 사정만으로 피보험자인 원고가 위 약관 조항에 따라 보험목적물 중 제품·반제품 부분 외의 다른 보험목적물들에 대한 보험금청구권까지 모두 상실하였다고 보았으니, 원심판결에는 보험금 청구에 관한 법리를 오해한 위법이 있고, 그러한 위법은 판결에 영향을 미쳤음이 명백하다고 하였다.

보험목적물	보험금청구시 원고 주장 손해액	국제손해사정의 사정금액 (보험자측)	실제 손해액
건물	610,917,000원	144,132,174원	301,580,775원
제품·반제품	376,532,000원	142,404,218원	232,664,855원
제조기계	290,000,000원	49,081,500원	54,163,938원
잡화가구류	36,000,000원	18,016,455원	24,303,375원
총계	1,313,449,000원	353,634,347원	612,712,943원

구비의 어려움 때문에 구체적인 내용이 일부 사실과 다른 서류를 제출하거나 보험목적물의 가치에 대한 견해 차이 등으로 보험목적물의 가치를 다소 높게 신고한 경우 등까지 이 사건 약관조항에 의하여 보험금청구권이 상실되는 것은 아니라고 해석함이 상당하다 할 것이다"라고 판시하였다.

3) 소결

사기적 보험금청구 조항이 화재보험약관을 중심으로 사용되어지고는 있었으나, 이를 둘러싼 학계에서의 논의는 전무하다. 판례도 그 유효성을 정면으로 다루기 시작한 것은 2년도 채 되지 않았고, 그 사이 대상판결을 비롯한 몇 개의 대법원 판결이 나왔다. 판례의 입장을 요약하면 약관조항 그대로 해석하는 것이 아니고 제한적으로 효력을 인정한다. 약관 조항을 문리 그대로 해석하여 조금이라도 그 조항에 해당하면 곧바로 보험금청구권을 상실시키는 것이 아니라, 보험금청구권자의 청구와 관련한 부당행위의 정도 등과 보험의 사회적 효용 내지 경제적 기능을 비교·교량하여 종합적으로 판단한다는 것이다.

3. 입법례 및 현황

1) 서언

입법으로 이를 다루고 있는 국가는 호주뿐이었으나, 일본에서 최근 유사 규정을 둔 개정안이 국회를 통과하였다.[16] 그런데 사기적 청구조항의 정당화 근거로 일반적으로 제시되는 호주법도[17] 그 해석 등은 유의할 점이 있으며, 일본 또한 시각이 사뭇 달라 보인다. 현행 우리의 약관 또는 개정안과 가장 유사한 내용을 담은 것은 영국으로, 영국에서는 최근 해상보험법 제17조의 최대선의의무(utmost good faith)와 관련지어 중요한 법적 쟁점이 되어 있고, 이 분야 연구가 활발하다.[18]

16) 2008년 5월 30일 국회를 통과한 법률이다.
17) 양승규, 앞의 책, 226면.
18) 최근의 논문만으로도 다음과 같은 것들이 있고 필자는 이 논의들을 많이 참조하였다. D

2) 호주의 법률

가장 먼저 이에 관한 법규정을 둔 국가는 호주이다. 1984년의 호주 보험계약법 제56조에는 다음과 같이 규정한다.

① 보험계약상의 보험금청구나 보험계약상의 보험계약자가 아닌 자에 의한 보험자에 대한 보험금청구가 사기적인 경우에, 보험자는 보험계약을 취소할 수 없지만, 보험금의 지급을 거부할 수 있다.

② 보험금청구에 관한 절차에서 보험금청구의 사소하고 중요하지 않은 부분만이 사기적으로 행해지고 그 나머지 청구액의 불지급이 가혹하고 불공정한 경우에, 법원은 보험금청구와 관련하여 보험자에게 그 상황에서 정당하고 형평에 맞는 금액을 지급할 것을 명할 수 있다.

③ 2항에 의하여 수권된 권한을 행사함에 있어서, 법원은 보험에 관한 사기적 행위를 억제할 필요성을 고려하여야 하지만 또한 다른 관련된 문제도 고려하여야 한다.

호주에서는 법률로 사기적 보험금청구에 대한 규정을 두고는 있으나, 주의할 점이 있다. 보험금 청구가 사기로 행해진 경우 보험자는 당 보험금지급을 원칙적으로는 거절할 수 있으나, 법원에 상당한 재량권을 부여해 주고 있다는 점이다. 사기적 보험금청구 조항의 도입이 보험사기를 억제하기 위한 것임을 제56조

Rhidian Thomas, Fraudulent insurance claims: definition, consequence and limitations, [2006] LMCLQ 447-590, pp.485~516; James Davey, Unpicking the fraudulent claims jurisdiction in insurance contract law: sympathy for the evil?, [2006]LMCLQ 129-288, pp. 223~241; Baris Soyer, Continuing duty of utmost good faith in insurance contracts: still alive?, [2003]LMCLQ 1-144, pp.39~79; H.Y.Yeo, Of cooperation clauses and uberrima fides in insurance contracts, [2002] LMCLQ 1-160, pp.39~58; Julie-Anne R. Tarr, Fraudulent Insurance Claims: Recent Legal Developments, J.B.L. 2008, 2, pp.139~157; Peter MacDonald Eggers, Remedies for the failure to observe the utmost good faith, [2003]LMCLQ 145-300, pp.249~278; Lynne Skajaa, International Hull Clauses 2002: a contractual solution to the uncertainty of the fraudulent claims rule?, [2003]LMCLQ 145-300, pp. 279~288.

제3항에서 언급하고 있기도 하지만, 그 반면 사기의 적절한 수준에 상응하는 제재를 할 수 있는 권한을 법원에 부여하고 있어,[19] 보험금청구에서의 사소하고 중요하지 않은 부분만이 사기적으로 행하여지고 그 청구의 잔여부분을 지급하지 않는 경우 가혹하고 공정하지 못할 때, 법원은 적정한 금액을 재량으로 결정할 권한이 있다.[20] 물론 이 경우 예방과 억제의 효과를 고려하여야 한다.

3) 미국

미국도 판례상 이 문제가 다루어지고 대부분은 물건보험 특히 화재보험에서 문제된다.[21] 미국은 약관마다 그 차이가 있어 효과를 영국과 같이 정하기도 하나, 보험계약 자체를 취소할 수 있도록 하는 경우도 있다. 현재 미국에서의 요건에 관한 논의를 간략히 보면,[22] 첫째 허위인가, 둘째 중요한가로써 아래에서와 같이 과대평가는 그 초과된 부분에 비례하여 사기의 추정이 이루어진다고 한다.[23] 셋째 기망의 의도가 있는가[24]이다. 다만 추가적으로 어떤 주에서는 보험자가 피보험자의 허위 진술을 신뢰하였어야만 한다[25]는 것 등을 요건으로 내세우는 주도 있다. 즉 이에 대하여는 보험자의 신뢰가 필요요건이라는 판례가 있음[26]에 반하여, 최소한 약관상 이를 요구하지 않는다면 요건이 아니라는 견해도 있다.[27] 이러한 입장에서는 피보험자의 사기는 실제적 결과에 영향을 미

19) Merkin, Reforming Insurance Law: Is There a Case For Reverse Transportation?, A Report For the English and Scotish Law Commissions on the Australian Experience of Insurance Law Reforming, 2006, §6.10

20) http://www.austlii.edu.au/에서 이와 관련한 자료들을 구할 수 있다. The Australian Law Reform Commission in their Report on Insurance Contracts No.20 (1982), para.243에서는 피보험자의 청구를 전적으로 배제하는 것은 지나치게 가혹할 수 있으므로 법원에게 그에 상응하는 재량권을 부여하여야 한다고 지적한다.

21) Couch on Insurance (2008) §197:21

22) Couch on Insurance (2008) §197:7

23) Latha Restaurant Corp. v. Tower Ins. Co., 38 A.D.3d 321, 831 N.Y.S.2d 411 (1st Dep't 2007), leave to appeal denied, 9 N.Y.3d 803, 840 N.Y.S.2d 763, 872 N.E.2d 876 (2007).

24) McCord v. Gulf Guar. Life Ins. Co., 698 So. 2d 89 (Miss. 1997); American Family Mut. Ins. Co. v. Schley, 978 F. Supp. 870 (E.D. Wis. 1997).

25) McCullough v. State Farm Fire &Cas. Co., 80 F.3d 269 (8th Cir. 1996) 등

26) Rayis v. Shelby Mut. Ins. Co. of Shelby, Ohio, 80 Mich. App. 387, 264 N.W.2d 5 (1978).

27) Patterson v. State Auto. Mut. Ins. Co., 105 F.3d 1251 (8th Cir. 1997) 등.

쳤어야만 하고 또한 보험자를 기망하는 결과를 초래하였어야만 한다.[28] 만약 보험자가 그 허위진술을 믿지 않았다면 보험자로서는 계약을 취소할 수 없다.[29]

4) 일본

일본은 최근 보험법과 관련하여 중요한 개정을 하였다. 보험계약법을 상법에서 분리하여 독립된 법전으로 만들면서 관련 각 규정에 대한 손질도 하였다. 이러한 개정작업은 2000년 초반부터 시작되어 2008년 5월 30일 국회를 통과한 것이다. 이 법률은 사기적 보험금청구와 관련한 중요 규정을 손해보험은 제30조, 생명보험은 제57조에 둔다.

(중대사실에 의한 해제)[30]

제30조 보험자는, 다음에 언급하는 사유가 있을 경우에는, 손해보험계약을 해제할 수 있다.

① 보험계약자 또는 피보험자가, 보험자에게 해당손해보험계약에 근거해 보험급부를 행하게 하는 것을 목적으로 손해를 생기게 하고, 생기게 하려고 했을 때.

② 피보험자가, 해당손해보험계약에 근거한 보험급부 청구에서 사기를 행하고, 또는 하려고 했을 때.

③ 전2호에 언급한 것 외에, 보험자의 보험계약자 또는 피보험자에 대한 신

28) Eslamizar v. American States Ins. Co., 134 Or. App. 138, 894 P.2d 1195 (1995) 등

29) McCullough v. State Farm Fire &Cas. Co., 80 F.3d 269 (8th Cir. 1996).

30) 피보험자 또는 보험금수취인으로만 되어 있을뿐 내용은 동일하다. 생명보험에 관한 규정은 다음과 같다.

제57조 보험자는, 다음에 언급하는 사유가 있을 경우에는, 생명보험계약(제1호의 경우에 있어서는, 사망보험계약에 한한다.)을 해제할 수 있다.

1 보험계약자 또는 보험금 수취인이, 보험자에게 보험급부를 행하게 하는 것을 목적으로써 고의로 피보험자를 사망시키거나, 또는 사망하게 하려고 했을 때.

2 보험금 수취인이, 해당생명보험계약에 근거해 보험급부 청구에 대해 사기를 하거나, 또는 하려고 했을 때.

3 전2호에 언급하는 것 외에, 보험자의 보험계약자, 피보험자 또는 보험금 수취인에 대한 신뢰를 깨뜨리고, 해당생명보험계약의 존속을 곤란하게 하는 중대한 사유.

뢰를 깨뜨리고, 해당손해보험계약의 존속을 곤란하게 하는 중대한 사유.

(해제효력)

제31조 ① 손해보험계약해제는, 장래에 향해서만 그 효력을 발생한다.

② 보험자는, 다음 각 호에 언급하는 규정에 의해 손해보험계약해제를 한 경우에는, 해당 각 호에 정한 손해를 전보하는 책임을 지지 않는다. (중략)

③ 전조 각호의 사유가 생겼을 때부터 해제가 되었을 때까지 발생한 보험사고에 의한 손해.

(강행규정)

제33조, 제28조 제1항부터 제3항까지, 제29조제1항, 제30조 또는 제31조의 규정에 위반되는 특약으로 보험계약자 또는 피보험자에게 불리한 것은, 무효로 한다.

손해보험에서는 보험금청구권을 가지는 피보험자가, 생명보험에서는 보험수익자가 보험금청구시 사기행위를 한 경우 보험자는 보험계약을 장래에 향하여 무효화할 수 있으나, 그러한 행위가 발생한 때까지의 보험사고에 대하여는 보상책임을 진다. 즉 사기적 보험금청구가 있는 경우에도 그러한 사기행위 이전에 발생한 사고에 대하여는 보험금지급의무를 부담하는 것이므로 당 실손해액에 대하여는 보상하여야 한다. 다만 보험계약관계에서의 상호신뢰관계의 붕괴를 이유로 보험자는 장래에 향하여 보험계약을 해지할 수 있다는 것이다. 여기서 몇 가지 점에 주목할 필요가 있다. 첫째, 인위적 사고로 인한 보험자면책을 사기적 보험금청구와 함께 규율하면서 상호 신뢰관계의 개념을 도입하고 있다. 둘째, 사기적 보험금청구의 경우 취소가 아니라 해지권을 부여하고 실 손해액에 대하여는 보상을 한다. 셋째, 최대선의의무를 계약체결 이후의 보험계약관계에 도입한 듯하나, 그 효과는 아래에서 살펴볼 영국에서의 최대선의의무와는 전혀 다르다.

5) 독일

독일은 보험계약법에 관한 개정논의가 한창이고 현재의 법률과 개정안 모두에 이에 관한 명시적인 규정은 없다.[31] 최근 논의되는 개정안의 기본적 방향은 소비자보호의 강화와 그와 관련한 새로운 제도들의 도입이다.[32]

6) 영국

이 부분 가장 활발한 논의가 있는 국가가 영국이다. 그런데 최근 판례의 축적과 함께 활발한 토론들이 있긴 하나 아직 정립된 이론틀을 마련하지 못하였다. 2000년 이후 조직되어 활동하고 있는 영국 보험법개정위원회가 이러한 취지의 보고를 하고 있고,[33] 그 위원회의 Joint Scoping Paper에서는 사기적 청구의 구제책이 불확실하고 보험약관에서도 일관성이 없다고 지적한다. 그런데 그 이론 정립에서의 어려움의 원인을 최대선의를 규정하는 영국해상보험법 제17조에 있다고 보는 점도 특기할 만하다.[34] 현재 영국에서의 사기적 보험금청구를 해결하는 법리에 대한 논의는 대략 다음과 같다.

첫째는 박탈원칙(forfeiture rule)이다. 이는 사기적 보험금청구조항의 효력이나 해석을 계약의 원리에 귀의하는 것으로 약관이 "the claimant shall forfeit all benefit under such policy"라는 용어를 사용하는 것에 기초한다. 요컨대 보험계약상의 조건에 근거하여 이 문제를 해결하고자 한다.

둘째는 영국해상보험법 제17조에 규정된 보험법의 특수한 원칙인 최대선의원칙(utmost good faith rule)이다. 이 원칙은 보험계약 체결 이전의 협상에서, 정보균형이 동등하게 조정되도록 하기 위한 고지의무 부과와 그 효과의 근거로

---

31) 장경환, 앞의 논문, 79~81면에서 독일법을 소개하고 있으나, 간접의무의 측면에서 서술하고 있을 뿐 사기적 보험금청구에 관한 독일에서의 논의를 직접 다루고 있지는 못하다.

32) 2000년 조직된 보험계약법 개정위원회가 연구하기 시작하여 마련된 개정안에서는 계약자에 대한 배당제도, 고지의무요건의 완화 등 보험소비자보호주의가 강하게 반영되고 있다. 김은경, 독일보험계약법 개혁과 그 시사점, 상사법연구 제25권 제4호 (2007), 223~270면.

33) http://www.lawcom.gov.uk/insurance_contract.htm

34) D Rhidian Thomas, Fraudulent insurance claims: definition, consequence and limitations, [2006] LMCLQ 447-590, p.515.

만들어진 것으로, 보험계약상의 특수한 원칙으로 설명된다.[35] 그런데 이 원칙은 계약체결 이전의 의무인 고지의무의 도입을 위하여 창출된 이론임이 분명하나 보험계약 체결 이후에도 존속하는가에 대하여는 이견이 있다.[36] 이 규정에 의한 해결방법에 대하여는 비판이 많으며 대표적인 문제가 영국해상보험법 제17조에 근거를 둔 최대선의의무 위반의 효과가 소급적 취소라는 점이다. 이러한 효과의 가혹함으로 인하여 지나치게 계약자에게 불리하다는 것이다.

박탈원칙과 최대선의원칙과의 결정적 차이점은 소급해서 계약 전체가 무효가 되는가 이고 현재로서는 계약이론으로 해결하는 박탈원칙이 주류로 보인다.[37] 이러한 입장에서 사기적 청구조항의 주요한 목적은 보험자에게 사기적 청구에 대한 계약상의 구제책을 주는 것으로 그 구제책은 전적으로 계약으로부터 도출된다고 하면서 당사자들의 합의가 일차적인 것이라 한다.[38] 그 위반의 일반적 효과는 보험금청구권을 박탈하는 것이나 그 위반효과에 대한 약관에 자유로이 정할 수 있다고 한다.[39] 그러나 그 약관은 소비자보호와 관련하여 Financial Services Authority 2000과 Unfair Terms in Consumer Contracts Regulations 1999에 의하여 규율된다.[40]

35) 영국 해상보험법을 정립하였다는 맨스필드경은 "우발적인 기회가 산출되는 특별한 사실은 대부분 공통적으로 피보험자측만이 알고 있다. 보험자는 피보험자의 표시를 믿고 그가 알고 있는 사실을 숨기지 않는다는 믿음아래 진행한다"고 하여 고지의무 기초를 제공하였다.

36) D Rhidian Thomas, 앞의 논문, p.511에서는 영국해상보험법을 제정할 당시 입법가들이 고지의무만을 염두해 두고 만든 것이고 계약체결 이후에 대하여는 규정하려 하지 않았다고도 한다.

37) Agapitos v. Agnew [2002] 2 Lloyd's Rep 42.

38) D Rhidian Thomas, 앞의 논문, p.502.

39) Agapitos v. Agnew [2002] 2 Lloyd's Rep 42. 48.

40) Baris Soyer, Continuing duty of utmost good faith in insurance contracts: still alive?, [2003]LMCLQ 1-144, p.53. 그런데 옴부즈만으로 해결하는 실무상으로는 호주원칙과 유사하게 보험자가 사기적 보험금청구로 인한 손해배상 등을 청구할 수 있다.

III. 사기적 보험금청구의 요건과 효과

1. 서언

이상과 같이 이 문제를 접근하는 방법은 다양하다. 보험사기가 사회적으로 풀어야 할 과제임은 분명하나, 그 법제도적 장치 중의 하나인 사기적 보험금청구에 대하여도 뚜렷이 정립된 것이 없다. 그 정의를 내림에 있어서도 어려움이 있고, 나라마다 요건에서 차이가 있으며 효과도 동일하지 않다. 일본법과 같이 실제 손해 부분에 대하여는 보상을 하면서 신뢰관계의 붕괴를 원인으로 보험계약의 해지를 규정하는 입장, 미국의 일부 주와 같이 당 보험계약을 소급하여 무효로 하는 입장, 영국과 같이 그 청구로 인한 보험금의 지급만을 거절하는 입장 등 다양하다. 이러한 배경에서 그 요건이나 효과 등에 대하여 연구하는 것은 지극히 어려운 작업이다. 그리하여 일단 여기서는 우리가 현재 사용하는 약관 그리고 입법예고된 개정안과 가장 유사한 영국법에 초점을 맞추어 본다. 그리고 다행히 영국은 사기적 보험금청구에서 그 기원을 가지고 있는 점, 보험법 분야에서 큰 영향을 가진 국가라는 점, 최근 이 문제에 관하여 토론이 활발한 점 등에서 도움이 되었다.

아래에서 살펴보는 것들은 대상판결에서도 문제되고 현재 사용되는 약관, 그리고 개정안에 대한 해석에 있어 적용될 수 있다고 본다.

2. 요건

사기적 보험금청구로 인하여 보험자가 면책되기 위하여는 다음의 요건이 요구된다. 그런데 요건의 해석에 따라서는 효과의 엄격함을 완화할 수 있는 방법이 되기도 한다. 예를 들면 과장된 금액이 극히 적은 경우, 법원에 재량을 부여하여 효과의 엄격함을 지양하는 호주에서는 사기적 보험금청구에는 해당한다고 보는 반면, 상대적으로 효과가 엄격한 영국에서는 아래에서의 상당성 요건을 결하여 사기가 아닌 것으로 취급된다.[41]

1) 상당성(subsatantial)[42]

보험사고 발생후 보험금청구권자는 보험자를 기망하기 위한 것이 아니라 단지 협상을 위하여 과장된 금액을 제시할 수도 있고 이는 사기적 행위가 아닐 것이다. 보험사고가 발생하면 보험자는 의당 손해사정을 하는 것이고 그 손해사정 자체도 의뢰하는 당사자에 따라 차이를 보이는 점을 감안하며 청구액의 과장이 기망을 위한 것이 아니라 단지 협상의 개시이거나 견해의 차이로 인한 경우가 발생한다. 이 때 양자 차이를 구분짓는 대단히 중요한 지표가 상당성이라는 것이다.[43]

그런데 여기서도 다시 두 가지의 입장이 있다. 상당성을 사기 청구된 금액과 전체 손해액의 비율로 따지는 견해,[44] 그 비율을 중시하는 것이 아니라 사기 청구된 금액만을 독자적·절대적으로 판단하는 견해[45]가 그것이다. 이 견해들의 차이를 보면 만약 과장된 부분이 50만원이고 총 손해액이 200만원이라면 전자에 의하면 사기, 후자에 의하면 사기가 되지 않을 가능성이 높고, 총 손해액이 30억원인데 과장된 금액이 1억원이라면 전자에 의하면 사기가 아니고, 후자

41) Julie-Anne R. Tarr, 앞의 논문, p. 154.

42) 보험사고 발생후 1000불의 보상을 받을 수 있는데 50불을 더 청구하였다는 이유로 그 실제 손해액 1000불 전체를 받지 못한다는 것은 불합리하다는 것이다. Entwells Pty Ltd v National and General Insurance Co Ltd (1991) 6 W.A.R. 68.사건에서 화재보험으로 528,000불을 보상받을 수 있는데 여기에 27,000불을 허위로 추가하였고, 이 판결에서 법원은 사기청구된 부분이 상대적으로 적기 때문에 전체에 대하여 보험금을 지급하지 않는 것은 가혹하고 공정하지 못하다고 하였다. 이후 Galloway 사건에서 실제 16,133파운드의 손해를 2,000파운드를 추가한 경우 이것은 substantial한 과장이라고 하였다. 그것은 최대선의의무위반으로써 보험계약 전체를 무효화시키기에 충분한 것이라고 하였다. 그 금액에 대하여는 미국법도 유사한 입장을 취하고 이에 대한 상세한 연구가 되어 있다.

43) Baris Soyer, 앞의 논문, p. 50.

44) Galloway v. Guardian Royal Exchange (1999) Lloyd's Rep I.R. 209.의 판결에서 재판장 Woolf, M.R.의 견해이다.

45) Galloway v. Guardian Royal Exchange (1999) Lloyd's Rep I.R. 209.의 판결에서 Millet, L.J.의 견해이다.

에 의하면 사기가 될 가능성이 높다. 이에 대하여 절충적으로 그 과장된 부분이 '비율적 또는 절대적'으로 상당한 것이라면 사기라고 보는 것이 옳다고 본다.[46]

이 점에서 대법원 2007.12.27. 선고 2006다29105 판결에서 153,000,000원의 실손해액에 대하여 보험금청구를 165,000,000원으로 청구한 경우 상당성의 요건을 결하여 이 조항의 적용을 배척한 것으로 볼 수 있고, 타당한 판결로 평가한다. 그리고 대상판결에서는 동산의 실손해액이 534,077,160원인데 허위의 과대청구를 898,070,460원으로 한 경우로써 비율로 보아서는 1.7배에 해당하는 것이고, 그 차액은 3억원 이상이 된다. 이는 '비율적으로 또는 절대적'으로 상당성의 요건이 구비된 것으로 볼 수 있겠다.

그런데 이 상당성의 요건은 사기적 청구로 인한 효과가 가혹할수록 엄격하게 해석하여야 한다고 본다. 따라서 미국 일부에서와 같이 소급적으로 무효화하는 경우는 대단히 엄격히 해석해야 할 것이고, 호주에서와 같이 법원이 재량을 가지고 감액할 수 있는 경우는 또 다른 해석도 가능할 수 있다.

2) 중요성(material)

이는 그 기망행위가 보험자의 보험금지급의 여부나 범위에 결정적 영향을 미치는 것이어야 한다는 점이다.[47] 그러나 여기서도 논란은 있다. 보험금지급여부에 영향을 미쳤을 뿐 아니라 조사의 과정에도 영향을 미친다면 '중요한'에 해당한다는 견해와,[48] 보험금 지급에만 영향을 미치는 것으로 해석한다는 입장이 그것이다.[49] 이 점은 협의로 해석하여 지급의 범위 여부로만 판단하는 것이 옳다고 본다.

3) 사기행위

여기서의 사기는 불법한 재산상의 이익을 취하는 것이 주된 내용이기 때문에

46) Baris Soyer, 앞의 논문, p. 46.
47) Julie-Anne R. Tarr, Fraudulent Insurance Claims: Recent Legal Developments, J.B.L. 2008, 2, pp. 139-157. 참고로 고지의무 위반에서는 제대로 고지되었다면 보험자의 계약체결여부 또는 보험료에 영향을 미쳤을 사실로 보고 있다.
48) Pacific Indemnity Co v Golden, 791 F Supp 935, 940 (1991).
49) Longobardi v. Chubb Ins Co, 560 A 2d 68, 77 (1989)

형법에서의 사기에 준한 해석을 하여야 한다고 보고, 객관적으로는 기망행위가 주관적으로는 그 고의와 불법이득의 의사가 있어야 한다.[50] 이 요건은 개정안에도 "사기의 목적으로"라고 되어 있으며 다른 국가에서도 일반적으로 나타난다.[51] 이러한 점에서 객관적으로는 허위라 하더라도 피보험자가 진실로 믿었다면 그것은 사기가 아니다. 현행 약관에서는 사기의 문구가 없으나, 이 요건이 포함된 것으로 보아야 하며, 대상판결을 비롯한 판례도 "신의성실의 원칙에 반하는 사기적인 방법으로 과다한 보험금을 청구하는 경우"라고 하여 이러한 취지의 표현을 한다. 그리고 대상사건에서는 피보험자가 사기미수로 형사처벌까지 받은 사안이므로 이 요건은 충족하는 것으로 보인다.

3. 효과

1) 상이한 각국의 입장

그 효과에 있어서도 각국 입장이 서로 다르게 나타난다.

첫째, 이 사건에서의 약관을 비롯한 우리의 약관과 영국과 같은 경우는 보험계약은 효력을 유지하나 당 청구로 인한 보험금청구권만을 상실하도록 한다. 즉 보험계약을 소급하여 취소하거나 해지할 수는 없고, 문제된 당 보험금청구권만을 상실하도록 한다.

둘째, 호주법과 같은 입장으로 기본적으로는 첫째와 유사하나, 다만 법원에 재량권을 부여하여 억지효과 등을 감안, 사기의 행위가 있는 경우에도 보험금을 지급하거나 적절히 감액할 수 있도록 한다.

셋째, 일본법과 같은 경우로 실제 발생한 손해에 대하여는 보상을 하나, 신뢰관계의 붕괴를 원인으로 향후의 보험계약을 해지할 수 있는 것으로 한다.

---

50) 이러한 점에서 정의에서의 네 번째의 유형은 사기적 청구에 해당하지 않는 것으로 본다.

51) Baris Soyer, p. 50. 일반적으로 영국법에서의 해석은 그 의도를 중요시하는 것으로 보인다. 그리하여 보험자를 기망하고자 하는 의도(intent to deceive)가 있어야만 한다고 본다. 그런데 여기서 애초의 보험금청구는 선의이었으나, 나중에 사기의 의도가 생긴 경우 마찬가지로 사기라고 한다.

또 다른 형태로 미국 약관에서 사용되는 경우로 보험계약 자체를 소급적으로 취소하는 것이다.

2) 효과와 관련한 최대선의의무 적용확대 논의

최대선의의무의 확대적용 문제는 효과와 관련하여 중요한 뜻을 지닌다.[52] 보험계약에서는 일반적으로 보험자이든 보험계약자이든 최대선의 의무를 부담한다고 설명된다. 최대선의의무는 영국해상보험법에 기원을 두는 것으로 동법 제16조에서 이를 규정하고 제17조에서는 그 위반의 효과로 "만약 최대선의가 지켜지지 않는다면 다른 당사자는 그 계약을 취소할 수 있다"고 규정한다. 최대선의가 보험계약 체결시만 아니라 계약체결 이후에도 적용되는 것인가가 영국에서도 중요한 쟁점이나, 그 걸림돌로 작용하는 것이 바로 이 효과와 관련한 것이다. 최대선의의무 위반의 효과는 그 계약을 소급하여 무효화시키는 것이고 이 경우 과거의 정당한 보험금 지급도 무효가 되고 따라서 보험자에게 그 지급금마저 반환하여야 하는 가혹한 결과가 발생하기 때문이다. 이러한 점에서 Mance 판사는 사기적 보험금청구는 영국해상보험법 제17조 범위 밖에서 해결되어야 한다고 판결하였고,[53] 이후 사법부의 지지를 받고 있다.[54] 영국법원은 영국해상보험법 17조가 사기적 보험금청구에 적용되지 않음으로 정리한 것으로 보인다.[55] 이러한 문제로 영국법원은 최대선의의무의 범위를 사기적 보험금청구 이외 다른 계약체결 이후의 관계에 확대하여 적용시킴에 있어 상당한 어려움이 있다.[56]

52) 다음의 장에서 살펴보겠으나, 개정안에 명시적으로 나타나 있다.

53) Agapitos v. Agnew [2002] 2 Lloyd's Rep 42. pp. 584~585.

54) General Insurance [2005] Lloyd's Rep. I.R. p. 369.

55) Baris Soyer, 앞의 논문, p. 59.

56) Manifest Shipping Co [2001] Lloyd's Rep. I.R. 493; K/S Merc-Scandia XXXXII v Lloyd's Underwriters (The Mercandian Continent) [2001] 2 Lloyd's Rep. p. 563; A.A. Tarr and J.R. Tarr, "Utmost Good Faith in Insurance: Reform Overdue?" (2002) 10 Asia Pacific Law Review, p. 171.

4. 복수 청구권이 있는 경우

1) 의의

보험사고는 단일하나 그로 인한 보험금청구권이 수개가 생기는 경우 등이다. 예를 들면 화재보험에 가입하여 둔 건물이 소실된 경우 영업손실에 대한 보상과 건물소실에 대한 보상으로 분류가 가능한 경우 등이다. 요건상 이에 관한 논의가 나오는 주된 이유는 그 효과 때문이다. 사기로 일부 과장된 금액을 청구하였음에도 실제 발생한 손해액 전체에 대하여도 보험금청구권을 상실한다는 점에서, 그 완화된 해석을 시도하는 일환이라 할 수 있다.[57] 여기서도 견해가 나뉘고, 사기적 보험금청구가 있다면 모든 부분에 대한 담보제공을 거절하여야 한다는 견해[58] 그 반면, 이것보다는 제한적으로 청구권별로 해석한다는 견해가[59] 있다. 이는 각각의 부분(subsection) 또는 청구권 별로 판단해야 한 다는 것이고, 하나의 보험계약에서 두 개의 청구권이 있고 두 청구권이 분리가능한 별개의 것이라면, 그 중 하나에 대한 청구가 사기라고 하여 다른 청구에 영향을 미치지 않는다고 본다.

그런데 후자 입장에서도 그 접근법이 조금씩 다르다. 지나치게 보험계약자에게 불리한 결과가 되지 않도록 약관상의 문언이 명시적임에도 불구하고 그 문언을 무시하고 허위청구와 관련된 담보부분에 대하여만 청구권이 상실된다는 논리로써, 화재보험에 가입한 건물이 소실된 후 동산의 청구에서만 사기적 과다청구를 하였을 때, 사기적 보험금청구는 부동산의 손해와는 아무 관련이 없어 부동산에 대한 보험금을 받을 수 있다고 하였다.[60] 또 다른 하나의 접근법은

---

57) Tempelis v. Aetna Cas. and Sur. Co., 169 Wis. 2d 1, 485 N.W.2d 217, 222 (1992). 이 판결문에서는 2백만달러의 손해가 발생하였음에도 50달러를 추가로 허위청구하였다고 하여 전체 보험금을 박탈하는 것은 가혹하다는 예를 들고 있으나, 이는 그 요건에 의하여 통제 가능하다고 본다.

58) 이것이 미국에서는 다수의 입장이라고 한다. 46A C.J.S. Insurance § 1804; Home Ins. Co. v. Hardin, 528 S.W.2d 723 (Ky. 1975).

59) Baris Soyer, 앞의 논문, p. 50; Malcolm A. Clarke, Insurance Contracts, Lloyd's of London Press, 1994 p. 712.

일견 분명해 보이는 약관에 대하여도 그 뜻이 명확하지 않다고 하면서 작성자 불이익의 원칙을 적용한다. 관련 판례[61]는 규정 자체가 명확하지 않다고 하여 관련된 부분에 대한 담보만을 거절하는 경우로써, 사기적 청구가 어느 범위의 담보까지 무효로 할 것인지 약관상 명확하지 않아 작성자인 보험자에게 불리하게 해석한다는 것이다.

그런데 이러한 판례 입장에서도 그 명확한 구분기준을 정리하는 것이 쉽지 않아 보인다. 보험증권이 분리가능할 것(The policy is severable), 그 분리가 증권이 담보하는 품목에 대하여 별개로 기술할 것(seperately states items covered)이라는 표현을 사용한다.[62]

2) 구별 기준

대법원은 보험목적물별로 구분을 한다. 대법원 2007.2.22. 선고, 2006다72093 판결은 약관에 의해 피보험자가 상실하게 되는 보험금청구권은 피보험자가 허위의 청구를 한 당해 보험목적물의 손해에 대한 보험금청구권을 의미한다고 하였다. 즉 독립한 '보험목적물'을 중심으로 구분하면서, 이 건에서는 보다 구체적으로는 건물, 시설, 동산으로 구분하고 있다. 그 근거는 전체의 보험금청구권이 상실된다고 보면 "이는 허위 청구에 대한 제재로서의 상당한 정도를 초과하는 것으로 고객에게 부당하게 불리한 결과를 초래하여 신의성실의 원칙에 반하는 해석이" 된다는 것이어서 위에서 살펴 본 첫 번째의 접근법과 유사하다. 그리고

---

60) Kerr v. State Farm Fire & Cas. Co., 731 F.2d 227 (4th Cir. 1984). Johnson v. South State Ins. Co., 288 S.C. 239, 242, 341 S.E.2d 793 (1986). Kerr 사건에서의 판시이다. "where alleged fraud by insureds did not relate to damage to structure of house itself, but to personal property loss, even if fraud was proven by clear and convincing evidence, insureds were entitled to collect on their policy for damage to their dwelling."

61) Tempelis v. Aetna Cas. and Sur. Co., 169 Wis. 2d 1, 485 N.W.2d 217 (1992). 이 사건에서는 화재보험에 가입한 건물이 전소하였고 그 약관상 규정에 의한 실손해액은 건물손해분 100,000불, 내부 가구류분 26,364불, 주거비용분 1,951불이었으나 피보험자는 주거비용분에서 6,354불을 허위로 청구한 사건이었다. 당 보험계약에서는 담보되는 부분이 6개로 나누어져 있었고 그 중 주거비용분에 대하여만 허위의 청구가 있었음에도 보험자는 전체 보험계약을 취소하고자 하였다. 법원은 그 약관이 명확하지 못하다는 결정을 하고 작성자불이익의 원칙을 적용하였다.

62) Johnson v. South State Ins. Co., 288 S.C. 239, 242, 341 S.E.2d 793 (1986).

대법원 2007.6.14. 선고, 2007다10290 판결에서도 동일한 취지로 '보험목적물'을 기준으로 분리 적용한다고 하였으나, 여기서는 동산 내에서도 제품/반제품, 잡화가구류 등으로 분류한다.

그런데 보험목적물이라는 기준이 그다지 분명해 보이지는 않는다. 동산과 부동산의 형식으로 구분되는 것도 아니고 동산 내에서도 다시 구분하고 있기도 하다. 만약 '보험목적물별'이라는 기준을 아주 극단적으로 해석한다면, 개개의 동산 모두가 독립된 별개의 물품이라고 할 수 있어 모든 물건에 대하여 개별적으로 이 조항이 적용될 여지도 있고, 결과적으로는 판례가 이 조항 유효성의 근거로 인정하는 '제재'의 효과가 전혀 없을 수도 있기 때문이다. 그렇다면 별개의 청구권 또는 분리가능한 보험목적물이 별개의 것이라는 기준은 무엇인가? 먼저 약관상 그 담보범위가 명확히 구분되어 있는 경우는 쉽게 구분할 수 있다. 보험목적물의 구별기준에 대하여는 대법원 2007.2.22. 선고, 2006다72093 판결에서 보험료 산출이 서로 다르고 따라서 보험금액을 각기로 정하게 될 때 분리가 가능한 보험목적물이 된다고 본다. 이 건에서는 건물, 시설, 동산에 대하여 개별적으로 보험금액이 정하여져 있으므로 별개의 보험목적물로 취급하였다. 하지만 그 구분에 우려도 있다. 보험료 산출은 보험자의 위험산정의 기초에 따른 것으로 이 기준은 보험회사들이 내부적으로 가지는 업무기준이라는 점에서, 보험자의 내부적 사정에 의하여 변동될 수 있는 극히 주관적인 기준이라는 평가를 받을 수 있고, 따라서 그 객관적 확정성에 의문의 소지가 다분하다. 보험금액에 의한 구별이라는 것도 보험료 산정에서의 주관적이라는 문제점을 어느 정도 회피할 수는 있겠으나, 이러한 판례 등의 영향으로 보험자가 보험금액을 단일하게 처리해 버리는 경우, 난망하다.

결론적으로 판례의 입장에 동의하나, 다만 그 기준의 명확성에 관하여는 일부 의문이 있다는 점이다. 향후 과제는 판례의 설시와 같이 사기적 보험금청구 조항이 가지는 제재라는 의의와 보험목적물별로 분리하여 그 엄격성을 완화하는 것 사이에 적절한 균형점을 찾아야 할 것이다. 제안컨대, 수개의 보험목적물에 관하여 단일한 보험금액이 정하여진 경우라 하더라도, 보험업계의 통상적 인수관행에 의할 때 그 보험료와 보험금액의 책정에 있어 각개로 분리가능하고,

또한 당사자들이 계약체결을 할 당시 그 분리가능한 보험목적물에 대하여만으로도 유효한 계약을 체결하였으리라고 인정되는 경우로 기준을 설정하면 어떤가 한다.

IV. 상법개정안 평가

1. 법률해석의 측면

1) 요건

요건의 면에서 현행 약관도 그러하나 개정안도 상당한 논란의 소지가 있어 보인다.

먼저 사기의 해석이 그러하다. '사기의 목적'에서 이러한 사기를 필자는 형법에서의 사기죄에 준하게 해석하여야 한다고 보았으나,[63] 추후 보다 정치한 이론구성이 필요하다.

다음 중요성에 관한 것이다. 개정안은 이 요건과 관련하여 보험금액의 지급 여부 또는 그 산정에 중대한 영향을 미친 때라고 하고 있으나, 이는 지나치게 광범위한 것이다. 보험금의 산정작업시 중대한 영향을 미친다는 것은 보험자의 내부업무와 직결될 수 있고 이는 보험자의 주관적 요소가 강하다. 즉 '산정'에 중대한 영향이라는 것은 지나치게 광범위하고 추상적인 것이라는 비판이다. 보다 결정적 문제는 책임보험에서의 피해자에 대한 적용을 허용한다는 점이다. 이에 대하여는 아래에서 살핀다.

2) 효과

기본적으로는 효과의 엄격함이 최근 세계적 논의 추세와 그 방향이 어울리지 않는 면이 있음은 호주와 일본의 입법례에서도 본론에서 보았다. 최근 고지의무

---

63) 본고 III. 2. (3) 참조.

위반에 있어서도 지급 보험금을 일부 감액하는 형태로 나아가야 한다는 주장들이 있음을 감안할 필요가 있다. 또한 상법 제659조 인위적 사고로 인한 보험자 면책과 비교하여도 가혹한 면이 있다. 면책사유는 사고발생 자체를 고의로 일으킨 것으로 이는 보험의 본질적 요소인 우연성에 반한다는 근거 등으로 보험자가 면책된다. 그런데 보험금청구의 과정에서 일부 과다청구가 있다고 하여 면책사유와 동일한 처리를 한다는 것은 형평에 맞지 않을 수 있다.

2. 책임보험에의 불적용

1) 책임보험에서의 협조의무

각 국가에서는 책임보험에 대하여는 일반적으로 사기적 보험금청구조항을 이용하지 않고 대신 협력조항을 통하여 해결한다. 명시적으로 사기적 보험금청구조항이 책임보험에서는 사용될 수 없다고 하는 주석도 있다.[64] 책임보험계약에서의 협조의무는 피보험자가 보험사고로 말미암아 제3자에게 배상책임을 지는 경우 그 분쟁의 해결에 보험자와 협조하여야 할 것이 요구되는 의무이다. 책임보험관계에서 피보험자가 제3자에 대하여 책임을 지는 것은 바로 보험자의 책임으로 돌아가는 것이므로 피보험자는 손해사고로 제3자에게 배상책임을 지는 경우 그것이 궁극적으로는 보험자에게 돌아간다는 이유로 안이하게 처리할 것이 아니라 보험자와 협의하여 공정하고 적정하게 분쟁해결에 임하여야 한다는 뜻이다. 그리고 만약 계약체결 이후에도 최대선의의무를 인정한다면 책임보험에서는 협조의무라고 한다.[65]

상법 제723조 제3항은 피보험자가 보험자의 동의 없이 제3자에 대하여 변제, 승인 또는 화해를 한 경우에는 보험자가 그 책임을 면하게 되는 합의가 있는 때에도 그 행위가 현저하게 부당한 것이 아니면 보험자는 보상할 책임을 면하지 못한다고 규정한다. '현저하게 부당한' 경우 보험자는 보상할 책임을 면할 수

64) Baris Soyer, 앞의 논문, p. 52.
65) Baris Soyer, 앞의 논문, p. 63.

있으나 기타의 경우에는 그렇지 않다는 것이다.

2) 피해자 직접청구권

사기적 보험금청구 조항이 책임보험의 제3자에 대하여 적용될 수 없다. 영국 등에서는 우리와는 달리 피해자의 직접청구권이 피보험자 파산 등 아주 예외적인 경우에 한정하여 인정될 뿐이고, 제3자인 피해자와 보험자 사이에는 아무런 privity가 존재하지 않는다는 것이 그 주요한 이유이다. 사기적 청구조항을 마련한 일본법도 마찬가지로 관련 당사자로 제3자가 아닌 '피보험자'라고만 규정하고, 동조 제3호에서 신뢰관계에 관한 규정을 둔다. 상법 제724조 제2항에서는 피해자보호를 위하여 피해자직접청구권을 법정하고 있으며 판례는 피해자 직접청구권의 법적 성질을 손해배상청구권으로 파악하고 있어, 피해자는 가해자인 피보험자에 대한 관계에서만이 아니라 보험자에 대하여도 손해배상청구권을 취득한다. 아래에서 살펴보겠으나 피해자 직접청구권을 손해배상청구권으로 파악하는 입장에 의하면 더군다나 책임보험에서는 이 조항을 사용할 수 없다.

3) 책임보험에 적용될 수 없는 이유들

개정안이 사기적보험금청구조항을 책임보험에도 적용되는 것으로 한 것은 오류이다. 관련 개정 규정이 보험편 통칙에 자리잡고 있고, 또한 그 표현에서도 보험금청구권의 상실자 중 하나로 **'보험금액의 청구권을 가지는 제3자'**를 포함시키고 있어 책임보험에의 적용을 전제한 것으로 보이나, 이는 타당하지 않다. 그 이유는 첫째 보험자와 제3자인 피해자 사이에는 아무런 보험계약관계가 없어 계약상 의무가 존재하지 않고, 보험계약 특유의 최대선의의무가 적용될 여지도 없다. 둘째, 외국의 입법례에서도 알 수 있듯 책임보험에서는 사기적 보험금청구 조항을 두지 않고 협조의무로 해결한다. 셋째, 피해자보호의 취지와도 부합하지 않는다. 넷째, 무엇보다도 피해자 직접청구권에 관한 일반적 법리에 반한다. 현재 피해자 직접청구권을 손해배상청구권으로 파악하고 있으며 피보험자와 보험자는 피해자에 대한 부진정연대채무자로 본다. 그런데 만약 이 조항이 적용되어 피해자인 제3자의 행위가 문언상 요건을 충족하는 경우, 피해자가 보험자에 대하여는 보험금을 청구할 수는 없으나 피해자에 대하여는 손해배상을 청구할 수 있는 결과도 된다. 그리하여 가해자인 피보험자가 피해자에게 배상한 이후 보험자에게 보험금을 청구하여도 피해자의 귀책사유로 인하여 보험금을 받을 수 없는 수긍하기 어려운 예도 발견된다. 그 역의 예로, 피보험자가 보험자에 대하여 일부 허위 과대청구를 하였다는 이유로, 피해자의 직접청구권이 상실된다는 점도 그러하다.

3. 법률정책적 측면

1) 보험자에 대한 통제장치

보험자에 비하여 사회경제적 지위가 열세에 있는 보험계약자만을 문제 삼는 이러한 규정을 상법에 도입하는 것이 과연 바람직한 것인지, 오히려 그 요건 등에서의 논의의 축적이 빈약하여 보험자에 의한 악용 소지가 없는지 등에 대한 성찰과 함께, 짚어볼 점이 악의적 보험자에 대한 견제장치이다. 보험계약의 선의성은 비단 보험계약자뿐 아니라 보험자에 대하여도 강조되어야 함은 부인할 수 없다. 그렇다면 보험금지급 절차에서의 악의와 관련하여 이 조항에 견줄 수 있는 보험자에 대한 견제장치가 있는가? 보험자에 대한 견제장치가 잘 갖추어진 외국에서도 이러한 논의가 많다.[66] 보험자는 보험금지급절차에 있어 그 조사와 처리에서의 공정, 그리고 지체없는 보험금지급이 중요한 의무일 것이다. 보험금을 특별히 거절할 사유가 없음에도 불구하고, 거절 또는 지체하거나 손해사정을 부당하게 하는 등 조직과 경제력에서의 우월한 이점을 활용하여 피보험자에게 정신적 경제적 손해를 가할 수 있다. 그러하다면 신속한 보험금 지급과 관련하여 악의적 보험자에 대한 제재장치가 분명히 마련되어야 함에도, 보험계약자만의 악의를 규제하는 제도를 도입하는 것은 형평에 맞지 아니한다.

이러한 보험자에 대한 통제장치로, 영국과 독일 등 유럽 국가는 보험옴부즈

66) Peter MacDonald Eggers, Remedies for the failure to observe the utmost good faith, [2003]LMCLQ 145-300, p. 250. 최대선의의무는 상호적인 것임에도 불구하고 주로 피보험자에 대하여만 강조되어지고 있다.

만제도를, 미국은 징벌적손해배상제도(punitive damages)를 가지고 있다. 주지하듯 미국의 징벌적손해배상은 피해보상이 목적이 아니라 비난가능한 불법행위를 한 가해자를 처벌(punish)하고 또한 가해자 및 다른 사람이 향후 그와 유사한 행위를 하지 못하도록 하는 재발방지(deter)를 위하여 부과되는 손해배상을 말한다.[67] 정당한 이유없이 보험자가 보험금지급을 지체한다면 징벌적 손해배상을 부담하도록 하고 이는 보험자를 압박하는 상당한 통제장치가 된다.[68] 주석가도 "만약 보험자에 대한 punitive damage가 없다면 보험회사들은 합법적인 보험금청구에 대하여도 고의적으로 그리고 비합리적으로 보험금 지급을 거절하려고만 할 것이다. 보험자가 합법적 청구에 대하여 지급거절하여도 그 최대의 배상한도액이 청구금액의 이자라고 생각한다면 보험자는 두려움 없이 피보험자에 대한 압박을 가하거나, 부적절한 합의를 강요하거나 또는 전액의 보험금지급을 거절하는 행위를 할 것"이라고 한다.[69] 그리고 영국 등의 옴부즈만제도도 보험소비자를 위한 장치이다. 특히 영국의 옴부즈만제도는 1981년 자율적 기구로 탄생한 이래 독립적이고 공평한 조정자라는 평가를 받아 왔으며, 2000년 Financial Services and Markets Act 제16부로 편입되어 일부 강제성을 가지게 되었다. 보험회사에 대하여 이의 있는 보험소비자가 보험옴부즈만에 회부를 하게 되면, 보험옴부즈만은 정해진 절차에 의하여 결정을 내리고, 보험회사의 잘못이 확인되면 최고 100,000파운드의 손해배상책임을 부과한다. 보험회사는 이 결정에 절대 따라야 하나 소비자는 불복하고 법적 소송을 제기할 수 있다.

그런데 우리는 보험금지급 과정에서 보험자에 대한 구체적 통제장치를 가지고 있지 못하고, 이도 개정안과 이 사건 약관조항의 평가시 중요하게 고려할 점이다.[70]

---

67) Model Punitive Damages Act §1, §3(g) "Punitive damages" includes exemplary or vindictive damages and means damages awarded against a party in a civil action because of aggravating circumstances in order to penalize and to provide additional deterrence against a defendant to discourage similar conduct in the future. Punitive damages do not include compensatory damages or nominal damages.

68) Model Punitive Damages Act §2(d); Barry R. Ostrager, Handbook on Insurace Coverage Disputes(9th ed. 1994) §14.01. 그 성질은 피해자가 실제로 입은 손해에 대한 보상이 아니라 사적 처벌에 해당하는 것으로 본다.

69) Malcolm A Clarke, 앞의 책, p. 792.

2) 제재의 효과와 관련하여

개정안의 제일의적 정당화 근거는 '제재 및 예방'의 효과이다.[71] 이러한 제재의 효과로 실 손해가 발생하였음에도 사기적 청구를 한 보험금청구권자는 보험금을 한 푼도 받지 못하게 된다. "보험계약자 등이 악의적으로 손해를 부풀려 과다한 보험금을 청구하는 경우에도 부풀리지 않은 실제 손해부분에 대하여 보험금을 지급해야 한다면, 보험계약자 등에게는 밑져야 본전이라는 인식을 심어주게 되고, 다수의 선의의 계약자에게 피해를 끼친다"는 것[72]도 주장된다.

그런데 현행법 하에서도 과다한 보험금청구는, 그 보상액수에 있어서 불이익을 받을 수 있고 형법에 의하여 사기죄로 처벌받을 수 있는 등 제재의 수단이 있어, 신중한 접근이 필요하다. 보험금청구권자가 허위로 청구하여 보험자가 그러한 사실을 알지 못하고 청구액을 그대로 지급하더라도, 허위 과장된 부분에 대하여는 반환청구가 가능하고, 보험자가 그 불법행위와 그로 인한 손해를 입증한다면 피보험자는 실제 손해액에 해당하는 보험금마저도 받지 못할 수 있다. 또한 재산적 이익을 얻을 목적으로 보험회사를 기망하는 행위는 사기죄(형법 제363조)로 처벌될 수 있어,[73] 보험사고가 발생은 하였으나 실제 피해보다 많은 보험금을 허위로 청구하는 경우 형법상 일정 요건을 충족하면 형사 처벌된다.[74] 그렇다면 현재도 제재가 있음이 분명한데, 보험자에 대한 별반 제재는 없이 보험계약자에 대한 제재의 효과만을 강조하는 규정을 상법에 도입하는 것이 타당한지는 균형적 시각에서 살펴볼 필요가 있다는 것이고,[75] 또한 그 도입으

70) Baris Soyer, 앞의 논문, p. 63 참조. 또한 카나다에서는 보험자에 의한 의무위반을 수탁자의 것으로 보아서 손해배상책임을 인정한다.

71) 장경환, 앞의 논문, 84면.

72) 위의 논문, 85면.

73) 이병희, "보험사기죄에서의 실행의 착수와 기수시기", 「형사법연구」 제11호, 1999, 216면.

74) 설령 보험계약 체결시 보험계약자의 사기의도가 없이 계약이 체결되었고, 이후 보험사고가 우연히 발생하여 보험금청구권자가 적법하게 보험금을 취득한 경우라 할지라도, 그 청구과정에서 기망의 의도로 재산적 이익을 취한 경우 사기죄에 해당하는 것이고 형법에 의하여 처벌될 수 있다.

75) D Rhidian Thomas, 앞의 논문, p. 497. 결론적으로 매우 소수의 잠재적인 사기행위자가 억제될 것이라 한다.

로 인한 억제력의 실증적 검증도 요구된다.

3) 상법 보험편의 기본적 의의와 관련하여

이 규정의 도입이 상법 보험편의 기본 이념과 부합하는지에 대한 재고도 필요하다. 보험자에 비하여 경제력, 전문적 지식, 조직력 등이 열위에 있는 보험계약자 등의 보호를 위하여 상법 제663조는 보험계약자 등의 불이익변경금지원칙을 채택하고 있으며, 우리 법원도 엄격하게 해석하고 있어 그 의의를 되새길 필요가 있다. 그리고 이번 개정안 내에서도 이 조항과 어울리지 않는 규정이 있어 보이고, 그것은 보험금청구권의 압류금지 규정이다. 이는 보험수익자가 취득하는 사망보험금청구권의 2분의 1에 해당하는 금액에 대하여는 압류를 할 수 없도록 하여(개정안 제734조의2 제1항), 보험계약의 효과를 계약과 무관한 제3자에 대하여 확장하면서까지 보험금 수급권을 보호하고자 한다. 이와 같은 규정을 신설하여 피보험자 수급권을 보호하고자 하면서 그 반면 보험금청구의 과정에서 일부 사기적 과다청구가 있다는 이유로 수급권 자체를 박탈시키는 것의 정당성에 대한 비판이다.

V. 결어

최근 증가하는 보험사기에 대응하여 그 대처 방안이 다각도로 연구 주장되어지고 있으며 그러한 법률장치 중의 하나가 사기적 보험금청구 조항이다. 그런데 현재와 같은 규정형식의 조항을 상법에 도입하는 것에 대하여는, 중요한 기초연구가 결여된 것으로 분명히 반대한다. 무엇보다도 요건과 효과의 해석을 둘러싸고 많은 분쟁이 초래될 수 있다. 본론에서 살펴본 바대로 그 해석에서의 난점이 도사리고 있으며 규정 자체도 모호하다. 예컨대 화재보험으로 100억원의 손해가 발생하였고, 동산에 해당하는 부분이 20억원, 부동산이 80억원인 경우 동산에 관한 보험금청구시 사기로 1억원을 추가하여 21억원을 청구하여 총 101억원이

된 경우 100억원 전체에 대한 보험금을 상실한다고 보는 것이 타당한가? 이에 관한 충분한 사회적 합의가 있는가? 만약 그렇지 않다면 동산 부분에 대한 20억원을 상실하는 것으로 볼 것인가? 그렇지 않다면 본론에서 살펴본바 상당성의 요건을 결한 것으로 보아 100억원을 모두 지급하도록 할 것인가? 이 물음에 대한 답은 간단치 않다. 그런데 개정안 자체의 문리만 놓고 보면 효과가 지나치게 엄격하다. 바로 이러한 점 때문에 외국의 입법례로 제시되는 호주법도 법원이 재량으로 적정금액을 삭감하는 형식의 유연한 입장을 취하고 있음을 보았다. 또한 개정취지의 유일한 근거인 제재와 예방의 효과가 검증되지 않았고 오히려 그 효과가 없을 것이라는 외국 학자들의 주장이 있는 점, 보험사고 발생 이후 보험자의 지급지체에 대한 견제장치는 없는 채 사회경제적 지위가 열악한 보험계약자만을 통제하는 점 등에서 볼 때 보험가입자의 적정보호라는 입장에서 비판을 면하기 어렵다. 만약 사기적 보험금청구 조항에 의존하여 이 문제를 해결하고자 하는 경우, 보험자는 손해사정의 기회와 권한을 가지고 있으며 손해사정의 액수는 항상 다투어질 소지가 있어 보험자의 악용 우려가 있는 반면, 보험소비자로서는 예상되는 가액보다 항상 낮은 가액으로만 보험금을 청구하여야 한다는 결과가 될 수도 있다.

이상과 같은 문제점과 함께 개정안이 책임보험의 피해자에 대하여도 적용을 허용하는 듯한 태도는 반드시 바로잡아야 할 오류이고, 그 이유는 본론에서 상술하였다. 그리고 현재의 개정안은 대법원 판례와 부합하지 아니한다. 현재 대법원 판례는 사기적 보험금청구에 관한 약관 조항을 문리 그대로 해석하여 조금이라도 그 조항에 해당하면 곧바로 보험금청구권을 상실시키는 것이 아니라, 보험금청구권자의 청구와 관련한 부당행위의 정도 등과 보험의 사회적 효용 내지 경제적 기능을 비교·교량하여 종합적으로 판단하고 있고, 이러한 판단의 배경에는 이상에서와 같은 점들이 고려되고 있음에 대하여도 숙고가 필요하다.

국내에서 이 주제에 관한 현재까지의 부족한 연구 성과 등에 비추어본다면 향후 그 개정 작업은 훨씬 심화되고 정밀한 논의를 거쳐야만 한다.[76] 이 조항

76) 독일보험계약법의 개정은 2000년 6월 결선된 보험계약법개정위원회의 안이 2006년 10월 11일 정부안으로 통과되었으나, 현재에도 논의되고 있으며, 일본 보험계약법 개정안도 2000년부

을 현재와 같은 형태로 상법에 도입하는 것은 그 논의의 성숙도로 보아 시기상조이고, 보다 합리적 제도에 대한 정치하면서도 깊은 연구가 필요하다는 성찰이다. 다른 국가에서도 여러 쟁점을 가지고 논쟁 중인 주제이며 입법으로는 유사한 예를 찾기 어려운 규정을 법률로 도입하는 것 자체에 대하여는, 보다 치밀하면서도 바람직한 연구가 요구된다 할 것으로 이 논문은 그러한 연구에 대한 단초를 제공하는 역할을 할 것으로 기대한다. 이 논문에 대한 아낌없는 비판을 기대한다.

터 시작되어 근 8년만에 국회에서 통과되었다.

제 7 장

영국, 호주에서의 손해보험상 피보험이익 개혁논의*

Ⅰ. 머리말

"이익이 없으면 보험없다"는 말처럼 피보험이익은 손해보험계약의 중심요소로 인정되고 있다.[1] 피보험이익은 보험계약의 기본요건으로 보험계약당사자는 보험목적과 특별한 관계가 있어야 하고, 이것이 없으면 보험계약은 무효이거나 실행할 수 없으며, 또는 보험금을 청구할 수 없게 된다.[2] 피보험이익의 존재이유로는 도덕적 위험의 방지, 손해보상의 범위제한, 도박의 방지 등이 들어지고 있다.[3]

우리나라에서는 피보험이익이라 함은 보험의 목적에 대한 피보험자와 보험사고와의 경제적인 이해관계로서 그 목적에 대한 당사자의 법률상의 관계를 필요

* 이 장은 「손해사정연구」 제1권 2호, 한국손해사정학회, 2009. 12, 5~32면에 실린 글을 수정·보완하였음
1) 양승규, 『보험법』, 삼지원, 2004, 193면.
2) John Birds, *Modern Insurance Law*, Sweet & Maxwell : London, 2007, p. 38.
3) Malcolm Clarke, *The Law of Insurance Contracts*, Informa : London, 2006.12.6, 4~2; 양승규, 전게서, 199~200면.

로 하는 것은 아니지만, 희망이익과 같은 사실상의 이익은 포함하지만 이러한 이익은 피보험자가 가지는 직접적인 이익에 한정되고 주주가 회사의 재산에 대하여 가지는 간접적인 이익은 보험에 붙일 수 없다고 해석되고 있다.[4)]

한편 영국의 법과 관습은 특히 해상보험과 관련하여서는 우리법의 법원(法源)으로서의 지위가 인정되는 점에서 중요한 의의가 있는데,[5)] 영국법상 피보험이익은 영국해상보험법 제5조 제2항에 따라 피보험자와 보험의 목적 사이의 법률적 관계를 요하는 엄격한 입장을 유지하고 있으므로 인하여 보험실무의 편익에 지장이 된다는 비판이 있어 왔고, 2008년 1월 14일 영국 법개정위원회는 영국보험법 개혁의 하나로 피보험이익에 관한 보고서를 출간하였다.[6)] 이에 따르면 피보험이익은 보험을 정의하고 도박을 금지하기 위한 기능을 하였지만 현재는 이를 위하여서는 피보험이익의 개념은 더 이상 효용은 없고 손해보상원칙으로 충분하다는 것이다. 이는 다양한 금융파생상품의 등장으로 보험과 금융파생상품과의 구별이 희박하여 지고 있고, 영국에서는 도박은 오늘날 광범위하게 용인되어 1994년 11월 이래 국민복권이 시행되고 있으며, 2005년 도박법(Gambling Act)은 1845년 게임법(Gaming Act)을 폐지하여(동법 제334조, 제335조) 도박계약이 법원에 의하여 집행되는 것을 허용하고 있는 점에 비추어 국가정책은 도박을 더 이상 금지하는 것이 아니라 이를 규제하는 것이며, 피보험이익이 방지하고자 하는 것은 게임 자체가 아니라 보험을 위장한 도박이었는데, 현재에는 2005년 도박법에 근거하여 설치된 도박위원회가 도박을 규제하는 상황에 의거한다.

이 글은 영국 보험법상의 피보험이익의 전개상황을 고찰하고, 영국 법률개정원회의 피보험이익의 폐지에 관한 보고서를 검토한 후, 영국 보험법상의 피보험이익의 논의에 중요한 시사점을 제시하고 있는 호주 보험법상의 피보험이익을 살펴본 후, 우리법에의 시사점을 제시하는 것을 내용으로 한다.

---

4) 양승규, 전게서, 197~198면.

5) 김성태, 『보험법강론』, 법문사, 544~545면.

6) Law Commission, Insurance Contract Law Issues Paper 4 Insurable Interest, 14 January 2008; 영국 법률개정위원회는 2009년 제2차 자문보고서[second consultation paper(CP2)]를 발간할 예정인데, 이에 피보험이익에 관한 종합적인 검토사항이 포함되어 있다.

Ⅱ. 영국에서의 손해보험상 피보험이익

1. 서언

영국해상보험법 제5조의 근간을 이루는 판결은 Lucena v. Craufurd사건[7]으로 동조 제1항은 해상사업에 이해관계를 가지고 있는 자에게 피보험이익을 인정하고, 제2항은 특별히 보험목적에 대하여 법률상 관계(legal relation)가 있는 경우에 피보험이익을 인정하는데, 1906년 영국해상보험법 초안에는 제2항 b호에 현행의 제5조 제2항과 정반대의 내용을 규정하고 있었다.[8] 그러나 입법의 최종단계에서 기대이익에 관하여 피보험이익을 인정한 Wilson v. Jones사건[9]과 Moran, Galloway & Co. v. Uzielli사건[10] 등과 같은 확립된 판례와 일치되지 않는 판결을 그 정의에 담기 위하여 삭제되었다.[11]

영국판례는 피보험이익이 인정되기 위해서는 보험목적에 대하여 법률적 관계가 있어야 한다는 Macaura v. Nothern Assurance Co.사건[12]의 판시를 따르고 있지만, 상업적 편의를 중시하는 완화된 판례도 나타나고 있다. 아래에서는 1906년 해상보험법상의 피보험이익의 제정의 근간을 이룬 Lucena v. Craufurd 사건의 내용을 살펴본 후, Macaura v. Nothern Assurance Co.사건을 중심으로 Wilson v. Jones사건[13]과 Moran, Galloway & Co. v. Uzielli사건[14]을 살펴본

7) [1806] 2 B&P (NR) 269, HL.
8) 그 내용은 다음과 같다. "법률적 관계가 없는 경우에는 피보험이익은 이익 또는 손해의 가능성만에 근거할 수 없다."
9) [1867] LR 2 Ex. 139; 이 사건의 사실관계는 뒤의 각주 20 참조.
10) [1905] 2 K.B. 555; 이 사건의 사실관계는 뒤의 각주 19 참조.
11) Nicholas Lech-Jones, The Elements of Insurable Interest in Marine Insurance Law, in Rhidian Thomas(Ed), The Modern Law of Marine Insurance 2, LLP : London, 2002, p. 154.
12) [1925] A.C. 619.
13) [1867] LR 2 Ex. 139.
14) [1905] 2 K.B. 555.

후, 상업적 편의를 중시하는 완화된 판례를 살펴본다.

2. Lucena v. Craufurd 사건

1) 사실관계

피보험자와 보험목적 사이의 법률적 관계를 요구하는 협의의 피보험이익의 정의는 Lucena v. Craufurd사건에서 유래하는데, 8명의 화란인과 함께 적하를 적재한 선박이 세인트 헬레나(St Helena)에서 영국으로 항해하던 중 해상위험으로 인하여 대부분은 멸실하고 나머지는 훼손된 사건으로 SG Form의 전신인 Common Form Of Policy에 따라 부보되었다. 오늘날의 네덜란드에 해당하는 유나이티드 프로빈시스(United Provinces)에 대하여 선전포고가 있기 전에 보험계약은 체결되었지만 선박이 영국국왕에 의하여 나포되어 세인트 헬레나로 이송되었다. 8년이라는 오랜 기간을 거쳐 종결된 이 사건의 특이한 점은 피보험자가 화란인 상인에게 선박과 적하를 위한 피난처를 제공할 의도로 의회법에 근거하여 임명된 감독관이라는 것이다. 이 법은 나폴레옹 전쟁 기간중 공포되었는데, 당시 유나이티드 프로빈시스 지역은 영국에 우호적이었지만 프랑스혁명군의 병합의 위험에 직면하고 있었고, 영국이 적국으로 선언할 것을 우려하였지만 결국 그와 같이 되었다. 다수의 화란상인은 선박과 적하를 영국항구에 피난하고자 하였지만, 동법 제정 이전에는 이 재산을 관리하는 기구가 없었지만, 동법 제20조에 따라 소유자는 선서를 하는 경우 재산을 점유하거나 거래할 수 있었고, 동법 제21조에 기하여 영국국왕은 재산이 위험에 처한 경우 부패할 염려가 있는 물건을 처분하고 영국내의 재산을 관리하기 위한 감독관을 임명할 권한을 부여받았다. 즉 법률상의 수치인의 지위가 인정되었다.

쟁점은 감독관이 화란상인의 적하가 영국에 도착하기 이전에도 그 적하에 대한 권한이 있는가 여부이었는데, 해상에서의 손해를 입은 후 난파선이 양륙하기 이전에 영국이 유나이티드 프로빈시스에 전쟁을 선포한 사실에 의하여 복잡하여졌다. 감독관의 지위가 쟁점이었는데, 감독관이 보험목적에 대한 법률상의 통제권한을 취득하기 이전에 손해가 발생하였다면 감독관의 이익은 도박에서 이긴 경우와 같이 법률상 허용되지 않는 것으로 보험금청구가 허용되지 않기 때문이었다. 이 쟁점에 대하여 상원의 다수의견은 전쟁이 발발하지 않고 선박과 적하가 영국에 도착한 경우에만 감독관의 지위가 인정된다고 보았다. 국왕은 해상에서 선박을 나포하여 영국항구로 운항할 것을 명하고, 운송시 또는 도착시의 소유자에게 보유하거나 반환할 수 있지만, 감독관은 그러하지 않았다. 전쟁이 선포되면 감독관은 권한을 상실하였는데, 실제로도 아일랜드에 피난한 선박에 대한 권한을 보유하였지만, 국제법상 포획심판소에 의하여 부여된 이 권리는 국왕의 대리인으로서의 권한일 뿐이었다. "전쟁이 발발한 후에는, 감독관은 재산을 거래할 권한이 없었다."

2) 판결요지

감독관은 보험금청구소송에서 패소하였는데, 그 이유는 감독관은 영국에 도착할 때까지는 아무 관계가 없다는 것이었다. 감독관이 가진 이익이 무엇이든 보험의 목적이 아니고, 이익의 멸실에 대한 보험은 아니었다. 선박이나 적하의 재산권의 성질이 없었기 때문에, 감독관은 보상을 받지 못하였다.

3) 피보험이익에 대한 엘든 판사의 협의의 정의와 로렌스 판사의 광의의 정의

엘든(Eldon)판사는 "피보험이익이라 함은 어느 경우이든 당사자의 소유 또는 향유에 영향을 미치는 사고가 발생하는 경우 상실될지도 모르는, 재산에 대한 권리 또는 재산에 대한 계약으로부터 유래하는 권리다"라고 하여 손해보험에서의 피보험이익의 고전적 정의를 내리고 있는데, 이는 보험계약자는 보험목적이 멸실 또는 훼손된 경우 보험목적에 대한 법률적 관계가 있고 금전상의 손해를 입었음을 입증할 것이 요구되는 것으로 1906년 해상보험법 제5조 제2항으로 규정되었다.[15] 로렌스(Lawrence)판사는 피보험이익에 대하여 손해의 실세적 기대기준(factual expectation test of loss)이라고 일컬어지는[16] 매우 개방적이고

---

15) Law Commission, *op. cit.*, § 5.14 p. 36.
16) Law Commission, *op. cit.*, § 5.12 p. 36.

광의의 정의를 내리고 있는데 "보호되는 이익은 그 존재하는 경우 이익이 되거나 파괴되는 경우 손해를 입는 상황이다"라고 한다. 로렌스 판사의 소수의견은 근래 피보험이익의 개념의 엄격성의 완화와 관련하여 주목을 받고 있다.[17)]

3. Macaura v. Nothern Assurance Co. 사건

피보험이익에 관한 리딩 케이스는 Macaura v. Nothern Assurance Co.사건[18)]으로 삼림의 소유자가 심어 있는 나무를 자기가 단독주주로 있는 회사에 양도하고, 이를 화재보험에 가입하였다. 나무가 화재로 소실하여 피보험자는 보험금의 지급을 청구하였지만 상원에 의하여 거부되었는데, 그 이유는 회사의 단독주주나 담보권자가 아닌 채권자는 회사의 재산에 법률적 관계가 없기 때문에 피보험이익이 없다는 것이었다. Moran, Galloway & Co. v. Uzielli사건[19)]이 참고되었는데, 이 사건에서는 선박의 채권자는 단지 선박에 대한 대물소송청구권이 인정되었기 때문에 승소한 예외적인 사건이었다. 또한 상원은 사실관계가 매우 유사한 Wilson v. Jones사건[20)]을 검토하였지만 양자의 차이를 인정하였다. 즉

17) 리디언 토머스(Rhidian Thomas)에 따르면 로렌스(Lawrence)판사의 경제적 이익기준(pecuniary interest approach)은 법률에 바람직한 탄력성을 부여하고, 필연적으로 요구되는 사회질서를 해치지 않으면서 적법한 보험의 잠재적 범위를 확장하는 점에서 유용하지만, 경제적 이익의 입증과 관련한 불안정성을 초래한다고 비판한다: Rhidian Thomas, Defining Insurable Interest-the Various Approaches, in Rhidian Thomas(Ed), Marine Insurance: The Law in Transition : Informa London, 2006. § 2.69 p. 46.

18) [1925] A.C. 619.

19) [1905] 2 K.B. 555; 피보험자는 1척의 선박을 보유한 외국회사의 영국대리점으로 회사에 선박의 항해에 필요한 비용을 대여한 채권자이었다. 피보험자는 프린스 루이스(Prince Louis)호의 멸실로 인한 선비에 대해 벤쿠버(Vancouver)에서 카디프(Cardiff)까지 보험에 들었는데, 선박이 악천후로 훼손되어 카디프에서 추정전손 되었다. 피보험자의 보험금청구에 대하여 법원은 사고발생시에 피보험자가 선박에 대하여 유치권이나 법률상의 담보권(legal security right)을 갖지 않았더라도 재지급에 대한 사실상의 담보권(de facto security right)이 있다고 하여 피보험이익이 인정되었다.

20) [1867] LR 2 Ex. 139; 피보험자가 주주인 어틀랜틱 텔레그라프 컴퍼니(Atlantic Telegraph Company)는 아일랜드에서 뉴펀들랜드에 이르는 당시로서는 매우 투기적인 대서양횡단 해저케이블매설사업을 수행하고 있었고, 주주는 사업이 성공하면 기대되는 자기주식에 대한 증가액 200파운드에 대하여 보험에 들었는데, 법원은 기대이익에 대해 피보험이익을 가진다고 판시하였다. 이 판결에 대해서는 영국해상보험법제정을 주도한 샬머스(Chalmers)경은 이를 긍정하지만, 아놀드(Arnould)는 의문을 표시한다: Arnould, Law of Marine Insurance and

Wilson v. Jones사건에서는 보험의 목적은 케이블 설치사업에 대한 주주의 이익이었지 케이블자체가 아니었던데 비하여, Macaura v. Nothern Assurance Co.사건에서는 목재 이외의 다른 보험의 목적을 계약상 인정하기 어려웠다.[21]

4. 상업적 편의를 고려한 판례의 발전

영국법원은 주저없이 이론보다는 상거래실무를 중시한다. 이는 "영국계약법의 원칙은 대부분 지난 200년동안 발전하였는데, 계약은 상거래의 자녀이고, 영국에서 농업국가에서 상업·산업국가로 발전과 함께 성장하였다."라는 기술에서 나타난다.[22]

여러 상인의 적하를 점유하고 있는 부두관리인이 이 적하에 대하여 보험을 수배하는 경우에 피보험이익이 없다는 이유로 보험에 들 수 없다고 하면 첫째 각 소유자가 개별적으로 보험계약을 체결하여야 하고, 둘째, 수치인은 경우에 따라서 그가 수치인의 지위에서 반환청구권을 가지고 안전하게 보관하는 경우 책임을 지지 않는다는 약정을 하는 경우에 보험에 들 수 있도록 하는 것이 합리적이라는 점에서 매우 불편하다.[23] 상업적 고려가 적용된 판결로 다음 판결을 들 수 있다.

1) Waters v. Monarch Fire and Life Assurance Co사건[24]

이 사건에서 수치인은 물건에 대하여 법적으로 책임을 지기 때문에 전체 가액까지 부보하여 보상을 받을 수 있고, 소유자를 위한 이익을 보유할 수 있다고 한다. 이 판결은 상원의 A. Tomlinson(Hauliers) Ltd v. Hepburn사건[25]에서 확인되었는데, 운송물인 담배가 운송중 도난당하는 경우에 대비하여 수치인이 임

Average, 16th ed., Steven & Sons Ltd : London, 1981, para. 328.

21) Chris Nicoll, Insurable interest: as Intended, Journal of Business Law, 2008. 5, p. 442.
22) Anson, Law of Contract, Clarenden Press : Oxford, 1984, p. 1.
23) Chris Nicoll, op. cit., p. 443.
24) [1856] 5 E. & B. 870.
25) [1966] 1 Lloyd's Rep. 309.

치인을 위하여 부보한 경우에 수치인은 보상받을 수 있다고 판시되었다.

2) Petrofina (UK) Ltv v. Magnaload Ltd 사건[26)]

다수의 도급인과 수급인이 관여한 대형 건설공사계약과 관련하여 모든 수급인의 재산에 대한 손해를 담보한 사건이었다(책임보험은 아님). 법원은 오직 상업적 편의에 의거하여 판결하였는데, 로이드(Lloyd)판사는 도급인은 수치인으로서 물건에 대한 책임을 지지 않음을 명시적으로 밝히면서도 같은 공사에 다수의 당사자가 참여하는 경우에 제1도급인이 전체 위험을 담보하는 보험에 가입할 수 있도록 하는 것이 합리적이고, 그렇지 않으면 수급인들이 별개의 보험에 가입하여야 하는데 그로 인하여 불필요한 서류작업이 필요하게 되며, 하나의 사고에 대하여 중복적인 보험금청구가 초래될 수 있다고 한다.

3) Anthony John Sharp and Roarer Investments Ltd v. Sphere Drake Insurance plc, Minister Insurance Co Ltd and EC Parker and Co Ltd 'Moonacre' 사건[27)]

보험에 든 동력 요트 머나커(Moonacre)호는 실제소유자는 샤프(Sharp)씨이지만 조세목적으로 지브롤터에서 설립된 로어러 인베스트먼츠(Roarer Investments) 소유로 등록되었다. 100% 소유자인 샤프씨는 등록회사의 선박의 운영과 관리담당자로서 자기의 명의로 보험계약을 체결하였다. 보험기간중 1명의 선원도 보트에 없는 사이 계류장에서 선박에 화재가 발생하여 추정전손이 되었다. 샤프씨의 보험금청구에 대하여 보험자는 샤프씨가 무너키호에 대하여 피보험이익이 없다는 이유로 보상을 거부하였으나, 법원은 샤프씨에게 요트에 대한 피보험이익을 인정하였다. 법원은 샤프씨는 자신을 위한 목적으로 선박을 사용하고 그가 적절하다고 판단하는 방법으로 선박을 통제할 수 있는 대리의 권한이 있다는 근거로 머코라(Macaura)사건과 차별화하였다.

26) [1983] 2 Lloyd's Rep. 91.
27) [1992] 2 Lloyd's Rep 501.

5. 피보험이익의 존재시점

해상보험상의 주요한 원칙은 피보험자는 사고발생시에 피보험이익이 없으면 손해보상을 받을 수 없다는 것이다(영국해상보험법 제6조 제1항; 1982년 협회적하보험약관 제11조 제1항). Buchanan v. Faber사건[28]에서 증기선 퀸 빅토리아(Queen Victoria)호가 남아프리카 엘리자베스(Elizabeth)항 근처에서 좌초되어 훼손되었지만 이초되었는데, 보험중개사인 원고가 장차 취득할 것으로 기대되는 수수료와 소유자의 이익을 담보하기 위하여 케이프타운(Cape Town)으로의 영구수리를 위한 단거리항해에 대하여 선비보험으로 부보하였다. 기상이 악화되어 퀸 빅토리아호가 좌초되어 전손이 되었지만 보험자는 감항능력이 없음을 이유로 보험금지급을 거부하였고, 법원은 원고패소판결을 내리면서 빙엄(Bingham) 판사는 피보험이익에 관하여 보험중개인은 선박이 안전한 경우 장차 보험중개로 인하여 얻게 될 수수료이익만으로는 피보험이익이 인정되지 않는다고 판시한다. 무너커(Moonacre)호사건[29]에서 콜만(Colman)판사는 이 사건과 관련하여 "원고가 보험목적의 보존으로 인하여 가지는 이익은 적하가 안전한 경우 장차 보험계약을 체결한 가능성뿐이고, 피보험자와 보험목적과의 관계는 선박의 안전에 따라 생기는 장래 밀접한 관계의 취득의 가능성 또는 기대에 불과하다고 하며, 이 장래의 가능성의 희망만으로는 피보험자를 도박이 아닌 보상하는 위험으로 되지 않는다"고 한다.

다만 이에는 2가지 예외가 인정되는데 소급보험의 경우와 보험증권의 양도의 경우가 그것이다.[30]

1) 소급보험

소급보험이라 함은 "멸실여부를 불문한다(lost or not lost)"는 조건으로 체결

28) [1899] 4 Com Cas 223.
29) [1992] Lloyd's Rep 501.
30) Kyriaki Noussia, The Principle of Indemnity in Marine Insurance Contracts, Springer : Leipzig, 2007, p. 41.

된 보험계약을 말하는데, 이 경우 피보험자가 손해발생시에 피보험이익을 가지지 않아도 손해를 보상받을 수 있다. 그러나 보험계약체결당시 피보험자는 손해발생사실을 알고 있었고, 보험자는 이를 모르고 있는 경우에는 그러하지 않다(영국해상보험법 제6조 단서).

과거 통신수단이 열악하던 시기에 적하의 매수인이 해상에서 이미 멸실된 적하를 매수하게 되는 경우가 자주 발생하였고, 사고발생시에 피보험이익이 있어야 한다는 일반원칙을 극복하기 위하여 "멸실여부를 불문한다(lost or not lost)"는 조항을 삽입하였다. 이 조항의 목적은 매수인이 손해발생 후 이익을 취득한 경우에도 보험보상을 허용하기 위한 것이다. 이는 1982년 협회적하보험약관(제11조 제2항), 영국 해상보험법의 해석원칙(제1조)에도 규정되어 있다.

소급보험과 관련하여 최근 집중 조명받은 판결이 호주의 New South Wales Leather Co. Pty Limited v. Vanguard Insurance Co. Limited사건[31]이다. 항소법원은 피보험자가 손해발생시에 피보험이익을 가지지 않았으므로 운송조항이 적용되지 않지만, 운송조항과 결합된 '멸실여부불문조항'에 의거 보험보상을 명하였다. 이 호주법원의 판결에 대해서는 영국법원을 구속하지 않고, Anderson v. Maurice판결[32]에 의하여 확립된 원칙에 의하면 FOB조건상 선적시까지는

31) [1990]103 FLR 70: [1991] NSWLR 699: 이 사건은 다수의 브라질공급자로부터 가죽을 FOB조건으로 매수한 피보험자가 가죽의 운송물을 멸실여부불문(lost or not lost)조건으로 보험에 들었는데, 보험계약은 협회적하보험약관 (A)[ICC A]상의 운송조항(창고사이조항)을 포함하고(동약관 8조) 있었다. 컨테이너에 적입된 적하는 선박에 실리기 전에 도난당하자 피보험자는 보험금의 지급을 청구하였지만 보험자는 손해발생시에 피보험자가 피보험이익을 가지지 않았다는 이유로 보험금지급을 거절하였다. 표준적인 FOB 계약상 적하에 대한 위험은 컨테이너가 선박의 난간을 통과한 때에 매수인에게 이전된다. 이에 따라 1심법원은 FOB조건의 매수인은 매도인의 창고에서 선박의 난간까지의 운송중인 적하에 대한 피보험이익을 가지지 않는다고 판시하였는데, 캐러터스(Carruthers)판사는 ICC (A)의 운송조항에 의하여 피보험이익이 없는 경우 그 이전의 시점까지 보험담보를 확장되지 않는다고 하여 보험금지급청구를 배척하였다. 이에 대하여 항소법원은 피보험자가 손해발생시에 피보험이익을 가지지 않았으므로 운송조항이 적용되지 않는다는 점은 받아들이되, 운송조항과 결합된 '멸실여부불문조항'에 의거 보험보상을 명하였다. 항소법원은 피보험자가 적하의 도난시 위험을 부담하지 않았더라도 이전의 적하의 멸실로 인하여 경제적 손해를 입은 것으로 충분하다고 보았고, 매도인에 대한 계약상의 손해배상청구권은 보험금청구권의 행사에 장애가 되지 않는다고 판시하였다.

32) [1876] 3 ASP MLC 290, HL: 매수인은 랭군'에서 그리고부터' 영국까지 쌀의 적하에 대하여 보험을 들었는데, 적하 대부분을 싣고 랭군을 향하던 중 선박이 침몰하여 선적된 적하가 멸실된 경우 법원은 쌀의 적하에 대하여 사고발생시에 보험이 개시되지 않았으므로 매수인은

매도인이 위험을 부담하므로 선적 이전에 절취된 경우 매수인은 피보험이익을 가지지 않지만 '멸실여부 불문조항'이 삽입된 경우 적하와 매수인의 관계는 투기적인 것이나 기대이익만이 아닌 실제적인 가능성(factual expectancy)이라는 점에서 보험보상이 허용될 것이라 한다.[33)]

2) 보험증권의 양수인

피보험자가 사고발생시에 피보험이익이 있어야 하다는 원칙에 대한 또 다른 예외는 보험증권양수인의 경우이다. 보험금청구권은 손해발생 이전이든 이후이든 양도가 가능하다(영국해상보험법 제50조 제1항). 다만 양도인은 양도시에 양도할 이익을 가지고 있어야 하는데, 이는 "누구든지 자기가 소유하는 것 이상을 양도할 수 없다"는 원칙에 근거한다.[34)]

Ⅲ. 영국에서의 피보험이익의 개혁

1. 서언

영국에서는 해상보험 이외의 손해보험의 경우에는 피보험이익이 없더라도 계약을 집행할 수 있게 되었다. 즉, 2007년 9월 1일부터 시행되는 2005년 도박법(Gambling Act) 시행으로 "게임이나 도박에 의한 계약은 무효이고, 도박에 기초한 결과의 대가로 타인에게 제공하거나 또는 도박에 이겨서 획득하였다고 주장되는 금전 또는 유가물을 청구하는 소송은 제기하거나 유지될 수 없다"고 규정하던 1845년 게임법(Gaming Act) 제18조가 폐지되어 계약이 도박에 관련한 것이라는 사실이 있더라도 계약을 집행할 수 있게 되었다. 이는 다양한 파생금

피보험이익이 없다고 판시하였다.

33) Susan Hodges, Cases and Materials on Marine Insurance Law, Cavendish Publishing Ltd : London, 1999, p. 81.

34) 한창희 · 양승규, 전게서, 329~331면.

융상품의 출현과 관련이 있다. 그러나 1906년 영국 해상보험법 제4조 제2항과 그리고 동법 4조 1항에 의하여 "피보험이익이 없거나 이를 취득할 가망이 없는 경우에는 게임 또는 도박계약으로 간주되고," 무효이다. 또한 1909년 해상보험(도박보험)법상 피보험이익이 없는 보험계약을 체결하는 것은 범죄행위이다.[35)]

2008년 1월 14일 영국 법개정위원회는 영국보험법 개혁의 하나로 피보험이익에 관한 보고서를 출간하였다. 이에 따르면 피보험이익은 보험을 정의하고 도박을 금지하기 위한 기능을 하였지만 현재는 이를 위하여서는 피보험이익의 개념은 더 이상 효용이 없고 손해보상원칙으로 충분하다는 것이다.

2. 2가지 사례

2008년 1월 14일 영국 법개정위원회의 피보험이익에 관한 보고서는 피보험이익의 2가지 기능 즉 보험계약의 정의와 도덕적 위험의 방지 즉 도박을 가장한 보험계약의 금지와 관련하여 더 이상 피보험이익 개념의 필요성을 긍정하지 않는다. 이 보고서는 2가지 예를 들어 논의의 실익을 주장한다. 첫째의 예는 "오염물질을 배출하는 자에게 지역사회에 50만달러를 기부하도록 하는 것이 강하게 요청되는 지역에서 영업을 하는 정유회사가 이 기부를 하는 것은 법정 요건은 아니지만 자연채무이다. 정유회사가 이 위험을 부보할 수 있는가?"이다. 이에 대하여 (1) 2005년 도박법 이전에는 회사가 이러한 계약을 체결하는 것이 어려웠으며 정유회사가 자발적인 기부에 대하여 피보험이익을 인정하기 어렵지만, (2) 더 이상 피보험이익을 요건으로 하지 않는 오늘날 이 문제는 제기되지 않는데, 손해보상의 원칙상 정유회사는 손해를 입기만 하면 되고, 계약에서 특별히 언급되어 있지 않는 한 자연채무의 결과 입은 손해는 손해보험상 보상하는 손해는 아니지만 정유회사와 보험자가 공동체에 기부하는 50만달러를 담보하는 보험이 허용되는가에 대하여 법개정위원회는 긍정한다.

둘째의 사례는 "어머니가 자신의 이름으로 가정용물건을 보험에 들었다. 그

35) Chris Nicoll, *op. cit.*, p. 432.

러나 방 하나에는 대학에 간 아들이 소유하는 물건으로 채워져 있었다. 이 물건의 가액은 보험계약의 보험금액에 포함되어 있다. 가옥과 물건이 모두 소훼된 경우 어머니는 아들의 재산에 대하여 보상을 받을 수 있는가?"이다. 이에 대하여 (1) 이전에는 현행법상 보험계약을 체결할 때 어머니가 아들의 대리인으로 행위하거나 수치인으로서 물건의 보전을 위한 피보험이익을 가지는 것으로 볼 수 있고, 두 경우 어머니에게 아들의 물건에 대한 피보험이익이 인정될 수 있었지만, (2) 2005년 도박법상 손해보상의 원칙만이 적용되므로 법개정위원회는 아들의 물건에 대하여 훼손을 담보하는 보험계약을 직접 체결하는 것이 가능하다고 한다.

3. 보험의 정의와 피보험이익

1) 서언

보고서에 따르면 피보험이익은 감독이나 기타 목적으로 보험을 정의하는데 필요하지 않고, 금융감독청은 보험을 도박, 도박을 금융파생상품과 같은 금융계약과 구별하는데 불필요하다고 본다. 이를 상세히 본다.

2) 금융서비스시장법(the Financial Services and Markets Act 2000)의 입장

(1) 금융감독청(the Financial Services Authority)의 입장

금융감독청은 "보고서는 단지 도박을 하는 자와 보험을 이용하는 자를 구별하기 위하여 피보험이익의 요건을 유지하자는 제안을 주장하고 있다. 우리는 이에 강한 의구심을 가진다. 금융감독청의 내규는 보험계약자가 보험을 드는 목적은 보험계약의 식별과 관련이 없다는 것을 명확히 하고 있다"고 한다.

(2) 금융서비스시장법

금융서비스시장법은 "보험계약은 장기보험계약 또는 손해보험계약인 보험계약을 의미한다"[36]고 규정하여 보험을 정의하지 않고 보험의 유형을 열거하는 방식을 취한다.

(3) 금융파생상품과 보험

1997년 국제파생상품위원회(International Swaps and Derivatives Association)가 금융파생상품이 보험계약인가 여부에 대한 조회에 대하여 로빈 포츠(Robin Potts QC)는 금융파생상품은 1982년 보험회사법상의 보험계약이 아니라는 의견이었고, 그는 보통법상 신용파생상품(credit default options)은 (1) 지급채무는 피지급자가 손해를 입거나 손해의 위험이 있는 것을 조건으로 하지 않고, (2) 계약은 따라서 피지급인의 피보험이익을 보호하는 것을 추구하지 않고, 그의 권리는 피보험이익의 존재에 좌우되지 않는다는 중요한 점에서 보험계약과 다르다고 하였다.[37]

금융감독청은 2002년에는 파생상품과 보험계약으로서의 계약의 특징은 실무상 구별이 희박해지고 있고, 약간의 파생상품은 로빈 포츠가 말한 범주에 더 이상 해당하지 않는다고 하였고, 2004년에는 "보험계약의 식별"이라는 제목으로 정책보고서를 발간하였는데 이에 따르면 "(1) 제공자에 의한 위험의 인수가 모든 보험계약의 중요한 특징이고, (2) (가) 계약상 수령인이 지급하는 금액이 발생의 개연성 또는 불확정한 사고의 중대함의 하나 또는 둘을 참고하여 산정되거나, (나) 계약이 보험계약이라고 기술되고, 보험계약의 유형에 부합하는 조건으로 가령 최대선의의무를 포함하는 경우, 그 계약은 보험계약으로 고찰될 수 있으며, (3) 계약이 단지 손해의 위험과 같은 순수한 위험이 아니라 이익 또는 가능성을 수반하는 위험과 같은 특수한 위험을 제공자가 인수하는 것을 요건으로 하는 경우에는 보험으로 고찰되기 어렵다"는 적극적인 기준을 제시하고 있다.[38] 이에 따르면 보험계약이 아닌 것으로는 (1) 급부의 제공 여부가 불확정한 사고의 발생여부에 따르고 제공자가 절대적인 재량을 가진 계약, (2) 장래의 조건에 따른 서비스에 대응하는 사전에 행하여지는 지급인 계약, (3) 불확정하거나 불리한 사고의 발생과 관련 없이 서비스가 제공되는 정기적인 관리계약,

36) Financial Services and Markets Act 2000(Regulated Activities) Order 2001, s. 3(1).
37) Financial Services and Markets Act 2000(Consequential Amendments and Repeals) Order 2001 (SI 2001/3649).
38) FSA Policy Statement 04/19, July 2004, para 2.10.

(4) 서비스에 대한 대가가 상업적인 요율로 부과되는 것을 조건으로 최초의 지급의 대가로 제공자는 장래의 조건이 성취되는 경우에 서비스를 제공하는 계약 등이다.[39]

3) 학설과 판례의 입장

(1) 판례

보험의 정의에 관한 전통적 입장은 Prudential Insurance v. Inland Revenue Commissioners사건[40]에서 발견된다. 샤넬(Channell) 판사는 보험계약의 3가지 요건으로 대가, 불확실성, 이익의 3가지를 들었는데 첫째 보험계약은 어떠한 사고가 발생하는 경우 급부를 확보하기 위하여 일정한 대가를 지급하는 것이고, 둘째는 사고는 어느 정도의 불확실성이 수반되어야 하는데, 사고가 발생할지 여부가 불확실하거나 또는 사고가 어느 시점에 필연적으로 발생하는 경우 발생시기가 불확정적이어야 하며, 셋째, 보험은 일정한 것에 대하여서야 하는데, 그러하지 않으면 피보험자가 보험목적에 대하여 이익을 가졌다는 이유로 단순한 도박이 보험이 되므로, 보험계약에 해당하기 위하여서는 불확실한 사고가 보험자의 이익에 반하는 것으로 추정되어야 한다고 판시하였다.

(2) 학설

(가) MacGillivray

저자는 "보험계약은 일방 당사자가 금전을 대가로 받고 하나 이상의 약정한 사고가 발생하는 경우 상대방에게 금전을 지급하거나 약간의 관련된 급부를 제공하는 것을 약속하는 계약이고, 약정한 사고는 보험계약자의 이익에 다소 불리하여야 한다"고 한다.[41]

---

39) Law Commission, *Insurance Contract Law Issues Paper 4 Insurable Interest*, 14 January 2008, p. 50.

40) [1904] 2 KB 658.

41) Nicholas Leigh-Jones, John Birds and David Owen, *MacGillivray on Insurance Law*, 10th ed., Sweet and Maxwell : London, 2003, 1-1.

(나) Clarke

저자는 "보험계약은 항상은 아니지만 통상은 사업자인 당사자가 금전의 대가로 불확정이고 불리한 사고가 발생시에 금전을 지급하거나 관련된 급부를 제공하기로 약정하는 계약이다"라고 하고, 구체적인 내용으로는 계약, 보험사업자, 금전이나 관련된 급부, 불리한 사고를 들고, 불리한 사고는 피보험이익의 요건과 동일한 것은 아니고, "피보험자가 보험의 목적에 피보험이익을 가지고 있으면 사고는 피보험자에게 불리할 것이다. 그러나 반대가 적용되는 것은 아니다"라고 한다.[42] 저자는 영국에서는 피보험이익이 있는가 여부는 유용한 보험의 필수적인 특징이지만, 호주 법률에서는 의문시되고 있다고 한다.[43]

(3) 세법

IFRS 제4조는 보험계약을 "보험자가 특정한 불확정적인 장래의 사고(보험사고)가 보험계약자에게 불리하게 영향을 미치는 경우 보험계약자에게 보상할 것을 약정함에 의하여 보험계약자로부터 중요한 위험을 인수하는 계약이다"라고 규정하여 엄격한 피보험이익이 아니라 불리한 영향을 들어 보험계약을 정의하고 있다. 그러나 세무지침은 "보험계약의 특징 7가지를 들고 있는데, 세 번째의 특징으로 피보험자는 보험목적에 대한 피보험이익을 가져야 한다. 즉 보험사고 발생으로 인하여 금융상 또는 기타의 손해를 입어야 한다"라고 하여 피보험이익을 특별히 언급하고 있는데, 이는 법률상의 피보험이익이 아니라 금융상 또는 기타의 손해이다.[44]

최근 도박으로 인한 급부는 세금이 면제되는데 반하여 보험이 재화 또는 서비스공급자에 의하여 특정한 재화 또는 서비스로서 동시에 매도되는 경우에 단기보험계약의 경우 보험료에 대하여 5% 또는 17.5%의 세금이 부과된다.[45]

---

42) Malcolm Clarke, *The Law of Insurance Contracts*, Informa : London, 2006. 12. 6, 1-1.
43) Malcolm Clarke, *op. cit.*, 1-1E.
44) Law Commission, *op. cit.*, §7.26~§7.29, pp. 52~53.
45) 2001년 10월 5일 HM Treasury의 보도자료.

4. 피보험이익과 도덕적 위험 그리고 보험을 가장한 도박의 금지

영국에서는 도박은 오늘날 광범위하게 용인되고 있는 것으로 보인다. 1994년 11월 이래 국민복권이 시행되고 있고, 2005년 도박법은 1845년 게임법을 폐지하여(동법 제334조, 제335조) 도박계약이 법원에 의하여 집행되는 것을 허용하고 있다. 국가정책은 도박을 더 이상 금지하는 것이 아니라 이를 규제하는 것이다. 피보험이익이 방지하고자 하는 것은 게임 자체가 아니라 보험을 위장한 도박이었다. 현재에는 2005년 도박법에 근거하여 설치된 도박위원회가 도박을 규제하는 한편, 금융감독청은 보험과 기타 금융계약 양자를 규율한다. 도박위원회와 금융감독청은 도박과 보험을 규제하고 감독할 권한을 가지고, 1845년 게임법이 제정될 당시 생각할 수 없었던 정도의 규제가 행해지고 있다.[46] 보험자는 피보험이익의 요건을 포기하는데 소극적이다. 최소한의 공통적인 지표를 상실하고 보험보다 도박에 가까운 보험계약을 판매하게 될 가능성을 우려하기 때문이다. 생명보험과 관련하여 1774년 생명보험법이 통과될 당시와 마찬가지로 유명인의 사망을 걸고 도박이 성행하고 있다.[47]

1) 손해보험에서의 피보험이익의 폐기

손해보험에서 손해의 요건은 손해보험계약에서 도박이 보험을 가장하는 것을 방지하고, 손해보상의 원칙은 보험목적과의 일종의 경제적 이익을 요구하며, 그 이익이 없으면 보험계약자는 손해를 입지 않게 된다. 도덕적 위험과 관련하여 손해보상의 원칙은 보험계약자가 손해를 입을 것을 요구하여 보험목적이 멸실 또는 훼손되는 경우 도덕적 위험을 최소화하는 기능을 한다.

46) Law Commission, *op. cit.*, §7.35 p. 54.
47) Law Commission, *op. cit.*, §7.36 p. 54: http://www.coffindodges.co.uk/index.asp 그리고 http://www.celebritysweepstake.co.uk.

2) 이유

영국법상 보통법상의 손해보상의 원칙 이외에 피보험이익 개념은 불필요하다는 논거로는 첫째, 사고발생시에 요구되는 피보험이익을 법률상 요구할 필요성을 찾기 어렵고, 손해보상의 원칙에 따르면 법률상의 권리임을 요구하는 영국법상의 피보험이익보다도 위험과 보험범위를 보다 정교하게 정의할 수 있다고 한다. 즉 보험계약자가 입은 손해가 보험계약상의 손해에 해당하기만 하면 보험계약은 유효한 것으로 하고, 그 금액을 지급하도록 하는 것이 양 당사자에게 확실하다고 한다.[48]

3) 이익의 존재시점

영국법상 2005년 도박법의 개정이전에도 보험계약 체결시에 이익은 요구되지 않았고, 보험계약자는 보험계약과 도박을 구별하기 위하여 이익을 취득할 가능성이 있음을 입증하기만 하면 된다.[49]

보험계약은 전혀 손해를 입지 않는 보험계약자에게 보상할 것을 내용으로 하는 보험계약은 의미가 없다. 즉 나는 아버지의 차를 보험에 들 수 있지만, 그 차가 도난당하더라도 나는 손해를 입을 가능성이 없다면 손해보상의 원칙상 손해를 입증할 수 없을 것이기 때문에 보험계약상 보상이 행해지지 않는다.[50]

4) 해상보험의 경우

법개정위원회는 해상보험의 경우에도 손해보상의 원칙만으로 충분한 보장을 제공하고 법률상의 피보험이익의 요건은 불필요하기 때문에 피보험이익이 없는 보험계약을 체결하는 경우 형사처벌을 가하는 해상보험(도박보험)법의 폐지를 제안한다.[51]

---

48) Law Commission, *op. cit.*, §7.44 p. 56.
49) Law Commission, *op. cit.*, §7.51 p. 58.
50) Law Commission, *op. cit.*, §7.52 p. 58.
51) Law Commission, *op. cit.*, §7.96 p. 65.: 실무상 동법은 이와 같은 행위를 처벌하는데 이용된 적이 없다.

5. 손해보험계약의 손해보상의 원칙

1) 손해보험계약의 특성으로서의 손해보상계약성

손해보험계약은 기본적으로 손해보상계약이다.[52] 해상보험법 제1조는 보험계약은 손해보상계약이라고 정의하고 있고, 손해보상이라는 것이 명시적으로 언급되어 있다.

이와 관련하여 초창기사건으로 부보선박이 미국 민간무장선에 의하여 포획되어 영국의 해군선박에 의하여 탈환된 Brotherston v. Barber사건[53]에서 피보험자는 최초의 포획시에 전손보상을 청구하였지만 법원은 선박은 탈환되었으므로 분손보상만이 허용된다고 판시하였다. 애벗(Abbott)판사는 "보험계약의 가장 중대한 원칙은 그것이 손해보상계약이라는 것이다"라고 한다. 유사하게 매도과정에서 화재로 훼손된 주택에 대한 Castellain v. Preston사건[54]에서 매도인은 보험보상을 받고 또한 화재에도 불구하고 매수인으로부터 매도대금 전액을 지급받았다. 보험자는 매도인인 피보험자가 아무런 금전적 손해를 입지 않았다는 이유로 지급한 보험금의 반환을 청구하였고 승소하였다. 브랫(Brett)판사는 "보험법에 적용되는 모든 원칙의 토대는 해상보험계약이나 화재보험계약이나 손해보상계약이라는 것이다"라고 판시하였다. 그리고 제2차 세계대전 발발시에 독일선박에 선적된 적하가 포획을 피하기 위하여 선박이 천공되어 멸실한 Rickards v. Forestal Land, Timber and Railways Co Ltd사건[55]에서 라이트(Wright)판사는 "해상보험법은 계약법의 특수한 분야 즉 해상보험계약만을 취급하고 있다. 각종 강행규정이나 금지규정 또는 보통법의 일반원칙이 적용되는 것을 전제로

52) 양승규, 전게서, 109면; Jonathan Gilman and Robert Merkin, *Arnould's Law of Marine Insurance and Average*, 17th ed., Sweet & Maxwell : London, 2008, §1.06~1.07 pp. 4~5.; Howard Bennett, *The Law of Marine Insurance*, 2nd ed., Oxford University Press : New York, 2006, §3.04 p. 68.

53) [1816] 5 M&S 418.

54) [1883] 11 QBD 380, CA.

55) [1941] 3 All ER 62.

당사자는 자유롭게 계약을 체결하고 법령상의 조건을 변경하거나 배제할 수 있다. 해상보험법과 법원(法院)의 목적은 보험의 기본원리인 손해보상의 원칙을 실행하고 다양한 사실관계에 적용하는 것이다"라고 판시하였다.

2) 한계[56)]

손해보험계약의 본질은 손해보상계약이라는 것이지만 이에는 기평가보험의 예외가 인정된다. 즉, 협정보험가액이 실제로 진정한 가액을 반영하지 않은 경우에도 그 가액은 일반적으로 두 당사자에게 확정적이다.[57)]

영국 해상보험법 제27조 3항에 따르면 사기가 아닌 한 협정보험가액이 보험목적의 보험가액으로 확정적인 효력을 인정한다. 이에 따라 당사자는 보험목적의 가액을 자유롭게 정할 수 있고, 초과보험이 최대선의준수의무, 고지의무, 도박보험금지와 같은 주요원칙을 위반하지 않는 한, 협정보험가액은 확정적인 효력이 인정된다.[58)] 다만, 지나친 초과보험은 사기의 증거로 해석될 수 있다. 해상보험계약이 완전한 손해보상계약이 아니라는 것은 영국의 Irving v. Manning 사건[59)]에서 확인되었는데, 협정보험가액이 17,500파운드로 보험에 든 제너럴 킷(General Kid)호가 폭풍으로 심하게 훼손되어 추정전손 여부가 문제되었는데, 수선비용은 10,500파운드이고 수선후의 선박가액은 9,000파운드인데도 추정전손이 인정되어 17,500파운드의 보험보상이 허용되었다.

Goole and Hull Steam Towing Co Ltd v. Ocean Marine Insurance Co사건[60)]에서 맥키넌(McKinnon)판사는 "이 사건에서 실제 문제는 협상의 합의에 의하여 피보험자에게 약속한 보상액은 무엇인가이다. …이는 어느 경우에도 이상적인 금전적인 손해보다 어느 경우에는 적고 어느 경우에는 많을 수 있다"라고 판시하였다.

그러나 손해보상계약이 항상 완전한 것은 아니라는 점은 인정되지만, 손해보

56) 양승규・한창희, 전게서, 81~83면.
57) Jonathan Gilman and Robert Merkin, *op. cit.*, §1.06 p. 4 각주 17.
58) 양승규・한창희, 전게서, 82면.
59) (1847) 1 HLC 287.
60) [1927] 29 LlL Rep 242.

험계약이 실제로 입은 금전적 손해에 대한 보상이라는 것은 대전제로 되어 있다. 이는 British and Foreign Insurance Co Ltd v. Wildon Shipping Co Ltd사건[61]에서 섬너(Sumner)판사의 "실무상 보험계약이 항상 완전한 보상에 이르는 것은 아니지만, 보상은 계약의 기초이다"라는 판시에서 잘 요약되어 있다.

이와 같이 실무상 지급되는 보험금이 실제로 입은 손해 이상인 경우도 있지만, 실제로 입은 재산상의 손해만을 보상한다는 원칙은 손해보험계약의 주요원칙으로 인정된다.[62]

Ⅳ. 호주의 손해보험에서의 피보험이익의 개혁논의

1. 1984년 보험계약법

1984년 호주 보험계약법 제16조와 제17조는 피보험이익의 개념을 수정하였다.[63] 동법은 피보험자가 보험계약상 보험금청구를 위한 충분한 이익이 있는가 여부를 위한 경제적 손해기준을 채용하고 있다. 동법에서 규율되는 계약에서 피보험이익이 폐지되었지만, 당사자가 사고발생시에 보험목적에 대한 피보험이익을 가지지 않은 경우에는 그 계약은 게임이나 도박으로 무효이다.[64] 비록 보험계약을 체결할 때 이익을 가질 것을 요건으로 하지는 않지만, 피보험자는 적어도 이익을 취득할 가능성을 가져야 한다.

61) [1921] 1 AC 188, HL.

62) 양승규 · 한창희, 전게서, 83면.

63) 호주보험계약법 제16조는 "피보험이익은 요구되지 않음"이라는 제목아래 "보험계약을 체결할 때 피보험자가 보험목적에 대하여 이익을 가지지 않았다는 이유만으로는 일반 보험계약은 무효가 아니다"라고 규정한다. 제17조는 "손해발생시에 법률상의 이익은 요구되지 않음"이라는 제목아래 "보험목적물이 멸실 또는 훼손되어 보험계약상의 피보험자가 금전적 또는 경제적 손해를 입은 경우에, 보험자는 손해발생시에 피보험자가 보험목적상 법률상의 이익이 없다는 이유만으로 면책되지 않는다."라고 규정한다.

64) Kyriaki Noussia, Insurable Interest in Marine Insurance Contracts: Modern Commercial Needs versus Tradition, *39 Journal of Maritime Law and Commerce 91*[2008].

2. 1909년 해상보험법과 해상보험법개정안

1909년 호주 해상보험법은 제10조에서 제21조까지 영국해상보험법 제4조에서 제15까지와 같은 내용의 규정을 두고 있다. 해상보험법의 개정작업을 담당하고 있는 호주법 개정위원회의 보고서 제11장은 피보험자가 손해발생시에 보험목적에 대하여 피보험이익을 가져야 한다는 요건을 검토하고 그 요건의 폐지를 제안하고 있다. 피보험자는 보험계약 체결시에 피보험이익을 가지고 있거나 그러한 이익을 취득할 가능성이 있기만 하면 된다고 하고, 동위원회는 피보험이익이 존재하는 것으로 충분하기 위하여서는 피보험자가 금전적 또는 경제적 손해를 입을 것을 요건으로 하는 것이 충분한 것으로 개혁하자고 제안한다.[65)]

구체적으로 1909년 호주 해상보험법 제10조~제12조는 폐지하고, 1984년 보험계약법 제16조와 17조에 해당하는 규정을 둘 것을 제안하는데. 즉, (1) 보험계약을 체결할 때 피보험자가 보험목적에 대하여 이익을 가지지 않았다는 이유만으로는 일반 보험계약은 무효가 아니고, (2) 보험목적물이 멸실 또는 훼손되어 보험계약상의 피보험자가 금전적 또는 경제적 손해를 입은 경우에, 보험자는 손해발생시에 피보험자가 보험목적상 법률상의 이익이 없다는 이유만으로 면책되지 않는다고 규정하자고 한다.

또한 피보험이익의 개념에 근거하는 영국 해상보험법 제7조~제15조, 제51조, 제84조 제3항 (c) (d)에 해당하는 호주 해상보험법의 조항을 폐지할 것을 제안한다.

---

65) http://www.austlii.edu.au/au/other/alrc/publicatios/reports/91/ch11.html

Ⅳ. 맺음말

"보험사업은 더 이상 커피숍에서 수행되지는 않는다. 그것은 대규모시장이고, 상인이 준수하여야 하는 계약에 대하여 법률은 시대와 함께 하여야 한다".[66]는 판시에서 보듯이 손해보험상의 피보험이익 개념도 보험실무와 관련하여 재해석이 요구된다. 근래 영국의 법개정위원회는 파생금융상품의 등장과 함께 이들과 보험계약의 구별의 어려움에 직면하여 손해보험에서 피보험자와 보험목적 사이의 법률적 관계를 요구하는 전통적인 피보험이익의 요건을 폐지하고, 손해보상의 원칙에 따르는 것이 피보험이익보다도 위험과 보험범위를 보다 정교하게 정의할 수 있다고 한다. 즉, 보험계약자가 입은 손해가 보험계약상의 손해에 해당하기만 하면 보험계약은 유효한 것으로 하고 그 금액을 지급하도록 하는 것이 양 당사자에게 확실하다고 한다.

"이익 없으면 보험없다"라는 명제에서 "손해 없으면 보험없다"는 것으로 바뀌고 있는 것으로 판단된다. 우리나라에서는 손해보험에서 피보험이익은 영국과 달리 피보험자와 보험의 목적 사이의 경제적인 이해관계로서 그 목적에 대한 당사자의 법률상의 관계를 필요로 하는 것은 아닌 점에서 엄격한 법률적 관계의 존재를 요구하는 영국과는 상황이 다른 것으로 판단되지만, 영국 법개정위원회의 제안은 근래 출현한 다양한 파생금융상품과 보험의 구별과 관련한 중요한 시사점을 제시한다고 판단된다. 다만 영국의 법률과 관습을 우리의 법원(法源)으로 인정하는 해상보험분야에서는 우리의 판례에서도 영국과 같은 엄격한 피보험이익 개념의 적용에 따른 불합리성이 나타나고 있다.[67]

66) Feasey v. Sun Life Assurance Corp of Canada [2003] Lloyd's Rep IR 637, 668.

67) 서울고법 1995.3.21. 선고, 93나49149 판결; 시 엔드 에프(C & F) 조건부 매매계약에 있어서는 당사자 사이에 특별한 약정이 없는 한 해상으로 운송되는 매매목적물이 선적되기 전, 즉 선측난간을 통과하기 전에는 수입상에게 그 매매목적물에 대한 소유권이나 위험부담이 귀속하지 않고, 수입상은 매매목적물이 선적되어야 비로소 그에 대한 위험을 부담하게 되어 그 목적물 가액 상당의 피보험이익을 갖게 된다. 다만 매매목적물이 목적지에 안전하게 도달하는 경

국회에 제출된 정부의 2008년 보험업법 개정안은 보험상품의 심사절차를 전면적으로 개선하여 신고상품이외의 모든 상품을 자율상품화하는 네거티브방식으로 전환하고 있는 점에 비추어 보험사의 보험상품 운용에 있어서 자율성은 크게 제고될 전망이다. 이는 자본시장통합법의 시행과 함께 변액보험 등 투자성 보험상품을 비롯한 다양한 특약을 붙인 신종보험의 출현을 촉진하여 금융파생상품과 보험의 구별은 희박하여질 것이 예상된다는 점에서 영국에서 전통적으로 손해보험계약의 본질적 특성으로 인식되던 피보험이익 개념의 폐지 논의는 보험의 본질에 관한 철저한 재검토가 필요함을 시사하고 있고, 앞으로의 논의의 동향을 주시할 가치가 있다고 판단된다.

우 수입상이 그 매각에 의하여 일정한 이윤획득을 기대할 수 있는 희망이익은 수입상에게 매매목적물에 대한 소유권이나 위험부담이 귀속하고 있는가 여부와는 관계없이 피보험위험의 발생에 의하여 상실될 수 있는 이익이므로, 이윤 상당의 희망이익은 매매목적물이 선적되기 전에도 수입상에게 귀속할 수 있으며 그러한 희망이익도 피보험이익이 될 수 있다.

제 8 장

보험계약상의 손해방지의무*

Ⅰ. 머리말

현행 상법 제680조는 손해방지의무라는 제목아래 "① 보험계약자와 피보험자는 손해의 방지와 경감을 위하여 노력하여야 한다. 그러나 이를 위하여 필요 또는 유익하였던 비용과 보상액이 보험금액을 초과한 경우라도 보험자가 이를 부담한다"라고 규정하고 있다.

정부의 2008년 상법개정안은 같은 조의 제목을 '손해방지의 의무와 비용'으로 하고, "① 보험계약자와 피보험자는 보험사고가 발생한 경우 그 사고로 인한 손해를 방지하고 줄이기 위하여 노력하여야 한다. ② 보험계약자나 피보험자가 제1항의 의무를 고의 또는 중대한 과실로 위반한 경우에는 보험자는 그 의무가 이행되었더라면 방지하거나 줄일 수 있었던 손해액을 보상액에서 공제할 수 있다. 다만, 제1항의 의무 위반이 손해의 발생 및 확대에 영향을 미치지 아니한 경우에는 그러하지 아니하다. ③ 보험자는 제1항의 의무를 이행하기 위하여 필요하거나 유익하였던 비용과 보상액을 보험금의 한도 내에서 부담한다. 다만,

* 이 장은 "손해방지의 의무와 손해방지비용의 보상", 『보험학회지』 제78집, 한국보험학회, 2007. 12, 107~127면과 보험계약상 손해방지의무의 개정방향에 관한 재검토, 『손해사정연구』 제1권 제1호, 한국손해사정학회, 2008. 8, 31~46면을 수정·보완하였음

이 의무의 이행이 보험자의 지시나 동의를 따른 것인 경우에는 비용과 보상액이 보험금을 초과하더라도 보험자가 부담한다."라고 규정하고 있다.[1)]

즉, 이 개정안은 손해방지의 의무에 대하여 그 범위를 보험계약자 등의 고의와 중과실로 한정하고, 그 의무위반의 효과를 고의와 중과실을 구별하여 전자의 경우에는 보험자의 면책으로 하고 후자의 경우에는 의무이행시 방지 또는 경감하였을 손해를 감액하여 보상하도록 한다. 다음으로 손해방지비용의 보상에 대하여 보험자의 무한보상책임을 인정하는 현행상법을 개정하여 보험자의 지시가 있는 경우에 한하여 보험금액을 초과하는 손해방지비용의 보상을 허용하고자 한다.

이 2008년 상법개정안 제680조는 손해방지의 의무에 대하여 그 범위를 보험계약자 등의 고의와 중과실로 한정하고, 그 의무위반의 효과를 고의와 중과실을 구별하여 전자의 경우에는 보험자의 면책으로 하고 후자의 경우에는 의무이행시 방지 또는 경감하였을 손해를 감액하여 보상하도록 하던 2007년 개정안[2)]을 수정한 것이다.

---

1) 개정의 이유로는 "(1) 현재 보험사고가 발생한 경우 보험계약자 또는 피보험자의 손해방지의무는 규정되어 있으면서 그 위반의 효과는 규정되어 있지 아니하고, 손해방지비용이 보험금액을 초과하는 경우 보험자의 지시나 동의 여부와 상관없이 보험자가 책임을 지도록 하고 있어, 보험금으로 보험급부의 한도를 정하는 보험계약의 기본구조에 어긋나는 문제점이 있으며, (2) 보험계약자나 피보험자가 고의 또는 중과실로 손해방지의무를 위반한 경우에는 방지하거나 줄일 수 있었던 손해액을 보상액에서 공제할 수 있도록 하고, 손해방지비용은 원칙적으로 보험금의 한도에서 부담하되 보험자의 지시나 동의에 따른 것인 경우에만 보험금액을 초과하는 비용도 부담하도록 하며, (3) 손해방지의무 위반의 효과 및 이와 관련한 보험자의 책임을 분명하게 함으로써 법적 안정성 제고에 이바지하기 위한 것"이 들어지고 있다.

2) ① 보험계약자와 피보험자는 보험사고가 생긴 때에 그 사고로 인한 손해의 방지와 경감을 위하여 노력하여야 한다. ② 보험계약자 또는 피보험자가 제1항의 의무를 고의로 위반한 경우에는 보험자는 보험금의 지급책임을 면하고, 중대한 과실로 인하여 위반한 경우에는 보험자는 이 의무가 이행되었더라면 방지 또는 경감할 수 있었던 손해액을 보상액에서 공제할 수 있다. 그러나 제1항의 의무위반이 손해의 발생 및 확대에 영향을 미치지 아니한 경우에는 그러하지 아니하다. ③ 보험자는 제1항의 의무의 이행을 위하여 필요 또는 유익하였던 비용과 보상액을 보험금의 한도 내에서 부담한다. 그러나 이 의무의 이행이 보험자의 지시에 따른 것인 경우에는 그 비용과 보상액이 보험금을 초과하더라도 보험자가 이를 부담한다.

Ⅱ. 손해방지의무의 의의

손해방지의무의 내용은 다양한 방식으로 규정되고 있다. 영국해상보험법 제78조 제4항은 "모든 경우에 손해를 방지하거나 경감하기 위하여 상당한 조치(such measures as may be reasonable)를 취하는 것은 피보험자와 그 대리인의 의무이다"라고 하고, 이탈리아 민법 1914조 제1항은 "보험계약자는 손해를 방지하거나 경감할 의무가 있고, 손해가 급박한 경우에 의무가 있다"라고 하며, 독일 보험계약법 제82조 제1항은 "보험계약자는 보험사고의 발생시 손해를 방비하고 감소하도록 하여야 한다"라고 하고, 제2항은 "보험계약자는, 그에게 무리가 없는 한, 보험자의 지시를 따라야만 하고, 사정이 허용되는 한 그러한 지시를 보험자에게 구하여야 한다. 보험계약에 참여하고 있는 복수의 보험자가 서로 상이한 지시를 한 경우에는, 보험계약자는 의무에 합당한 판단에 따라 행동하여야 한다"라고 규정한다. 보험계약자는 사고발생시 손해의 예방과 감소에 노력하고 이 경우 보험자의 지시에 따를 의무가 있다. 보험계약자는 사정이 허용하는 한 그러한 지시를 구하여야 한다"고 하며, 스위스 보험계약법 제61조는 "보험계약자는 보험자의 지시를 구할 시간이 있는 경우에, 이를 특별히 구할 의무가 있고, 의무는 손해를 경감하기 위하여 할 수 있는 모든 것이다"라고 규정하고 있다.

2008년 일본의 보험법 제13조는 "보험계약자와 피보험자는 보험사고가 발생한 것을 안 때에는 이로 인한 손해의 발생 및 확대의 방지에 노력하여야 한다"고 하여 주체에 피보험자를 추가하고 손해방지의무를 보험사고가 발생한 때로 명확히 하고 있다.

우리 상법개정안은 "보험계약자와 피보험자는 보험사고가 발생한 경우 그 사고로 인한 손해를 방지하고 줄이기 위하여 노력하여야 한다"고 하고 있는데, 외국의 입법례에 비추어 타당한 입법으로 판단된다.

Ⅲ. 손해방지의무의 성질

손해방지의무의 법적 성질에 대하여는 우리 나라의 경우에는 진정한 법적 의무라고 하지만,[3] 일본에서는 진정한 의무라는 견해와 보험금청구권을 확보하기 위한 전제조건으로 보는 견해로 나뉘고, 위반의 효과에 대하여도 전자의 경우에는 채무불이행의 일반원칙에 따라 손해배상청구권을 취득하고 보험금채권과의 상계의 문제가 될 수 있다고 하지만, 후자의 입장에서는 면책의 효과가 발생한다고 하지만, 학설의 일반적인 입장은 전자의 입장이다.[4]

손해방지의무의 성질과 위반의 효과에 참조할 수 있는 유사한 법률관계는 채무불이행으로 인한 손해배상에 있어서 채권자의 손해경감의무, 불법행위로 인한 손해배상에 있어서 피해자의 과실과 과실상계 등을 들 수 있다.

손해방지의무는 보험자가 보험계약자에게 그 이행을 강제할 수 없고, 손해방지의무자는 손해에 대하여 보상을 받을 권리를 가지는 주체가 손해의 발생·확대에 기여하는 경우에 그 기여분에 대하여 스스로 부담하여야 한다는 것을 도출하는 기초로서의 의무이며, 이 점에서 채권자의 손해경감의무와 불법행위피해자의 과실과 같다.[5]

또한 그 성질의 정도는 자기의 재산과 같은 주의, 자기의 이익을 위하여 하는 정도의 주의로 충분하고, 계약상 높은 선량한 관리자의 주의의무가 인정되는 것은 아니다.[6]

---

3) 양승규, 『보험법』, 삼지원, 2004, 231면; 정찬형, 『상법강의(하)』, 박영사, 2009, 617면.
4) 木下孝治, 保険契約における情報隔差の是正と不正請求對策, 商事法務 No. 1808(2007.8.25), p. 34.
5) 상게논문, 34面.
6) 山下友信, 『保險法』, 有斐閣 : 東京, 2005, 413面.

Ⅳ. 손해방지의무의 근거[7)]

손해방지의무의 이론적 근거에 대하여는 공익보호설,[8)] 형평성에 근거하는 설,[9)] 피보험자의 보험자에 대한 신의성실의 원칙에 있다는 설,[10)] 보험사고의 우연성을 손해의 발생에까지 미친다고 하는 견해[11)] 등이 주장되고 있다. 우리나라의 경우에는 신의성실의 원칙과 공익보호가 주된 근거라고 일반적으로 인정된다.[12)]

Kidston v. Empire Marine Insurance Co Ltd사건[13)]에서 윌스(Willes)판사는

---

7) 野口多子, 保險契約における損害防止義務-モラルハザ-デ防止機能という觀點から, 成文堂 : 東京, 2007, 62~71面.

8) 피보험자가 손해의 발생 또는 확대를 방지할 수 있음에도 불구하고 보험에 들어있다는 이유만으로 이를 방관하는 것은 사회경제상 손해이고, 피보험자 자신이 그 손해의 발생 또는 확대를 초래한 것과 다르지 않다. 따라서 이와 같은 사태를 방지할 목적으로 공익보호규정이 상법 제680조에서 규정하는 피보험자의 손해방지의무라는 견해이다. 이 공익보호설에 대하여는 상법상의 피보험자의 손해방지의무는 보험사고에 의한 손해의 방지를 의무지우기 위한 것으로 오직 보험자보호를 위하여 세상의 재화를 멸실·훼손하여서는 안된다는 공익보호는 단지 파생적인 것에 불과하다는 이유로 이를 손해방지의무의 근거로 하는 것을 비판하는 견해도 있다.

9) 보험법에 있어서 손해방지의무는 민법상의 과실상계의 규정과 같이 자기의 과실에 의하여 손해를 입은 자는 손해를 입었다고 인정되어서는 안 된다는 형평성의 원칙을 기초로 하고 있다고 고찰한다.

10) 신의칙의 요청이라는 것은 보험자가 부담하는 보험급부의무는 손해가 확대되면 증가하지만, 손해의 확대를 방지할 수 있는 손해가 피보험자가 이를 하지 않아 확대시킨 경우 보험자의 관계에서 신의칙위반이라는 것이다. 山下友信은 신의성실의 원칙과 공익보호를 그 근거로 보지만, 후자는 그다지 강한 의미가 있는 것은 아니라고 한다(山下友信, 전게서, 412面).

11) 상법에서 손해방지의무를 지우는 것은 손해의 발생이 피보험자의 고의 또는 중과실에 의하여서는 안된다는 정신을 손해의 범위에까지 미치게 한 것이라고 해석한다. 피보험자 스스로 초래한 보험사고에 대하여서는 보험자는 보상의무를 지지 않는다고 규정한 상법 제659조의 취지를 손해의 범위까지 확장하여 해석한 것이다. 보다 구체적으로는 보험의 목적에 대하여는 피보험자는 손해를 방지할 지위에 있기 때문에, 부작위에 의하여 손해가 확대되는 경우에는 그 부작위가 개재하는 한도로 우연한 손해라고 할 수 없고, 결국 피보험자는 손해의 방지를 위하여 노력한 결과 발생한 손해만을 보상받을 수 있는 손해라고 해석한다. 일본의 통설의 입장이라고 한다. 이 견해에 대하여는 고의로 인한 보험사고야기와 손해방지의무와의 관련성이 존재함은 부정할 수 없지만, 보험사고야기 그 자체의 근거를 우연성을 결여한 것으로 이해하는 것은 옳지 않고, 손해방지의무의 근거를 우연성에서 구하는 것은 찬성할 수 없다는 비판도 있다.

12) 양승규, 전게서, 230~231면; 정찬형, 전게서, 616면.

"보험자가 담보하는 손해를 방지하기 위하여 필요한 비일상적인 노력과 비용이 행하여지는 상황이 부보위험으로 인하여 발생하고, 이 노력과 비용이 지출되는 경우에는, 보험자는 멸실 또는 손해에 대한 보상으로서가 아니라 적절한 주의를 하지 않았더라면 손해가 발생하였을 경우 이를 방지한데 대하여 그 부담부분에 대하여 분담자로서 보상책임을 지는 것이다. 왜냐하면 행하여진 노력에 의하여 보험자가 보상책임을 지는 멸실 또는 훼손이 방지되었기 때문이다"라고 판시하였다.

V. 손해방지의무의 내용

1. 손해방지의무의 인정범위

1) 우리 학설의 입장

현행상법은 손해방지의무의 인정범위에 대하여 아무 규정을 두고 있지 않지만 약관은 보험계약자의 중과실로 제한을 가하지 않은 약관[14], 고의 또는 중과실로 제한하는 약관[15]으로 나뉜다. 학설은 상법개정안과 같이 손해방지의무의

13) [1866] LR 1 CP 535.

14) 영업배상책임보험약관 제16조 제1항과 도로운송업자배상책임보험약관 제16조 제1항은 손해방지의무라는 제목아래 "보험사고가 생긴 때에는 계약자 또는 피보험자는 아래의 사항을 이행하여야 한다. 1. 손해의 방지 또는 경감을 위한 일체의 방법을 강구하는 일 2. 제3자로부터 손해의 배상을 받을 수 있는 경우에는 그 권리의 보전 또는 행사를 위한 필요한 절차를 취할 일 3. 손해배상책임의 전부 또는 일부를 승인하고자 할 때에는 미리 회사의 동의를 받을 일. 그러나 피해자에 대한 응급처치, 긴급호송 또는 그 밖의 긴급조치는 그러하지 아니합니다. 4. 손해배상책임에 관하여 피보험자가 소송을 제지하고자 할 때에는 미리 회사의 동의를 받을 일"이라고 규정하고, 2006년 개인용자동차보험 보통약관 Ⅰ. 개인용자동차보험 일반사항 6. 보험계약자등의 의무사항 (3) 사고발생시의 의무 조항은 "보험계약자 또는 피보험자는 사고가 생긴 것을 안 때에는 지체없이 손해의 방지와 경감에 힘쓰고, 남으로부터 손해배상을 받을 수 있는 권리가 있는 경우에는 그 권리의 보전과 행사에 필요한 절차를 밟아야 한다"라고 규정하고 있다.

15) 주택화재보험약관 제16조 제1항, 유리보험 보통약관 제15조 제1항, 도난보험 보통약관 제16조 제1항, 근로자재해보장책임보험약관 제14조 제2항은 손해방지의무라는 제목으로 "보험사고

범위를 고의 또는 중과실로 한정하는 견해가 일반적이다. 즉, 보험자는 보험계약자 또는 피보험자가 고의 또는 중대한 과실로 손해방지의무를 이행하지 아니한 때에는 그 의무위반과 상당인과관계가 있는 손해에 대하여는 당연히 그 배상을 청구할 수 있고, 이를 위하여서는 보험계약자 등이 그 의무를 게을리 하였다는 객관적인 사실을 입증하면 되고, 이 경우 보험계약자 등이 손해배상책임을 지지 않기 위하여는 그 의무위반이 자신의 고의 또는 중대한 과실로 기인한 것이 아님을 입증하여야 한다"[16]라고 하거나, "보험계약자와 피보험자가 고의 또는 중과실로 인하여 손해방지·경감의무를 해태한 경우에는 보험자는 이와 상당인과관계가 있는 손해의 배상청구를 할 수 있다"[17]라고 한다.

2) 2008년 상법 개정안의 내용

2008년 상법개정안 제680조 제3항은 "보험계약자나 피보험자가 제1항의 의무를 고의 또는 중대한 과실로 위반한 경우에는 보험자는 그 의무가 이행되었더라면 방지하거나 줄일 수 있었던 손해액을 보상액에서 공제할 수 있다. 다만, 제1항의 의무 위반이 손해의 발생 및 확대에 영향을 미치지 아니한 경우에는 그러하지 아니하다"라고 규정하여 손해방지의 의무에 대하여 그 범위를 보험계약자 등의 고의와 중과실로 한정하고, 그 의무위반의 효과를 고의와 중과실을 구별하여 전자의 경우에는 보험자의 면책으로 하고 후자의 경우에는 의무이행시 방지 또는 경감하였을 손해를 감액하여 보상하도록 한다.

3) 외국의 입법례

손해방지의무의 범위에 대한 외국의 입법례로서는 ① 일반적으로 규정하는 국가, ② 고의 또는 중과실로 한정하는 국가, ③ 영국의 입장으로 나누어 본다.

가 생긴 때에는 보험계약자 또는 피보험자는 손해의 방지와 경감에 힘써야 합니다. 만약 보험계약자 또는 피보험자가 고의 또는 중대한 과실로 이를 게을리 한 때에는 방지 또는 경감할 수 있었을 것으로 밝혀진 값을 손해액에서 뺍니다"라고 규정하고 있다.

16) 양승규, 앞의 책, 234면.

17) 김성태, 『보험법강론』, 법문사, 2001, 437면; 최준선, 『보험법·해상법』, 삼영사, 2005, 190~191면.

(1) 일반적으로 규정하는 입법례

이에는 일본,[18] 프랑스,[19] 이탈리아,[20] 그리고 스위스[21])가 속한다.

(2) 고의 또는 중과실로 한정하는 입법례

독일,[22] 핀란드[23])와 노르웨이[24] 등이 이에 해당한다.

(3) 영국의 경우

(가) 해상보험의 경우

영국 해상보험법 제78조 제4항은 피보험자의 손해방지의무를 명시적으로 규정하고 있지만, 동법 제55조 제2항 a호는 "부보위험에 근인하여 손해가 발생한 경우, 보험약관에서 달리 규정하고 있지 아니하는 한, 비록 그 손해가 선장이나 선원의 불법행위 또는 과실이 없었더라면 발생하지 않았을 경우라도 보험자는

18) 일본 상법 660조와 2008년 보험법 제정안 제13조.

19) 프랑스 보험법 제172-23조는 "① 보험자는 보험목적물의 구조에 협력할 의무를 지고, 또 제3자에 대하여 자기의 권리의 모든 보전조치를 취할 의무가 있다. ② 피보험자는 자기의 과실 또는 태만의 결과 생긴 의무의 불이행으로 인하여 발생한 손해를 배상할 책임을 진다"라고 규정하고 있다.

20) 이탈리아 민법 제1914조 제1항.

21) 스위스 보험계약법 제61조.

22) 개정 독일보험계약법 제82조는 손해의 방지와 감소라는 제목아래 "① 보험계약자는 보험사고의 발생 시 손해를 방비하고 감소하도록 하여야 한다. ② 보험계약자는, 그에게 무리가 없는 한, 보험자의 지시를 따라야만 하고, 사정이 허용되는 한 그러한 지시를 보험자에게 구하여야 한다. 보험계약에 참여하고 있는 복수의 보험자가 서로 상이한 지시를 한 경우에는, 보험계약자는 의무에 합당한 판단에 따라 행동하여야 한다. ③ 제1항과 제2항에 따른 책무를 위반함에 있어서, 보험계약자가 그 책무를 고의로 위반한 경우에는, 보험자는 급부책임을 면한다. 중대한 과실로 위반한 경우에 보험자는, 보험계약자의 과책의 비중을 고려하여 급부를 감소할 권한이 있다. 중대한 과실이 존재하지 않는다는 입증은 보험계약자에게 있다. ④ 책무의 위반이 보험사고의 확정에 원인관계가 없거나 또는 급부의 확정이나 범위에 원인관계가 존재하지 않는 경우에, 보험자는 제3항과 달리 책임을 부담한다. 만약 보험계약자가 그러한 책무를 악의적으로 위반한 경우에는, 제4항 1문은 적용되지 아니한다"고 규정한다.

23) 핀란드 선박보험약관은 "과실에 해당하는 경감의무의 해태가 있더라도 보험자에 대한 보상청구권을 상실하지 않는다"라고 규정하고 있다.

24) 노르웨이 해상보험계획 3-31조는 "피보험자가 고의 또는 중과실로 인하여 이행하지 않은 경우에, 보험자는 의무가 이행되었더라면 지지 않았을 것 이상 책임이 없다"라고 규정하고 있다(노르웨이해상보험계획에 대하여서는 Haakon Stang Lund, "Comparative Lessons Derivable from the Norwegian Marine Insurance Plan 1996", in R.D., Thomas(Ed), Marine Insurance: The Law in Transition, Informa : London, 2006, pp. 182~192).

보상책임을 진다"고 규정한다. 즉, 후자에 따르면 보험계약자 등의 과실로 인하여 손해가 발생하더라도 보험자는 보상책임을 지는 반면에, 전자에 따르면 보험계약자나 그 대리인의 불법행위 또는 과실로 인한 손해방지의무위반의 경우 보험자의 보상책임을 면하는데, 양자의 충돌을 어떻게 조정할 것인가의 문제가 발생한다.

이에 대하여 British & Foreign Marine ins. Co. v. Gaunt사건[25]에서 섬너(Sumner)판사는 영국 해상보험법 제55조 제2항 a호가 우선하는 것으로 판시하였고, 선박보험자는 선박의 손해를 야기한 선박의 균열을 선장이 찾지 못하였다고 하여 영국 해상보험법 제78조 제4항에 근거하여 항변을 한데 대하여 법원이 이를 기각한 Lind v. Mitshell사건[26]에서 스크르튼(Scrutton)판사는 섬너(Sumner)판사의 판시를 지지하였다. 최근의 State of The Netherlands v. Youell and Hayward and Others사건[27]에서도 인과관계의 문제로 해결하는 입장을 취하고 있다. 이 사건에서 필립스(Phillips)판사는 "영국 해상보험법 제78조 제4항은 의무위반이 이전의 부보위험을 대체하여 손해의 근인으로 될 정도로 중대한 경우와 같은 예외적인 경우에만 의미를 가진다"고 하고 이 사건의 하급심에서 릭스(Rix)판사는 "손해가 해상고유의 위험에 근인하지만 선장 또는 선원의 과실을 원인(遠因)으로 하거나 단지 기인한 경우에는 보상이 허용된다.[28] 그러나 방지되거나 경감되었을 손해가 선장이 사고에 직면하여 합리적인 조치를 취하지 아니함을 근인으로 하는 경우에는 그 손해는 보상되지 않는다" 고 한다.[29] 즉, 손해방지의무위반의 경우 보험자의 보험금감액청구는 손해방지의무의 위반이 보험사고로 인한 손해의 인과관계를 깨뜨리거나 위반이 중과실이나 무모에 해당하는 중대한 경우에 한하여 인정된다.[30] 또한 1906년 이래 동

25) [1921] 2AC41, HL.
26) [1929] 98 L.J.K.B. 120(CA).
27) [1997] 2 Lloyd's Rep 236 CA.
28) Howard Bennett, The Law of Marine Insurance, 2nd ed., Oxford University Press : London, 2006, p. 752.
29) Arnould, Law of Marine Insurance and Average, 16th ed., Sweet & Maxwell : London, 1997, Vol 3 제2부 ∬770 pp. 388-390.
30) Malcolm Clarke, *op. cit.*, 532.

법 제78조 제4항에 기하여 보험자가 손해방지의무위반의 항변을 한 사례를 실무상 찾을 수 없다고 한다.[31)]

또한 근래 영국에서 영국 해상보험법 제17조에 규정된 최대선의의 원리를 보험자가 적극적으로 주장하고 있고 이로 인한 소송의 홍수사태와 관련하여 합리적인 근거 없이 손해방지를 해태하는 것은 보험계약자측의 악의(bad faith)의 증거로 또한 해석될 수 있다. 보험자는 손해방지의무의 해태가 최대선의의무위반이라는 항변을 제기하여 보험목적에 대한 멸실 또는 훼손에 대한 보험금지급을 거부할 수 있고, 이러한 주장을 입증할 수 있으면 보험자는 보험계약을 취소할 수 있다.[32)]

(나) 그 밖의 보험의 경우

영국에서는 성문의 보험계약법이 제정되어 있지 아니하고, 보통법상 저명한 학자들은 손해방지의무와 관련하여서는 보험계약자는 명시적인 손해방지의무는 없지만 묵시적인 의무는 존재한다고 주장하지만, Yorkshire Water Services Ltd v. Sun Alliance and London Insurance plc and Others사건[33)]에 이르기까지 명시적으로 이를 지지한 법관은 없었다. 이 사건에서는 손해방지의무는 보험법의 특징은 아니지만 합리적으로 방지가능한 손해는 계약법상 청구권이 없다는 의미에서 손해방지의무라고 표현되었다.[34)]

---

31) Malcolm Clarke, *op. cit.*, p. 531.

32) Susan Hodges, *Cases and Materials on Marine Insurance Law*, Cavendish Publishing Limited : London, 1999, p. 788.

33) [1997] 2 Lloyd's Rep 21, CA; ; 이 사건에서 원고는 피고와 공적 책임보험증권(public liabilities policies)상 보험에 들었다. 원고의 하수구공사의 지지벽이 붕괴하여 콜른(Colne)강을 오염시켰고, 원고는 훼손을 경감하기 위하여 400만달러의 비용을 지출하였고, 이에 대하여 보험보상을 청구하였다. 보험증권에는 "보험계약자는 자신의 비용으로 …여하한 상황을 방지하기 위하여 합리적인 예방조치를 하여야 한다"라는 조항이 삽입되어 있었다. 그러나 원고는 "모든 보험은 보험계약자가 보험자가 부담하는 손해를 방지하거나 경감하기 위하여 합리적인 노력을 할 묵시적인 조건이 있다"고 하고, 따라서 보험보상을 받을 권리가 있다고 하였다. 보험증권상의 명시적인 조건은 훼손을 경감하기 위한 작업은 보험자가 아닌 보험계약자의 비용으로 한다고 규정하고 있음을 확인한다고 판시하였다. 그러나 법원은 타인을 위하여 당사자에게 의무가 부과되었다는 사실만으로 이 의무를 이행하는데 지출된 비용을 보험자가 보상한다는 것을 의미하는 것은 아니라고 판시하였다.

34) Malcolm Clarke, *op. cit.*, p. 529.

3) 상법개정안의 검토

상법개정안은 고의 또는 중대한 과실로 인한 손해방지의무의 해태로 인한 손해만을 보험자의 면책 또는 감액으로 하는데 독일이나 노르웨이 해상보험계획, 그리고 영국 해상보험법상의 판례에 비추어 타당하다고 판단된다.

2. 손해방지의무위반의 효과

1) 우리 학설의 입장

우리 상법은 손해방지의무위반의 효과에 대하여 규정하지 아니한다. 약관은 "손해방지의무를 게을리 한 때에는 방지 경감할 수 있었을 것으로 밝혀진 금액을 뺍니다"[35]라고 규정하거나, "계약자 또는 피보험자가 정당한 이유없이 그 손해액에서 ① 손해의 방지 또는 경감의무를 이행하지 않았을 때에는 손해를 방지 또는 경감할 수 있었다고 인정되는 부분을 빼거나, ② 제3자로부터 손해의 배상을 받을 수 있는 경우에는 그 권리의 보전 또는 행사를 위한 절차를 취하지 않은 경우에는 손해를 방지 또는 경감할 수 있었다고 인정되는 부분을 빼며, ③ 손해배상책임에 관한 소송을 제기받았을 경우 소송비용 및 변호사비용과 회사가 손해배상책임이 없다고 인정되는 부분을 보상하지 않는다"[36]라고 규정하는 것이 일반적이다. 우리나라의 학설은 손해방지의무위반의 효과에 대하여 "보험계약자 또는 피보험자가 손해방지의무를 위반한 때에는 방지 또는 경감할 수 있으리라고 인정되는 손해액을 보험자가 지급할 보험금에서 상계·공제하여 나머지를 손해보상액으로 지급한다"[37]라고 하거나, "보험계약자와 피보험자가 고의 또는 중과실로 인하여 손해방지·경감의무를 해태한 경우에는 보험자는 이와 상당인과관계가 있는 손해의 배상청구를 할 수 있고, 또 상계를 하여 지급할

35) 유리보험 보통약관 제15조 제1항, 도난보험 보통약관 제16조 제1항, 주택화재보험약관 제16조 제1항.

36) 영업배상책임보험약관 제16조 제2항; 도로운송업자배상책임보험약관 제16조 제2항.

37) 양승규, 앞의 책, 234면.

손해보상액으로부터 방지 또는 경감할 수 있었을 손해의 액을 공제할 수 있다"는 입장을 취하고, 그 근거로 "손해방지·경감의무를 보험자에 대한 보상청구의 전제조건으로 볼 것은 아니므로, 보험계약자와 피보험자의 고의·중과실로 인하여 손해방지·경감의무를 해태하였다고 하더라도 고지의무위반의 경우와 같이 보험자의 면책사유가 될 수 있는 것은 아니다"[38]라고 한다.

2) 외국의 입법례

(1) 영국

(가) 손해방지조항이 포함되지 않은 경우의 문제

영국에서 일반보험의 경우에는 일방당사자에게 타방 당사자의 이익을 도모할 의무가 있다는 것만으로는 후자가 이를 이행하는 비용을 지급할 의무가 있다는 합의가 존재하는 것으로 판단하기에는 충분하지 못하다.[39]

그러나 해상보험실무에서는 이와 달리 논의가 전개되어 왔다.

과거의 Loyd's SG 보험증권은 손해방지를 의무로 규정하지 않고 이 비용에 대하여 보험자로부터 보상받을 권리로 인정하여 보험자에게 지출된 손해방지비용을 분담할 것을 명확히 규정하고 있다. 현행 표준선박보험약관상의 손해방지조항의 표제는 피보험자에게 지워진 의무라고 표현하고 강조점에 변화를 주고 있지만, 이 조항은 또한 보험자의 의무를 규정하고 있다.

과거의 협회적하보험약관상의 수치인조항에서 보험계약자가 제3자에 대한 권리를 보존할 의무를 지지만 이에 대하여 보험자가 보상할 의무를 규정하지 않은 경우 추밀원은 보험자의 보상의무는 묵시적인 조건이라고 하여 보상을 명하였다.[40]

---

38) 최준선, 앞의 책, 190~191면.

39) Yorkshire Water Services Ltd v. Sun Alliance and London Insurance plc and Others [1997] 2 Lloyd's Rep 21, CA(앞의 각주 33 참조).

40) Netherlands Insurance Co(Est 1845) Ltd v. Karl Ljungberg and Co A/B [1986] 2 Lloyd's Rep 19, PB; 이 사건에서 피항소인은 항소인과 보험계약을 체결한 합판의 적하의 수하인이었다. 피항소인은 1963년 협회적하보험전위험약관상 손해방지조항과 수치인조항 양자가 삽입된 보험계약상의 양수인이었다. 수치인조항에는 보험계약자에게 제3자에 대한 보험자의 권리를 보전할 의무를 부과하고 있었다. 하역시에 약간의 합판에 행방불명 또는 훼손사실이 발견되었

한편 영국 해상보험법 제78조 제1항은 "보험약관에 손해방지조항이 삽입되어 있는 경우에는, …보험계약자는 이 조항에 따라 정당하게 지출된 비용을 보험자로부터 보상받을 수 있다"라고 규정하고 있다.

오늘날은 실무상 대부분의 경우 손해방지조항이 보험약관에 삽입되는 실정이므로 다투어질 가능성이 거의 없지만,[41] 영국 해상보험법은 손해방지약관이 포함되어 있지 않은 경우에 보험자가 보상책임을 지는가에 대하여 침묵하고 있다. 호주판결[42]은 보험자는 영국 해상보험법 제78조 제4항에 의거하여 보험자의 보상책임을 명하고, 학설도 손해방지조항이 없는 경우에는 "보험자의 보상책임은 비용이 사고의 직접적이고 자연적인 결과라고 명백히 말할 수 있는 경우에 한정된다"고 하여 제한적인 보험자의 보상책임을 인정한다.[43] 그러나 일반적인 견해는 보험자의 의무와 '손해를 방지하거나 경감할 상당한 조치를 취할' 보험계약자의 의무의 관계를 왜곡하고, 손해방지조항을 자유롭게 둘 수 있음에도 불구하고 영국 해상보험법의 규정을 불필요하게 수정해석할 뿐이라는 이유로 보험계약자는 손해방지비용을 보상받지 못하고 스스로 부담하여야 하는 것으로

고, 운송계약상의 소멸시효를 보전하여 운송인에 대한 보험자의 권리를 보전하기 위하여 적하의 수하인은 일본에서 소송을 제기하였다. 그리고 적하의 소유자는 수치인조항에 따라 일본에서의 소송비용에 대한 보험보상을 청구하였다. 이 사건에서의 쟁점은 보험자가 보험계약자에게 손해방지에 지출된 비용을 보상한다고 명시적으로 규정하는 반면, 수치인조항에는 이와 같은 조항이 없음에도 보험보상을 받을 수 있는가 이었다. 추밀원(Privy Council)은 일본에서의 소송을 개시하는데 지출된 비용에 대하여 보험자는 보상책임을 진다고 판시하였다. 보험자에 의한 묵시적인 보상의무는 손해방지조항과 수치인조항 양자에 모두 적용되었다.

41) 실무상 표준해상보험약관은 손해방지조항을 두고 있으므로 협회운임보험약관을 제외하고는 이 쟁점의 어려움은 제거되어 있다.

42) Emperor Goldmining Co Ltd v. Switzerland General Insurance Co Ltd [1964] 1 Lloyd's Rep 348; 이 사건에서 원고는 시드니(Sydney)에서 피지(Fiji)까지의 항해에 대하여 폭발물과 일반물품의 적하에 대하여 보험에 들었는데, 보험증권에는 손해방지조항이 삽입되어 있지 아니하였다. 시드니를 출항한 바로 직후 적하를 운송하던 선박이 심하게 누수가 됨이 발견되어 선박은 귀항하여 도크에 검사를 위하여 입기되었다. 이를 위하여 적하는 하역되고, 창고에 임치되어 결국 다른 선박으로 피지까지 운송되었다. 원고는 손해방지로서 든 비용의 보상을 청구하였지만, 보험자는 보험증권상 이 비용이 명시적으로 담보되지 아니한다고 주장하여 이를 거부하였다. 뉴 사우스 웨일즈(New South Wales)대법원은 원고는 손해방지비용을 보상받을 수 있다고 판시하였다. 매닝(Manning)판사는 "호주해상보험법 제84조 제4항(영국해상보험법 제78조 제4항)은 보험계약자에게 손해를 방지하거나 경감하기 위하여 합리적인 조치를 취할 의무를 지우고 있다. 보험증권상 손해방지조항이 삽입되어 있지 아니한 경우에, 이 조항을 보험계약자가 자신의 비용으로 수행할 의무로 해석할 수 없다"라고 판시하였다.

43) Arnould, *op. cit.*, ∬914A.

본다.[44)]

(나) 보상의 범위

영국에서 피보험자는 손해방지의무위반의 경우 전부 보상을 받을 수 없는가 아니면 피보험자의 불이행으로 인한 부분만을 상실하는가 여부가 그것이다. 최근의 Noble Resources Ltd and Unrise Development Ltd v. George Albert Greenwood, The Vasso[45)]사건에서는 보험계약자 등이 손해방지의무를 위반한 때에는 방지 또는 경감할 수 있으리라고 인정되는 손해액을 보험자가 지급할 보험금액에서 상계·공제하고 나머지를 손해보상액으로 지급된다고 보았다. 반면 National Oilwell Uk Ltd v. Davy Offshore Ltd[46)]사건은 피보험자가 입은 손해 전부를 보상받지 못하였다.[47)]

(다) 보상의 한도

영국 해상보험실무에서는 손해방지비용에 대한 보상은 보험계약에 부가된 추가적인 보상으로서 피보험자가 전손으로 보상받았더라도 추가로 보상되는 것이지만,[48)] 표준선박보험약관[49)]은 협정보험가액이나 보험금액을 보상한도로 함에 대하여 협회적하보험약관은 제한을 두고 있지 않다.

(2) 독일

독일 보험계약법 제82조 제3항은 "③ 제1항과 제2항에 따른 책무를 위반함

44) F.D. Rose, Marine insurance: Law and Practice, LLP : London, 2004, ∬20.45 p. 391.

45) [1993] 2 Lloyd's Rep 309; 이 사건에서 홉하우스(Hobhouse)판사는 "보험자는 합리적인 보험계약자가 보험증권상의 조항들에 비추어 취하여야 하는 정당한 조치를 취하지 아니하였음을 입증하여야 한다. 손해방지의무위반의 경우 보험자는 그로 인한 손해배상을 보험계약자에게 청구할 수 있다. 보험계약자의 해태가 보험자가 제3자에 대하여 가지는 보험자대위권을 보존하거나 행사하지 아니하는 것인 경우에는, 보험자의 손해는 제3자에 대한 권리의 상실된 부분이다"라고 판시하였다.

46) [1993] 2 Lloyd's Rep 582.

47) Robert Merkin and Angus Rodger, *EU Insurance Law*, Longman : London and New York, 1997, pp. 41-42.

48) 양승규·한창희, 『해상보험법』, 삼지원, 2007, 317~318면.

49) 1983년 협회선박기간보험약관 제11조 6항; 1983년 협회선박항해보험약관 11조 6항; 2003년 국제선박보험약관 9조 5항(협회선박보험약관이 보험금액을 한도로 규정하는데 반하여, 국제선박보험약관은 협정보험가액을 한도로 하는 점에서 차이가 있다).

에 있어서, 보험계약자가 그 책무를 고의로 위반한 경우에는, 보험자는 급부책임을 면한다. 중대한 과실로 위반한 경우에 보험자는, 보험계약자의 과책의 비중을 고려하여 급부를 감소할 권한이 있다. 중대한 과실이 존재하지 않는다는 입증은 보험계약자에게 있다"고 하고, 제4항은 "책무의 위반이 보험사고의 확정에 원인관계가 없거나 또는 급부의 확정이나 범위에 원인관계가 존재하지 않는 경우에, 보험자는 제3항과 달리 책임을 부담한다. 만약 보험계약자가 그러한 책무를 악의적으로 위반한 경우에는, 제4항 1문은 적용되지 아니한다."고 규정한다.

이를 살펴보면 첫째, 손해방지의무위반을 고의와 중과실로 인한 경우로 나누어 전자의 경우에는 도덕적 해이를 방지하기 위하여 보험자의 면책으로 하고, 후자의 경우에는 과실의 정도에 따른 비율적 보상을 규정하며, 중과실이 존재하지 않는다는 입증책임을 보험계약자에게 부과하고, 둘째, 책무의 위반이 보험사고의 확정에 원인관계가 없거나 또는 급부의 확정이나 범위에 원인관계가 존재하지 않는 경우에, 보험계약자가 악의가 아닌 한 보험자는 보상책임을 진다고 한다.

(3) 스위스 등

스위스는 보험금액을 초과하더라도 보상이 허용되는 점에서 독일과 유사하지만, 보험계약자가 취한 조치에 드는 비용은 그것이 명백히 부적절하지 아니하는 한 보험자가 보상할 의무를 지는 점에서 독일보다 보험계약자에게 유리하도록 되어 있다. 이탈리아, 네덜란드, 스페인은 보험금액을 초과하는 경우에도 손해방지비용을 보상하는 점에서 독일과 유사하다. 포르투갈의 경우에는 영국과 같이 법령상 손해방지의무에 관한 규정을 두지 않고, 약관에 의하여 의무를 지우고 있는데, 보험자는 손해방지조치로 인한 비용에 대한 보상의무를 진다고 한다.

(4) 프랑스

프랑스 보험법 제172-23조는 "① 보험자는 보험목적물의 구조에 협력할 의무를 지고, 또 제3자에 대하여 자기의 권리의 모든 보전조치를 취할 의무가 있다. ② 피보험자는 자기의 과실 또는 태만의 결과 생긴 의무의 불이행으로 인하여 발생한 손해를 배상할 책임을 진다"라고 규정하고 있다.

(5) 노르웨이

해상보험계획 3-31조는 "피보험자가 고의 또는 중과실로 인하여 이행하지 않은 경우에, 보험자는 의무가 이행되었더라면 지지 않았을 것 이상 책임이 없다"라고 규정하고 있고, 핀란드 선박보험약관은 "과실에 해당하는 경감의무의 해태가 있더라도 보험자에 대한 보상청구권을 상실하지 않는다"라고 규정하고 있다.[50)]

(6) 일본

2008년 보험법제정 이전의 일본 상법 제660조는 우리나라 1991년 상법개정 이전과 같이 "① 보험계약자 또는 피보험자는 손해의 방지에 노력하여야 한다. 그러나 이를 위하여 필요 또는 유익하였던 비용과 보상액이 보험금액을 초과한 경우라도 보험자가 이를 부담한다."라고 규정하고 있다.

이와 관련하여 손해방지비용의 부담보약관의 효력에 대하여서는 일본 상법 제660조 제1항 단서를 강행규정으로 해석하여 ① 이와 다른 보험약관은 모두 무효라는 무효설, ② 손해방지비용과 다른 보상액과의 합계가 보험금액의 범위 내이어도 부담하지 않는다는 뜻을 약정하는 약관의 경우에만 무효라고 하는 조건부무효설, ③ 보험자가 피보험자에 대하여 손해방지의무위반에 기하여 손해배상청구권을 포함한다면 어떠한 손해방지비용 부담보약관도 유효하다는 조건부유효설, ④ 어떠한 약관도 모두 유효하다는 유효설의 4가지 학설이 주장되고 있고, 다수설의 입장은 유효설이다.[51)]

이와 관련하여 대부분의 일본약관은 손해방지비용 부담보약관을 두어 손해방지비용의 부담을 면하고 있는 상황이 지적되고 있다. 이와 관련하여 일본 통설이 일본 상법 제660조 제1항 단서를 임의규정으로 해석과 이에 근거한 보험실무의 현황이 피보험자의 손해방지의무의 적극적인 노력을 방해하는 것이라는 것을 경제학적인 관점에서 검증하여 도덕적 해이의 방지를 위하여 옳지 않다는 견해가 유력하다.[52)]

---

50) Malcolm Clarke, *op. cit.* p. 532.
51) 野口多子, 전게서, 94~107面.

2008년 제정보험법은 "보험자는 손해의 발생 또는 확대의 방지를 위하여 필요하거나 유익한 비용을 보상한다"고 규정하고, 일부보험에 관한 규정을 준용하고 있다(동법 제23조). 이에 따르면 손해방지비용의 보상은 약관의 규정에 맡기게 된다.

(7) 중국

2003년부터 시행되는 중국 보험법은 각국의 보험법을 참조하여 선진적인 제도를 도입한 최신의 보험입법으로 동법 제42조는 손해방지의무와 보상의무에 대하여 "① 보험사고가 발생하는 경우에 피보험자는 가능한 한 필요한 조치를 꾀하여 손해의 방지와 경감에 노력할 의무를 진다. ② 보험사고가 발생한 경우에 피보험자가 보험의 목적의 손해를 방지하고 경감하기 위하여 지출한 필요하고 합리적인 비용은 보험자가 이를 부담한다. 보험자의 부담액은 보험의 목적의 손해보상액과는 별도로 산출한다. 다만 부담액은 보험금액을 초과할 수 없다"고 규정하고 있다.[53] 손해방지비용부담의무를 규정하고 있는 중국 보험법 제42조 제1과 다른 내용의 약관의 효력에 대하여는 학설은 무효라는 견해가 주장되고 있지만, "손해발생시 피보험자가 손해를 감소하기 위하여 취한 필요한 조치에 의하여 생긴 합리적인 비용에 대하여는, 보험목적에 대한 손해보상액을 합하여 보험금액을 한도로 보상한다"는 내용의 손해방지비용 부담보약관도 존재하고 있고, 이에 대하여서는 판례와 입법에 의한 해결이 기대되는 상황이다.[54]

(8) 대만

대만 보험법 제33조는 보험자의 손해방지비용 부담의무에 대하여 "① 보험자는, 보험자 또는 피보험자에 대하여 손해를 방지하고 경감하기 위하여 필요한 행위에 의하여 생긴 비용을 부담할 의무를 진다. 동부담액과 보상액의 합계가 보험금액을 초과하는 경우에도 전액 부담하여야 한다. ② 전항에 정하는 보험자의 비용부담은 보험금액의 보험가액에 대한 비율로 정한다"라고 규정한다. 보험

52) 상게서, 110~147面.
53) 상게서, 196面.
54) 상게서, 232面.

법은 1976년의 행정명령에 의하여 강행규정화되고, 1997년의 보험법개정을 통하여 동법 제33조에 반하는 모든 보험약관의 효력은 인정되지 않는 강행규정이다.

(9) 이탈리아

이탈리아 민법 제1914조는 손해방지의무에 관하여 "① 피보험자는 가능한 한 손해의 회피 또는 경감에 노력하여야 한다. ② 피보험자가 이 목적을 위하여 지출한 비용은 보험자가 당해 비용이 부당하게 지출된 것임을 증명한 경우를 제외하고는, 그 액과 보상액의 합계가 보험금액을 초과하는 경우, 그리고 그 목적을 달성할 수 없었던 경우에도 보험가액과 그 보험의 목적이 사고발생시에 가지는 가액과의 비율로 보험자가 부담한다. ③ 보험자는 보험사고에 의한 손해를 회피 또는 경감하기 위하여 피보험자가 취한 수단에 의하여 보험의 목적에 대하여 생긴 물적 손해에 대하여 당해 수단이 부당하게 사용된 것임을 증명한 경우를 제외하고는 책임을 진다. ④ 보험의 목적의 손해방지 및 그 보존을 위한 보험자의 관여는 그 권리의 행사에 영향을 미치지 않는다. ⑤ 손해방지에 관여한 보험자는 피보험자가 요구하는 경우에는 그 비용을 미리 지급하거나 보험가액의 비율로 부담하여야 한다"라고 규정하고 있고, 동조는 편면적 강행규정으로 피보험자에게 이 규정보다 불리하게 배제하는 조항은 대응하는 법률의 규정에 의하여 당연히 취소된다(동법 제1932조 제2항).

3) 상법개정안의 검토

2008년 상법개정안은 제680조 제3항에 "보험자는 제1항의 의무의 이행을 위하여 필요 또는 유익하였던 비용과 보상액을 보험금의 한도 내에서 부담한다. 그러나 이 의무의 이행이 보험자의 지시에 따른 것인 경우에는 그 비용과 보상액이 보험금을 초과하더라도 보험자가 이를 부담한다"라는 조항을 신설하여 손해방지를 위하여 초래된 비용보상에 대하여 보험금액의 한도에서 보상하는 것을 원칙으로 하고 보험자의 지시에 따른 경우에만 보험금을 초과하는 보상을 허용한다.

생각건대 보험자의 지시가 있는 경우에만 보상액과 손해방지비용이 보험금액을 초과하여 보상받을 수 있도록 하는 것은 보험자의 지시를 받을 수 없는 급박한 경우에도 손해방지비용을 보험계약자의 부담으로 하므로 보험계약자에게 엄격한 손해방지의무를 지우면서도 전손의 경우 보험자의 지시가 없으면 손해방지비용을 전혀 보상받지 못하게 된다. 또한 손해방지비용의 무한보상원칙을 취한 현행 상법 680조에 비하여 지나치게 보상액을 축소하는 점을 지적할 수 있다. 이는 손해방지의무를 인정하는 공익적 이유에 반하고, 피보험자의 도덕적 해이를 조장할 수 있다는 점에서 합리적이라 할 수 없다. 따라서 중국의 2003년 보험법 제42조, 2003년 영국의 국제선박보험약관의 제9조 제5항의 예에 따라 "보험사고가 발생한 경우에 피보험자가 보험의 목적의 손해를 방지하고 경감하기 위하여 지출한 필요하고 합리적인 비용은 보험자가 이를 부담한다. 보험자의 비용의 보상액은 손해보상액과는 별도로 산출하고, 보험금액을 초과할 수 없다" 라고 하는 것을 검토할 수 있을 것이다.

Ⅵ. 맺음말

보험계약법상의 손해방지와 관련하여서는 보험사고 발생후 보험계약자 측이 추가손해를 방지하거나 경감할 의무의 인정범위와 손해를 방지하기 위한 비용은 보상액과 그 비용의 합계액이 보험금액을 초과하는 경우에 어느 정도까지 보상하여야 하는가 등이 주요 쟁점이다.

2008년 상법개정안은 독일의 2008년 개정 보험계약법 제82조와 제83조를 바탕으로 손해방지의무의 인정범위를 보험계약자 등의 고의와 중과실로 한정하고, 그 의무위반의 효과를 고의와 중과실을 구별하여 전자의 경우에는 보험자의 면책으로 하고 후자의 경우에는 의무이행시 방지 또는 경감하였을 손해를 감액하여 보상하도록 한다. 다음으로 손해방지비용의 보상에 대하여 보험자의 무한보상책임을 인정하는 현행상법을 개정하여 보험자의 지시가 있는 경우에 한하여 보험금액을 초과하는 손해방지비용의 보상을 허용하고자 한다.

생각건대 손해방지의무의 인정범위에 관한 상법개정안의 취지에 찬성하지만 개정안 제680조 제2항 단서의 규정의 타당성 여부에 대하여는 검토가 필요하다고 판단된다.

다음으로 손해방지비용의 보상에 대하여는 "보험사고가 발생한 경우에 피보험자가 보험의 목적의 손해를 방지하고 경감하기 위하여 지출한 필요하고 합리적인 비용은 보험자가 이를 부담한다. 보험자의 비용의 보상액은 손해보상액과는 별도로 산출하고, 보험금액을 초과할 수 없다"라는 수정안을 제시한다.

제 9 장

생명윤리와 자살약관에 대하여*

I. 머 리 말

사람은 누구인가? 어디서 와서 어디로 가는가? 부모의 사랑과 협력으로 태어난 사람은 누구나 사회공동체에서 삶을 누리며 끊임없이 자신의 신원에 대하여 묻기도 한다. 물질문명과 최첨단 과학기술의 발전으로 인간 중심의 생각보다는 물질적인 풍요로움을 쫓아 정신적 가치를 잃어가고 있는 현실은 우리에게 많은 의문을 던져주고 있다.

우리나라가 일제의 강점기를 거쳐 남북분단과 6·25 전쟁으로 피폐해진 황무지에서 오늘날 세계 10위권 안팎의 경제대국으로 성장했다. 1996년에 OECD에 가입하여 선진국대열에 합류했다고 자랑하던 우리는 1997년 IMF의 한파를 겪었다. 기업이 도산되고 구조조정으로 일자리를 잃어 많은 고통이 따르고 그 후유증이 아직도 이어지고 있다.

IMF 위기를 극복하면서도 도덕적 해이현상을 벗어나지 못하고, 사회윤리의 타락으로 양극화의 현상과 더불어 사회적 갈등이 심화되어 생명경시 풍조까지

* 이 장은 "생명윤리와 자살약관에 대하여", 『보험법연구』 제2권 2호, 한국보험법학회, 2008.12, 7~31면을 수정·보완하였음

깃들고 있다. 낙태, 자살, 폭력, 살인의 현상은 이를 말해 준다. 2008년 9월과 10월초에 있은 유명연예인의 자살에 대하여 언론은 모방자살을 염려하면서도 채무관계나 대인관계는 물론 장례장면까지 지나치게 상세하게 보도하고 있는데, 이는 시정되어야 마땅할 것이다.[1)]

모든 생명은 소중하다. 사람이 숨을 쉬고 있는 것은 생명이 붙어 있는 것이고, 그 생명은 마음대로 처분할 수 있는 물건이 아니다. 사람이 공동체 의식을 버리고 개인적인 이해관계에 따라 물질적인 욕구를 앞세워 정신적인 가치를 등한시하거나 외톨이로 살 때에는 어떤 한계에 부딪치면 죽는 것이 낫다는 생각이 들어 자살을 꾀할 수도 있을 것이다.

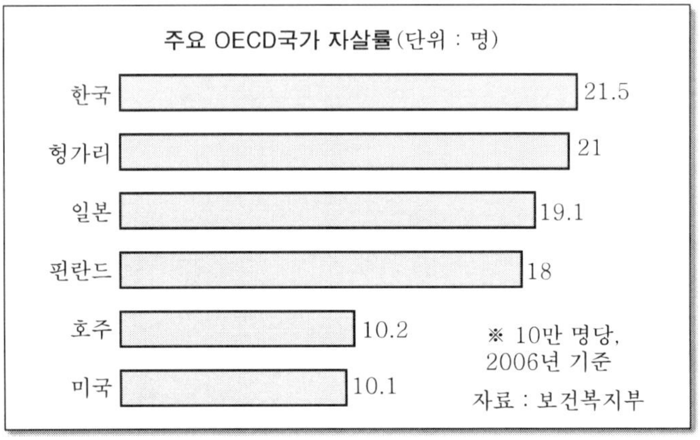

물질문명이 발달하면서 도덕적 가치를 중시하지 않는 인류사회는 자살인구가 증가함에 따라 이에 대응하기 위하여 2003. 9. 10. 스톡홀름에서 국제자살예방협회(IASP)와 세계보건기구(WHO)가 공동으로 세계자살예방의 날(World Suicide Prevention Day)을 제정했다. 그리고 2006년 기준으로 우리나라의 자살률은 10만명당 21.5명으로 OECD 회원국 평균 11.2명의 2배에 이르고 있는 것으로 나타나고 있다.

게다가 통계청의 "2007년도 사망원인통계"에 의하면 주요사망원인 중 자살은

---

1) 안모, 최모 연예인의 자살에 대한 언론보도를 보면서 사실관계만 간단히 보도하는 것이 바람직하다고 느꼈다.

암, 뇌혈관질환, 심장질환에 이어 4위를 차지하고, 특히 20-30대는 자살이 1위이고, 10대의 경우는 교통사고에 이어 두 번째로 나타나고 있다.[2] 이러한 현상은 참으로 부끄러운 일이다. 이는 우리 사회가 가난을 물리치고 잘살아 보자고 외치면서 물질적인 풍요로움은 어느 정도 이루었으나, 정신적인 유산을 가꾸지 못한 데서 비롯된 것으로 볼 수 있다.

생명보험은 사람의 삶과 죽음을 보험사고로 하는 보험이다. 사람은 이 세상에 태어나면서 언젠가 죽음으로 생을 마감하게 되는 존재이고, 그 죽는 시기는 알지 못한다.

〈표 9-1〉 주요 사망원인별 사망률

보건복지부 통계알리미 27호(2008.9.10)

순 위	2006		2007					
	남녀전체		남녀전체		남자		여자	
	사망원인	사망률	사망원인	사망률	사망원인	사망률	사망원인	사망률
1	암	134.0	암	137.5	암	173.7	암	101.1
2	뇌혈관 질환	61.3	뇌혈관 질환	59.6	뇌혈관 질환	56.6	뇌혈관 질환	62.6
3	심장 질환	41.1	심장 질환	43.7	심장질환	44.3	심장질환	43.2
4	당뇨병	23.7	자살	24.8	자살	31.5	당뇨병	22.8
5	자살	21.8	당뇨병	22.9	간질환	23.8	자살	18.1

보험은 사람이 살아가는데 부딪치게 되는 우연한 사고로 생길 경제적 수요를 집단적으로 구제(kollective Selbsthilfe)하고자 마련된 제도이고,[3] 보험사고는 우연성을 기본으로 한다. 여기서 피보험자가 스스로 죽음을 택하여 자살한 경우 이를 어떻게 다루어야 하느냐는 문제가 제기된다. 자살은 보험계약에서 뿐 아니라 생명윤리의 측면에서도 이를 신중히 접근해야 할 과제이고, 생명보험계약에서 자살약관을 두어 보험금을 지급하도록 하는 정책을 그대로 유지하는 것이 과연 합리적인지를 검토할 필요가 있다.

2) 보건복지부 통계알리미(2008.9.10) 참조. 2007년에는 자살률이 24.8명으로 증가하고 있다.

3) Karl Hax, *Grundlagen des Versicherungswesen*, 1964, S.12.

II. 인간의 존엄과 자살

1. 인간의 존엄과 생명의 신비

인권에 관한 세계선언(1948.12.10.) 제1조는 "모든 사람은 날 때부터 자유롭고 동등한 존엄성과 권리를 가지고 있다. 사람은 천부적으로 이성과 양심을 가지고 있으며, 서로 형제애의 정신으로써 행동하여야 한다."라고 선언하고, 헌법 제10조는 "모든 국민은 인간으로서의 존엄과 가치를 가지며, 행복을 추구할 권리를 가진다. 국가는 개인이 가지는 불가침의 기본적 인권을 확인하고 이를 보장할 의무를 진다"라고 규정하여 인간의 존엄과 가치를 앞세우고 있다.

이러한 인권선언이나 헌법의 규정은 천부적인 인권의 보장을 확인한 것이고, 이는 인간의 본성에서 나오는 것이다. 성경은 인간은 '하느님의 모상'(창세기1, 26-28)으로 창조되어 이 세상에서 가장 존엄한 존재임을 가르치고 있다. 하느님이 인간을 외롭게 창조하지 않으시고, 사람은 그 본성에서 사회적 존재로서 다른 사람과 관계없이는 생존할 수도 없고 그 자질을 발휘할 수도 없다.[4] 즉 사람은 하느님의 모상으로 창조되어 사회공동체 속에서 이웃과 함께 어울려 살아야 하는 사회적 동물이다. 따라서 인간은 이성과 양심을 지니고 무엇이 옳고 그른가를 판단하여 행동할 수 있는 유일한 존재라는 점에서 만물의 영장으로서 존엄성을 지니고 있다.

이는 성경을 바탕으로 하는 창조설의 입장이라 할 수 있다. "이성과 자유는 물질의 질적 도약으로 본다"는 진화론 등의 입장[5]으로는 인간의 초월적인 정신적 세계를 설명할 수는 없다고 생각한다. 이성, 선악의 구별능력, 자유의지처

4) 가톨릭 제2차 바티칸 공의회문헌 『사목헌장』(1965.12.7), 12항.
5) A. 라우서 외 5인, 사회교리해설 『사회라는 울타리 1』, 바오로딸, 1994, 23쪽. 불교에서 인간존재는 육체적 요소인 色과 4개의 정신적 요소인 受.想.行.識 등으로 이루어진 5蘊이라 한다. 윤호진, 『佛敎의 죽음 이해』, 가톨릭 신학과 사상 21호, 1997, 9쪽 참조.

럼 인간이 특별히 가지고 있는 정신적인 능력들[6]을 단순히 진화의 과정으로 설명할 수는 없고, 생명의 신비를 느끼지 않을 수 없기 때문이다.

인간이 지성을 가졌기에 만물을 초월하는 것이고, 인간의 재능은 세기를 통한 꾸준한 노력으로 자연과학, 기술, 예술의 발전을 거듭해 왔으며 오늘에 있어서는 특히 물질세계의 탐구와 정복으로 놀라운 발전을 이룩하였다.[7] 첨단과학의 발달로 급속도로 변화하는 사회현상을 보면서 인간의 지적 능력의 한계가 무엇인지 가늠할 수도 없다. 사람이 생각의 날개를 펼치고 있을 때에 시간과 공간을 가리지 않고 무한의 세계를 넘나들 수 있는 신비스러운 존재임을 쉽게 느낄 수 있다. 여기에 생명의 신비가 깃들어 있다.

인간은 영혼과 육체로 결합되어 있고, 영혼은 생명의 제일 원리이며, 생명은 인식과 운동 두 가지로 표명된다.[8] 즉 생명은 인간 활동의 원동력이고, 인간이 스스로 창조한 것이 아니라 창조주께서 마련해 주신 선물이라 할 수 있으므로 이 생명을 자기 마음대로 할 수는 없다.[9] 사람이 이 세상에 태어나거나 죽는 것을 자신의 뜻대로 이룰 수 없다는 사실은 이를 말해 준다고 할 것이다.

2. 생명의 존중과 윤리

사람은 정신적이면서 물질적인 삶을 누리는 사회적 존재이다. 인간의 활동은 생명이 있어야 하고, 인간의 존엄과 가치는 사람이 생명을 지니고 활동하는 유기체라는 점에서 생명의 존중과 연관을 맺지 않을 수 없다. 생명이란 인간 실존의 통합된 과정 전체를 위한 기본적인 조건이며, 출발점이고, 핵심이므로 우리

---

6) 교황 요한 바오로 2세의 회칙 『생명의 복음』(1995.3.25), 34항, 집회서 17,7은 "주님께서는 사람들에게 지식과 분별력을 풍성하게 주시고 선과 악을 분간할 수 있게 해 주셨다."라고 기록하고 있다.

7) 사목헌장, 15항. 인간의 지성은 하느님의 지혜로부터 빛을 받고 있다고 가르친다.

8) 이재룡 · 이동익 · 조규만 옮김, 『성토마스 아퀴나스의 신학대전 요약』, 가톨릭대출판부, 1993, 94쪽.

9) 생명의 복음, 39항: 인간의 생명은 하느님에게서 오는 것입니다. 그것은 하느님의 선물이며, 그 분의 모상이고, 각인이며, 그분 생명의 숨결을 나누어 주시는 것입니다. 그러므로 하느님께서 이 생명의 유일한 주인이십니다. 인간은 이 생명을 자기 마음대로 할 수 없습니다.

는 책임감을 가지고 이 생명을 보존해야 하고[10] 존중해야 한다.

윤리(ethics)는 사람이 마땅히 행하거나 지켜야 할 도리, 곧 실제의 도덕규범이 되는 원리라 할 수 있고, 사람이 공동생활에서 어떻게 행하여야 하는가를 정하여 그 행위의 잘잘못을 가리는 도덕적 기준이 되는 원리가 바로 사회윤리이다. 그러므로 사람은 누구나 윤리의식을 가지고 생명을 존중하고 이웃을 배려하면서 어떠한 역경 속에서도 이를 극복하여 인간의 존엄과 가치를 살려야 한다.

사람은 이 세상에 태어나면서 언젠가 죽음을 맞이하게 되는 운명을 지닌 나약한 존재이기도 하다. 그러나 유한한 존재인 인간은 생명의 신비를 간직하고 인류문화를 꽃피어 왔고, 창조적인 활동을 계속 이어오고 있다. 이처럼 초월적이고 무한한 지적 능력을 가진 인간은 임신된 순간부터 자연사에 이르기까지 생명권을 지니고, 이 생명권은 다른 모든 권리의 행사를 위한 조건이다.[11] 그러므로 인권의 보장은 바로 생명의 존중에서부터 출발하는 것이고, 생명이 존중되지 않는 곳에서는 인간의 존엄과 가치를 구현할 수도 없다.

인류문명이 발달하고 물질적인 삶이 풍요로워지고 사람이 이웃과 더불어 살아야 한다는 공동체의식을 저버리고 개인적인 이기심을 앞세우는 사람은 도덕적 가치를 상실하고 있다. 수단과 방법을 가리지 않고 자신의 이익을 챙기려는 인간의 탐욕은 사회악의 씨앗이다. 오늘날 정치, 경제, 사회 등 각 분야에서 부정과 부패로 몸살을 앓고 있는 것도 사람이 지키고 따라야 할 윤리의 타락으로 도덕적 가치를 잃어버린 사람들의 욕심에서 오는 것이다.

2007년도 범죄의 발생건수가 1,965,977건, 검거건수 1,720,000건, 검거율 87.5%로 전년도에 비하여 모두 증가한 것으로 나타나고 있다. 이 가운데 공무원범죄는 1,587건으로, 다음 표에서 보는 바와 같이 죄명별 발생상황은 직무유기가 574건으로 전체 공무원범죄의 36.2%로 가장 많고, 직권남용 29.7%, 수뢰 23.2%, 증뢰 10.9% 순으로 발생하였다.[12]

---

10) 생명의 복음, 2항.

11) 교황청 정의평화위원회, 간추린 『사회교리』, 한국천주교중앙협의회 2005, 133쪽.

12) 대검찰청 범죄분석 2008, 20쪽 이하. 국가공무원 범죄자 소속기관은 교육부 889명 11.3%, 경찰청 849명 10.8%, 법무부 233명 3.0%, 소방방재청 181명 2.3%, 국세청 86명 1.1%의 순으로 나타났다(532-5쪽 참조).

〈표 9-2〉 공무원범죄 죄명별 발생 및 검거상황

구분 죄명	발생 건수	발생률	검거 건수	검거율	검거 인원
계	1,587	100.0	1,403	88.4	3,461
직무유기	574	36.2	485	84.5	1,317
직권남용	472	29.7	406	86.0	1,113
수 뢰	368	23.2	351	95.4	742
증 뢰	173	10.9	161	93.1	289

1997년 IMF의 위기를 극복하고자 서민들은 금붙이를 내놓는 등 적극적인 자세를 취하고 있었으나, 공적자금을 투입하여 회생을 꾀하고 있는 상황에서 관련 당사자들이 당시 공직자와 합세하여 그 기금을 유용, 횡령, 해외유출 또는 정치자금으로 돌리는 비리를 저지르고,[13] 역대 대통령이나 그 측근들이 부정비리에서 자유롭지 못한 현상,[14] 최근 농민에게 돌아가야 할 "쌀 소득 보전 직불금"을 공무원을 포함하여 전문직, 언론계 종사자들까지 부당하게 수령했다[15]는 보도는 우리 사회의 도덕적 해이현상이 어떠한가를 드러내는 것이다.

이처럼 공직자를 비롯한 사회 지도층 가운데 정직하지 못하고 재주를 부리는 자들이 자리를 차지하고 있거나, 빈부격차로 인한 사회 양극화의 현상이 심화되면 사회적 불안요소로 작용할 수 있다. 특히 도덕적 가치를 상실한 인간은 스스로의 존엄성을 무너뜨리고, '삶의 질'을 경제적 효율성, 무절제한 소비주의, 육체적 아름다움과 쾌락으로 해석하여 물질적 안락을 추구하는 사람[16]은 어떤 고통에 직면할 때에 이를 쉽게 극복하지 못하고 죽음을 택할 수도 있고, 낙태, 살인 등 인명경시의 풍조에서 소외된 사람이 끔찍한 범죄를 저지를 수도 있다.[17] 이

13) 공적자금관리백서 2006. 8. 참조

14) 박정희 정권에서부터 이어오는 권력형 비리가 제대로 척결된 예를 찾아볼 수 없고, 전두환, 노태우는 엄청난 비리를 저지르고 형사처벌을 받은 전직 대통령이 되었으며, 그로 인한 추징금도 제대로 납부하지 않고 있는 모습을 보여주고 있음은 참으로 부끄럽다.

15) 중앙일보 2008.10.15. 회사원 99,981, 공무원 39,971, 금융계 8,442, 공기업 6,213, 전문직 2,143, 언론계 463, 임대업 52, 기타 직업 16,232 합계 173,497명이 쌀 직불금을 부당 수령한 의혹이 있다고 한다.

16) 생명의 복음, 23항 참조.

러한 점에서 사회의 안정을 위해서도, 또 인간의 존엄과 생명존중의 기풍을 세우기 위해서도 우리는 도덕성의 회복으로 건전한 사회윤리를 확립하도록 힘써야 한다.

3. 자 살

사람의 생명은 누구도 침해할 수 없고, 사람을 죽이는 살인은 중죄(felony)임을 누구나 인식하고 있다. 살인은 인간의 생명을 일부러 끊는 행위이므로 그것은 자살이든 타살이든 마찬가지라 할 수 있다. 왜냐하면 자살(suicide)은 고의적으로 목숨을 끊어 자신을 죽이는 행위이고, 타살은 남의 생명을 일부러 끊는 것으로 사람의 생명을 거둔다는 점에서 같다고 할 수 있기 때문이다. 그러나 자살은 행위자가 스스로 죽는 것이고, 타살은 행위자가 다른 사람에게 위해를 가하여 죽인다는 점에서 차이가 있다.

형법 제250조제1항은 "사람을 살해한 자는 사형, 무기 또는 5년 이상의 징역에 처한다"라고 규정하여 살인죄는 타인의 살해를 전제로 하고 있다. 그러나 성 아우구스틴은 "살인하지 말지니라"(출 20:13)는 계명에 의하여 자살이 금지되어 있다고 이해해야 하고, 그것은 자신을 죽이는 것도 인간을 죽이는 행위이기 때문에 살인이라고 한다.[18)]

육체와 영혼으로 단일체를 이루고 있는 인간은 그 육체적 성격으로도 이미 물질세계의 요소들을 한 몸에 집약하고 있으나, 그 내적 품위로서 일체의 물질세계를 초월하는 존재이다.[19)] 사람은 주지하는 바와 같이 자신의 육체나 생명을 스스로 창조한 것이 아니므로 스스로 자기 생명의 주인이 될 수 없고, 자기 마음대로 처분할 수 있는 것도 아니다.

---

17) 지난 10. 21(경향신문 8쪽) 서울 논현동 이른바 고시원 '묻지마 살인'은 30대 무직자가 불을 지르고 빠져나오는 투숙객에게 흉기를 휘둘러 6명이 사망한 끔찍한 사건으로서 우리 사회에 커다란 경종을 울려주고 있다.

18) 조호연 · 김종흡 옮김, 『성아우구스티누스 신국론』, 현대지성사, 1997, 110, 111쪽, 이태하, "흄의 자살론", 『철학연구』 78집, 2007, 34쪽 참조.

19) 사목헌장, 14항 참조.

하느님의 존재를 부인하고 인간의 생명이 창조주께서 주신 선물이라고 보지 않는다 하더라도 "부모로부터 받은 몸을 감히 훼손하여 상처를 입히지 않는 것이 효의 시작이다"(身體髮膚受之父母, 不敢毁傷, 孝之始也)[20]라는 공자의 가르침은 부모로부터 이어받은 자신의 신체와 생명을 함부로 다루어서는 안된다는 사실을 일깨워주고 있다.

사람이 오죽하면 자살하겠는가? 자살은 자신에 의해서 완수되는 적극적이거나 소극적인 행위로 인해서 직접적 혹은 간접적으로 결과되는 모든 죽음이다. 일반적으로 이는 삶의 의욕을 잃은 사람의 절망적인 행위를 주로 가리킨다.[21] 자살의 원인과 유형은 가지가지이지만 자살은 중대한 비윤리적 행위로서, 자기애의 거부가 담겨 있으며, 이웃과 자신이 속한 공동체들과 전체 사회를 향한 정의와 자비의 의무포기가 담겨 있다. 따라서 자살의 가장 깊은 실재는 생명과 죽음에 대한 하느님의 주권에 대한 거부를 나타내는 것이라 할 수 있다.[22]

사람이 살아가는 데는 갖가지 위험이 따르고, 고통스러운 삶을 이어가야 하는 일도 적지 않다. 차라리 죽는 것만 못한 고통 속에서 사는 것은 당사자는 물론 주위 사람들에게도 안타까움을 더해 주기도 한다. 이러한 점에서 자살의 당위성을 인정하는 입장도 있다. 흄은 자살이란 모든 위험과 비참함으로부터 인간을 자유롭게 해 줄 수 있는 신과 자연이 준 선물인데 거짓 의견에 기초한 미신과 거짓 종교가 그 선물을 가로채 갔다고 주장한다.[23]

"내 생명 내 마음대로 하는데, 무슨 잘못이 있는가?"라고 생각한다면 흄의 자살론을 긍정적으로 받아들일 수 있다. 그러나 생명이 신성하여 창조주에게 속한 것으로 보지 않는다 하더라도 사람은 혼자서 사는 것이 아니고 이웃과 함께 어울려 사는 사회적 존재로서 스스로의 고통에서 해방되기 위하여 자살한다고 할 때 그 가족을 비롯한 공동체에 커다란 상처를 입힐 뿐아니라 정신적·물질적 손실을 입히고 있다는 점도 유념해야 한다.

자살은 인간의 존엄과 가치를 스스로 망가뜨리는 비윤리적인 행위이다. 앞에

20) 孝經 제1장: 공자가 증자에게 가르친 효에 대한 말씀으로 알려져 있다.
21) 김충선 옮김, 『에밀 뒤르켐 자살론』, 청아출판사, 1994, 18, 19쪽.
22) 생명의 복음, 66항.
23) 이태하, 앞의 글, 32쪽. 이 글은 흄의 자살론에 대한 비판을 담고 있다.

서 본 바와 같이 신학자인 성 아우그스틴이 자살은 "살인하지 말라"(thou shalt not kill)는 계명을 어긴 죄라고 인정하고, 교회는 서기 452년에 열린 아를(Arles)에서 자살을 범죄로 선언했다.[24] 이러한 교회법은 시민법에 영향을 미쳤으며, 영국은 1961년의 The Suicide Act에서 자살죄(crime of suicide)를 폐기하기 전까지는 자살을 범죄로 다루었다.[25] 자살을 중죄로 다스리느냐 아니냐는 상관없이 그것이 미치는 사회적 해악은 심각하고, 이를 예방하기 위한 노력을 기울여야 한다.[26]

세계보건기구(WHO)를 비롯하여 각 국가는 자살예방을 위하여 많은 비용과 노력을 경주하고 있는 것이 오늘의 실정이다. 우리나라에서도 자살자가 늘어나면서 자살예방대책을 세워야 한다는 운동이 전개되고,[27] 2008. 9. 30. "자살예방 및 생명존중문화 조성을 위한 법률안"이 국회에서 발의되었다.[28] 자살예방을 위하여 무엇보다도 중요한 것은 인간의 생명이 신성함을 인식하고 이를 존중하여야 한다는 의식을 심는 것이 필요하다.

주변에서 고통으로 신음하고 생을 비관하여 자살위험이 있는 사람이 있으면 그에게 용기를 심어주고 도와주어야 한다.[29] 그리고 자살하고자 하는 자의 촉탁이나 승낙을 받아 그를 살해하거나 교사 또는 방조하여 자살하게 한 자는 1

---

24) 김충선, 앞의 책, 351쪽.

25) J. Neeleman, *Suicide as a crime in the UK: legal history, international comparisons and present implications*, Acta Psychiatr Scand 1996: 94:252-257 참조. 자살자의 경우 재산의 몰수, 교회의 의식에 따른 매장의 불허 등이 이뤄졌고, 자살을 기도하다가 실패한 자는 기소되어 투옥할 수 있었다.

26) 에밀 뒤르켐은 "사실상 자살의 증가에 영향을 미치는 것은 그 사건을 어떻게 말하느냐는 것이다. . . .사회가 도덕적으로 퇴폐적일 때 사회의 불안정한 상태는 그러한 행동이 논의될 때마다 솔직하게 표현된 비도덕적 행동에 대한 탐닉이 자극되고, 그 행동의 비도덕성을 애매하게 만들 것이다."라고 하고 있다(김충선, 앞의 책, 134쪽).

27) 2008.10.17. 한국자살예방협회 등 17개 시민사회단체와 사회원로들이 "자살 없는 건강한 사회 만들기" 준비모임을 결성하고, 국민과 사회, 정부에 공동 노력을 촉구하는 대국민 성명서와 공동결의문을 발표한 것은 그 보기이다. 한국기자협회, 2008.10.22.(수) 민왕기 기자 보도.

28) 임두성 의원을 비롯하여 10명의 의원이 발의하고, 제1조는 "자살에 대한 국가적 차원의 책무와 예방정책에 관하여 필요한 사항을 규정함으로써 국민의 소중한 생명을 보호하고 생명존중문화를 조성함을 목적으로 한다."고 규정하고 전문 5장 20개 조문으로 구성되어 있다.

29) 위 법안 제3조는 "모든 국민은 자살위험에 노출되거나 스스로 노출되었다고 판단될 경우 국가 및 지자체에 도움을 요청할 권리가 있고, . . . 자살위험자를 발견한 경우에는 이를 도와주어야 할 의무가 있다."라고 규정하고 있다.

년 이상 10년 이하의 징역에 처한다(형법 252조).[30] 자살을 방조하거나 도와주는 것은 결코 용서받을 수 없는 불의한 일에 협조하는 것이며, 때로는 실질적인 가해자가 될 수 있다.[31]

사람이 이성과 지성을 갖춘 유일한 존재로서 세상에서는 유한한 삶을 누리고 있지만 스스로 생명의 주인이 아니라 어떠한 환경에서도 생명을 소중하게 간직하고 아름다운 죽음을 맞이할 수 있도록 하여야 하고, 사회공동체는 이에 대한 관심과 배려를 아끼지 않아야 한다. 이것은 종교적 이유만이 아니라 인간의 존엄과 가치에서 우러나오는 것이고, 인간의 생명권을 보호할 의무도 주어지는 것이기 때문이다.

III. 생명보험과 자살약관의 문제

1. 고의면책사유와 자살약관

생명보험계약은 보험계약자가 약정한 보험료를 지급하고 보험자는 피보험자의 생명에 관한 보험사고가 생길 경우에 약정한 보험금액을 지급하기로 하는 인보험계약이다(상법 638조, 730조). 보험계약에서 보험금은 불확정한 사고가 생긴 때에 지급하는 것이다.[32] 사람의 삶과 죽음을 보험사고로 하는 생명보험에서 피보험자의 사망은 확정적이고, 언제 사망사고가 생길지는 불확정하다.[33] 그러므로 생명보험계약에서 피보험자가 질병이나 뜻밖의 사고 등 우연한 사고로 인하여 사망한 경우에 보험자가 보험금을 지급하는 것이지, 피보험자의 자살

30) 영국의 The Suicide Act는 1961년에 자살죄를 폐기하면서 제2조제1항에서 자살을 돕거나 방조한 자에 대하여 14년 이하의 징역에 처하도록 하고 있다("A person who aids, abets, counsels or procures the suicide of another, or attempt by another to commit suicide shall liable on conviction on indictment to imprisonment for a term not exceeding fourteen years").

31) 생명의 복음, 66항.

32) Malcolm A. Clarke, *The Law of Insurance Contracts*, 3d., LLP 1997, p. 6.

33) John Birds/Norma J. Hird, *Birds' Modern Insurance Law*, 5d., 2001, p. 9.

과 같은 고의적 사고에 대하여는 보험자는 보험금지급책임을 지지 않는다(상법 659조). 보험법이 보험사고가 보험계약자 또는 피보험자나 보험수익자의 고의로 생긴 때에 보험자의 면책사유로 한 것은 그 사고가 우연성이 없고 주관적인 위험을 배제하여 보험사기를 방지하기 위한 것이라 할 수 있다.[34)]

자살의 고의적인 행위는 우연한 사건이 아니므로[35)] 보험자의 고의면책사유에 해당한다.[36)] 자살을 원인으로 보험급여를 하는 것은 그것이 고의에 의한 사고유발인 이상 신의칙, 선량한 사회질서 또는 도덕률에 반하여 이를 면책사유로 하는 것은 당연한 것이나, 다른 한편으로 생명보험의 유족보장의 기능에서 절대적인 면책사유로 하는 데도 의문이 제기되고 있다.[37)]

이에 따라 생명보험약관은 고의면책사유에서 "피보험자가 계약의 책임개시일부터 일정한 기간(2년)이 경과한 후에 자살한 경우"에는 보험보호를 하도록 하고 있다.[38)] 이것이 이른바 자살약관(Suicide Clauses)이다.[39)] 이러한 자살약관을 두는 것은 자살을 고려하면서 보험에 드는 역선택을 방지하고, 일정한 기간이 경과한 후에 피보험자가 자살한 경우 다른 보험수익자를 보호하고자 하는 것이다.[40)] 즉 이것은 보험계약이 성립한 후 2년 정도 지나면 보험금을 노리고 보험사고를 일으키는 것은 아니라는 기대에서 피보험자가 자살한 경우 보험수익자의 경제적 수요를 충족시켜 준다는 데 그 뜻이 있다 할 수 있다.

---

34) 양승규, 『제5판 보험법』, 삼지원, 2004, 141쪽; 김성태, 『보험법강론』, 법문사, 2001, 269쪽; 정동윤, 『상법(하)』 제3판, 법문사, 2008, 532쪽; 정찬형, 『상법강의(하) 제10판』, 박영사, 2008, 564쪽.

35) Clarke, *op. cit.*, p. 677, 24-6C.

36) 상법개정법률안 제732조의2 제1항제2호는 "보험사고가 피보험자의 자살로 발생한 경우"를 면책사유로 명시하고 있다.

37) 山野嘉朗, 『保険契約と消費者保護の法理』, 成文堂, 2007, 239면 참조.

38) 생명보험표준약관 제16조제1항제1호 단서. 1981년 개정 프랑스 보험법전 L.132-7조는 "사망보험은 피보험자가 계약 당초 2년 내에 자발적이고 의식적으로 자살하면 무효이다."라고 규정하고 있다.

39) Kenneth Black, Jr./Harold Skipper, Jr. *Life Insurance*, 11ed., 1987, p.137. 일정한 기간은 약관이나 나라에 따라 차이가 있고, 1년, 2년 또는 3년으로 하고 있다.

40) *Ibid.* 그리고 이 자살약관을 자살면책약관으로 보느냐 자살부책약관으로 보느냐는 논의가 제기되고 있는데, 자살의 경우 고의면책사유에 해당하는 것이고, 자살약관은 약관에서 정한 기간이 경과한 후에 자살한 경우에는 보험자의 보험금지급책임을 인정하고 있다는 점에서 자살면. 부책약관이라고 할 수 있을 것이다. 이경룡/김사영, "생명보험의 자살면·부책조항의 문제점과 개선방안에 관한 연구", 『보험학회지』 78집, 2007, 35쪽 이하 참조.

생명보험약관에서 자살약관을 둔 경우 피보험자가 그 정해진 기간 안에 자살한 때에는 보험자는 보험금 지급책임을 지지 않으나, 그 기간이 경과한 후에 피보험자가 자살 또는 자해행위를 한 경우에는 보험자는 피보험자의 자살을 이유로 다투지 못하여 이 조항을 불가항쟁조항(incontestable clause)이라 할 수 있다.[41]

자살은 피보험자가 정신적 능력(mental faculties)을 가지고 누리고 있는 동안에 고의로 자기의 숨을 거두는 것이고, 단순한 자해행위를 자살로 보는 것은 아니다.[42] 즉 자살은 피보험자의 의식적인 행위로 말미암은 죽음을 의미하므로 자유로운 의사결정이 배제된 정신질환의 상태에서 자살한 경우에는 이를 보험자의 면책사유로 보지 않는다.[43] 그러므로 자살약관에서 피보험자의 자살의 경우 '정신질환의 유무(sane or insane)를 묻지 않고' 면책사유로 한다는 명시적 규정이 없으면 정신질환으로 사망한 때에는 보험자는 보험금지급책임을 진다고 풀이한다.[44]

상법 제732조에서 "15세 미만자, 심신상실자 또는 심신박약자의 사망을 보험사고로 한 보험계약은 무효로 한다"라고 규정하고 있는 점에서 면책기간 동안의 자살에 대하여는 정신질환의 유무를 가리지 않고 일률적으로 면책사유로 할 수 있다고 본다.[45] 왜냐하면 정신질환자가 자살한 경우 보험계약 당시에 심신상실상태가 있었느냐의 여부를 다투는 것을 막는 것도 필요하고, 보험약관이 자살로 인한 면책기간을 제한하고 있기 때문에 이를 보험계약자의 불이익으로 볼 수도 없다고 보기 때문이다.

피보험자가 면책기간 안에 자살한 경우 이는 보험자의 면책사유에 해당하므로 그 자살에 대한 입증책임은 보험자에게 있고, 거꾸로 정신질환으로 인한 자

41) 46 Corpus Juris Secundum, 1993, p. 359.

42) Janice E. Greider/William T. Beadles, *Law and The Life Insurance* 3d., 1974, p.529.

43) 생명보험표준약관 제16조제1항1호단서, 대법원 2008.8.21. 선고 2007다76696 판결 참조. 2007년 독일의 새 보험계약법(Das neue VVG) 제161조 제1항단서는 이를 명시하고 있다(구 보험계약법 제169조).

44) 46 C.J.S. *Insurance* § 989 Database updated June 2005: *Ritter v. Mutual Life Ins. Co.*, Pa., 18 S.Ct.300, 169 U.S. 139,42 L.Ed.693.

45) Black, Jr./Skipper, Jr. *Ibid*, For the first tow full years from the original application date, we will not pay if the insured commits suicide(while sane or insane).

살로 보험금지급을 받을 수 있는 경우에는 보험계약자에게 그 입증책임이 돌아간다고 풀이한다.[46] 여기서 피보험자의 자살에 대하여는 엄격한 증거가 요구되므로 가령 피보험자가 다이나마이트의 폭발로 사망한 경우 자살 가능성이 강하게 제기되고 있으나, 한편으로는 자살의 동기가 보이지 않는 사건에서 보험자가 자살의 증거를 제시하지 못하면 자살이라고 판정할 수는 없다 할 것이다.[47]

2. 도덕적 위험과 자살약관

보험은 같은 위험에 놓여 있는 사람들이 위험단체를 구성하여 경제적 손실을 가져올 우연한 사고에 대비하고자 위험을 전가하고 분산시키고자 마련된 제도(an arrangements for transferring and distributing risks)이다.[48] 그리하여 개별적인 보험계약에서는 보험계약자가 지급하는 보험료와 보험사고의 발생으로 보험자가 지급할 보험금은 등가성의 원리가 지배하지 않는다.[49] 여기에서 보험계약은 선의성의 원리가 강조되고[50] 보험금을 노려 일부러 보험사고를 일으키는 도덕적 위험(moral risk)도 도사리고 있다.[51]

우리나라의 보험시장은 꾸준히 성장을 거듭하여 세계 7위의 보험선진국으로 도약하고 있다. 이에 동반하여 다음 표에서 보는 바와 같이 보험사기도 매년 증가하고 있다. 금융감독원이 2007년도 중 보험사기 조사실적을 분석한 결과에 따르면 보험사기 적발실적은 2,045억원(30,992명)으로 전년대비 금액기준 14.9%(264억원), 혐의자 기준 15.6%(4,168명) 증가하여 전년도에 이어 높은 증가율을 보이고 있다.[52]

---

46) Prölss/Martin, *Versicherungsvertragsgesetz*, 26 Aufl., 1998, SS. 829, 830., 46 C.J.S. *Insurance* § 992 Database updated June 2005; 그리고 프랑스보험법전 L.132-7조제3항은 이를 명시하였으나, 1981년 개정법에서 이를 삭제하였다.

47) Greider/Beadles, *op.cit.*, p. 533; *Parfet v. Kansas City Life Insurance Co.*, 128F.(2d) 361 (C.C.A. Colo., 1942)

48) Robert E. Keeton/Alan I. Widiss, *Insurance Law*, West, 1988, p. 3.

49) 양승규, 앞의 책, 83-84쪽 참조.

50) Birds/Hird, *op. cit.*, p. 101, 양승규, 앞의 책, 87쪽.

51) 양승규, 앞의 책, 29쪽; 김성태, 앞의 책, 60쪽; 정찬형, 앞의 책, 486쪽.

52) 금융감독원 보도자료(2008. 9. 1.).

〈표 9-3〉 보험사기 실적

(단위 : 백만원, 명, %)

구분		2005	2006(a)	2007(b)	증가율(b/a)
적발 금액	손보	110,986	140,733	165,189	17.4
	생보	24,030	37,349	39,335	5.3
	계	135,016	178,082	204,524	14.9
혐의자	손보	18,156	24,264	28,613	17.9
	생보	1,118	2,490	2,309	△7.3[53)
	계	19,274	26,754	30,922	15.6

이러한 현상은 우리 사회가 경제의 성장과 더불어 정신적인 가치보다는 물질적인 것에 탐닉하여 도덕성의 타락에서 오는 것이라 할 수 있다. 특히 '돈이면 다'라는 생각에 젖어 생명경시풍조로 생명존중사상이 희석되면서 보험사기는 물론 보험금을 노린 자살건도 늘어나는 것으로 보인다. 아래 표에서 보는 것처럼 대형 3개 생명보험사의 보험가입자의 자살률이 30% 안팎을 차지하고, 상해보험 등 인보험 전체로 볼 때에는 그 수도 늘어날 수 있다는 점은 가볍게 넘길 수 있는 사항은 아니라고 생각한다.[54)

53) 요실금 수술건 조사에 인력을 집중 투입하였으나 기술적인 문제 등으로 사기혐의 입증이 어려워 적발실적이 적었고 이로 인해 여타 사건에 대한 조사활동도 부진한데 기인

54) 이경룡 · 김사영, 앞의 논문, 54쪽은 실증분석결과 "면책기간 이후의 생명보험 가입자의 전체 자살률과 생명보험 미보유자의 전체 자살률을 비교한 결과 전자가 후자보다 통계적으로 유의한 수준(P<0.064)에서 더 높게 나타났다."고 한다.

〈표 9-4〉 연도별 자살 통계

(단위: 명)

구분	2003년	2004년	2005년	2006년	2007년
전체 자살자수*	10,898	11,492	12,011	10,653	12,174
대형 생보3사 자살자수	2,928	3,847	3,761	3,311	3,141
대형 생보3사 자살자 비율 (전체 대비)	26.9%	33.5%	31.3%	31.1%	25.8%

*전체 자살자수: 2008년 통계청 자료, 대형생보 3사 자살자 수는 생보협회 제공임.

자살보험금 지급현황(단위 : 억원)

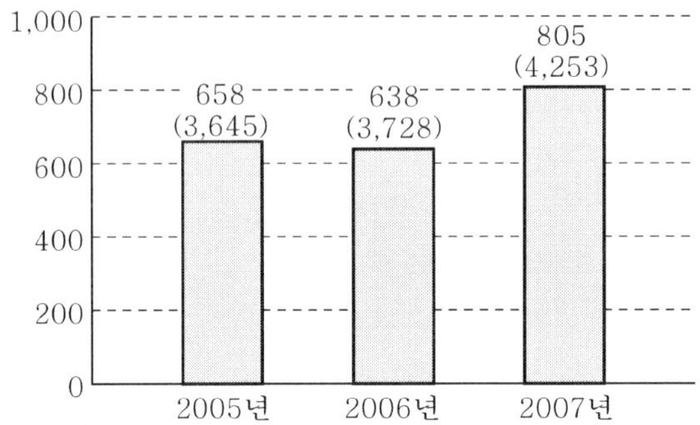

· 삼성, 대한, 교보, ING, 미래에셋, AIG, 알리안츠, 금호, 흥국, 동양, 신한, 동부생명 등 12개 생보사 기준

※ ( )은 건수 자료 : 각사

삼성, 대한, 교보 등 12개 생보사가 2007년(1-12월 기준) 자살로 인한 보험금 지급액을 집계한 결과 무려 805억원에 이르는 것으로 조사되었고, 실적이 집계되지 않은 10개 생보사를 포함하면 1,000억원을 훌쩍 넘을 것으로 추산된다고 한다.[55] 이러한 현상에서 자살약관을 두어 보험계약이 성립한 후 2년이 경과하면 피보험자가 자살한 경우에 보험자의 보험금지급책임을 인정하는 것이 과연 타당하다고 할 수 있을까 의문이 제기된다. 이에 대하여 피보험자의 자살로 인

55) 파이낸셜뉴스 2008. 3. 30.에서 인용. 그리고 보험개발원에서 2005-2006년 생명보험가입자의 통계를 분석한 결과 재해사망사고의 주요 원인으로 교통사고(37.1%)에 이어 자살(27.3%)이 2위를 차지했다고 보도하고 있다.

한 유족의 생계를 도와야 한다는 논의가 제기될 수 있으나, 그 유족이 피보험자가 스스로 목숨을 끊어서 받은 보험금으로 살아간다는 것은 오히려 그 자살로 인한 상처를 깊게 하여 정신적으로 고통을 줄 수도 있을 것이다.

3. 자살약관의 개선방안

보험은 결코 보험계약자에게 이득을 주려는 제도가 아니다. Manes가 말한 바와 같이 "한 사람은 만인을 위하여, 만인은 한 사람을 위하여"(Eine für Alle, Alle für Einen) 존재하는 것이 보험의 경제적 구조이다.[56] 그리하여 보험자는 피보험자에게 우연한 사고가 발생한 때에 보험보호를 한다는 보험제도의 특성에 따라 자살과 같은 고의적 사고에 대하여는 엄격한 제한을 가하는 것이 필요하다. 보험약관에서 자살조항을 따로 두지 아니한 경우에 피보험자가 자살한 때에는 보험자는 상법 제659조의 규정에 따라 보험금지급책임을 지지 않는다.

자살은 비윤리적이고, 이웃에게 상처를 입힐 뿐 아니라 정신적 물질적 피해를 주기도 한다. 피보험자의 자살이 보험금과는 상관없이 이루어지고 있다 하더라도 생명보험계약이 성립한 후 2년이 경과하여 자살한 경우 보험보호를 하는 것은 자살의 유인요소가 될 수도 있고, 선의의 보험계약자에게 손해를 안겨 준다. 이러한 점에서 자살약관의 개선방안이 논의되고 표준약관을 개정해서 자살면책기간을 3년 이상으로 늘려야 한다는 주장이 강하게 일고 있다.[57]

2007년의 새 독일보험계약법 제161조제1항은 "사망보험에서 피보험자가 보험계약 체결 후 3년이 경과하기 전에 자살한 때에는 보험자는 보험금 지급책임을 지지 아니한다." 제2항은 "제1항의 기간은 개별약정에 의하여 연장할 수 있다." 라고 규정하고 있다. 이 규정은 피보험자의 상속인을 위하여 그 면책기간을 3년으로 단축한 것이고, 보험약관이 아닌 개별 약정에 의하여 그 면책기간을 연장

56) 양승규, 앞의 책, 23쪽 참조; 정동윤, 앞의 책, 451쪽.

57) 이경룡 · 김사영, 앞의 논문, 67쪽 참조. 파이낸셜뉴스 2008. 3. 30. 일본에서 종래 1년에서 2년으로 정한 자살면책기간을 2004년부터 보험사마다 3년으로 늘인 것으로 알려지고 있고, 이 것은 우리에게도 큰 참고가 될 것이다.

할 수 있도록 한 것이 특징이다.[58]

앞에서 본 바와 같이 우리 상법은 고의면책에 관한 제659조의 규정을 두고, 상법 개정법률안 제732조의2 제1항 1호는 "보험사고가 피보험자의 자살로 발생한 경우"를 면책사유로 하고 있을 뿐 자살면책기간을 따로 법정하고 있지 않다. 그리하여 보험자가 피보험자의 자살의 경우 면책기간을 설정하여 그 후의 사고에 대해서 보험수익자를 보호하고자 하는 경우에는 이를 생명보험약관에서 규정해야 한다.

생명보험약관에 자살약관을 마련하는 경우에 인간 수명이 길어지고, 물질적인 가치에 치중하여 생명경시의 풍조까지 깃들고 있는 사회현상을 반영해야 한다. 그리하여 피보험자가 자살한 경우 보험수익자의 이익을 고려하는 경우에도 면책기간을 적어도 3년 이상으로 늘이고, 또 보험금액도 약정 보험금액의 전액이 아니라 보험기간 경과연한에 따라 일정률의 금액으로 제한하는 방안을 강구하는 것이 바람직하다고 생각한다. 왜냐하면 주지하는 바와 같이 자살은 비윤리적이고 인간의 존엄성을 해치는 행위라는 점에서 엄격히 제한하는 것이 자살의 예방에도 도움이 될 것으로 생각되기 때문이다.

그리고 피보험자가 고액의 보험에 들고 보험금 수령을 목적으로 자살면책기간 경과 후에 자살한 때에 이를 어떻게 다루어야 하느냐는 문제가 제기된다. 이에 대하여는 자살약관이 자살면책기간을 설정하고 보험수익자를 보호하기 위하여 마련된 것이라 하더라도 피보험자가 지나치게 고액보험에 들고 보험금을 노려 자살한 경우에는 그 보험계약을 부당한 목적으로 악용하고 당사자의 신의칙에도 어긋나 보험계약의 선의성을 위반한 것이므로 자살조항의 적용을 배제하고 고의면책조항에 따라 보험자의 보험금지급책임을 부인하는 것이 옳다고 생각한다.[59]

58) Ernst Niederleithinger, Das neue VVG, 2007, S. 250.

59) 甘利公人, 『生命保險契約法の基礎理論』, 有斐閣, 2007, 35쪽 이하 참조. 여기서는 피보험자가 고액의 생명보험과 손해보험에 들고 교통사고를 가장하여 자살한 2개의 사건에서 일본의 하급심 판결(岡山地判平成11年1月27日金法1554号 90쪽, 山口地判平成11年2月9日判時1681号 152쪽)이 "피보험자가 보험수익자에게 보험금을 취득하게 할 것을 유일 또는 중요한 목적으로 자살한 경우에는 자살에 의한 생명보험의 부당이용이라고 하여 보험자의 면책을 인정한다."는 뜻의 판례를 분석하고 이를 긍정하고 있다. 그리고 다액의 보험계약의 체결을 할 수 없도록 하

상법은 생명보험계약에서 피보험자의 자살로 보험금지급책임이 면제된 때에는 보험자는 보험수익자를 위하여 적립한 금액을 보험계약자에게 지급하도록 하고 있다(상법 736조). 그리하여 자살약관을 두어 그 면책기간이 경과한 후에 피보험자가 자살하여 보험자가 보험금을 지급하는 경우에도 그 보험계약에서 정한 보험금액 전액을 지급할 것이 아니라 총액한도를 설정하여 그 금액의 범위 안에서 지급하도록 하는 것이 자살예방에도 도움이 될 것이다.

IV. 판례상의 몇 가지 문제

1. 말기 암환자의 자살과 자살면책약관

서울고법 2005. 7. 22. 선고 2005나8301판결은 "피보험자가 암의 발병 및 치료의 실패, 말기 암의 진행으로 일상적인 생활을 영위할 수 없음은 물론 극심한 고통 속에 짧은 기간 내에 예정되어 있는 죽음을 기다릴 수밖에 없는 상태에서, 극심한 통증, 우울증, 무력감과 불안, 정신쇠약 등으로 인하여 자살에 이르게 되었다 할 것이어서 그의 질병과 사망 사이에 상당인과관계를 인정할 수 있다."는 이유를 들어 1심판결과 마찬가지로 보험자의 보험금지급책임을 인정하고 있다.[60)]

이 사건은 말기 암으로 고통을 받는 피보험자가 병원에서 입원 중 외출하여 집으로 와서 남편과 아이들에게 '먼저 가서 미안하다.'는 쪽지를 남기고 목을 매어 자살하였고, 보험자는 보험계약 성립 후 2년 이내에 자살한 사고라는 이유로 보험금지급을 거절한 데서 비롯된 것이다.

여야 하고, 보험모집에 대해서도 개선할 문제가 많다고 지적하고 있다. 그리고 김선정, 생명보험약관상 자살면책기간경과 후의 자살-최근 일본 판례의 동향을 중심으로-, 보험학회지 제69집, 2004, 187쪽 이하 참조.

60) 이 판결에 대하여는 양승규, 손해보험 제442호 2006. 9., 65쪽 이하, 김재형 · 이영훈, 말기암환자의 자살과 자살면책약관의 해석-서울고법 2005.2.22. 선고 2005나8301 판결, 상사판례연구 제19집 제1권, 2006, 237쪽 이하 참조.

암은 우리나라에서 사망률 1위를 차지하고 그 고통이 심하여 견디기 어려운 질병으로 알고 있다. 그러나 그 고통을 이기지 못하고 자살한 경우 가족과 이웃의 가슴에 남기는 상처를 어떻게 치유할 것인가도 생각해야 한다. 우리는 평소에 어떠한 시련을 겪더라도 고통을 견디면서 죽음을 맞이할 준비를 하도록 하는 마음가짐이 필요하다. '어쨌든 죽을 목숨 자살한 것이 무슨 잘못이냐?'라고 대응할 수는 없고, 주어진 삶을 아름답게 마칠 수 있도록 끝까지 참고 견디는 모습을 간직하도록 일깨워야 한다.

자살면책약관은 보험금을 노린 인위적인 사고로 인한 도덕적 위험을 방지하기 위한 것이라는 이유로 불치병으로 심한 고통 속에서 선택한 자살의 경우에는 그 적용이 배제된다고 해석할 수는 없다. 말기 암으로 심한 고통을 겪고 있는 피보험자의 정상을 동정한다 하더라도 윤리적으로 정당화할 수 없는 자살을 그 질병과 상당인과관계가 있다는 이유로 자살면책기간 안에 피보험자가 자살한 사건에서 보험자의 책임을 인정한 서울고법의 판결은 정당화할 수는 없다.

이에 대하여 자살면책약관의 타당성을 인정하면서 말기 암 환자의 자살을 면책으로 주장하는 점에 대하여 "자살면책약관은 약관규제법상의 고객에 대하여 부당하게 불리한 조항"으로 신의칙에 반하여 현저하게 공정을 잃은 조항이라고 해석할 수밖에 없다고 하여 이 판결을 지지하는 입장도 있다.[61] 그러나 자살면책약관이 약관규제법 제6조제1항과 제2항제1호에 위반된다는 해석은 법리적으로도 받아들일 수 없다. 왜냐하면 자살면책약관은 피보험자의 자살이 고의면책사유에 해당하지만 그 보험수익자의 이익을 보호하기 위하여 그 면책기간을 경과한 후의 자살에 대하여 보험자의 책임을 인정한 규정이기 때문이다.

2. 음주상태에서 몸을 던져 추락한 사고와 자살

대법원 2008.8.21. 선고 2007다76696 판결은 "피보험자가 술에 취한 나머지 판단능력이 극히 저하한 상태에서 신병을 비관하는 넋두리를 하고 베란다에서

---

61) 김재형 · 이영훈, 위 논문 341쪽 참조.

뛰어내리는 등의 객기를 부리다가 마침내 음주로 인한 병적인 명정으로 인하여 심신을 상실한 나머지 자유로운 의사결정을 할 수 없는 상태에서 충동적으로 베란다에서 뛰어내려 사망한 것으로 봄이 상당하고, 이는 우발적인 외래의 사고로서 보험약관에서 재해의 하나로 규정한 '추락'에 해당하여 사망보험금의 지급대상이 된다"라고 판시하고 있다.

이 판결은 원심이 인정한 사실관계에 따라 원심의 판단은 정당하다고 확인한 것이다. 따라서 이 판결은 자살약관이 정한 "자살은 자기의 생명을 끊는다는 것을 의식하고 그것을 목적으로 의도적으로 자기의 생명을 절단하여 사망의 결과를 발생케 한 행위를 의미하고, 피보험자가 정신질환 등으로 자유로운 의사결정을 할 수 없는 상태에서 사망의 결과를 발생케 한 경우까지 포함하는 것은 아닐 뿐만 아니라 그러한 경우 사망의 결과를 발생케 한 직접적인 원인행위가 외래의 요인에 의한 것이라면 그 보험사고는 고의에 의하지 않은 우발적인 사고로서 재해에 해당한다"라고 판시하고 있다.

이를 터잡아 이 사건 대법원판결은 피보험자가 사망 당시 혈중알코올 농도 0.278%로 추정되는 만취상태로 자유로운 의사결정을 할 수 없는 상태에서 베란다에서 뛰어내려 사망한 사고라는 점에서 이를 재해라고 판단한 것으로 보인다. 그러나 피보험자가 술에 만취하여 신병비관 등 객기를 부리다가 베란다에서 뛰어내린 것이 어떻게 우발적인 외래의 사고라 할 수 있는지 도무지 이해할 수 없다.

생명보험에서 보험자는 개인이 많은 술을 마시는 것을 안다면 보험인수를 거절하거나, 술 마시는 정도에 따라 표준하체보험(substandard insurance)에 들도록 할 수도 있다.[62] 그리고 보험약관에 "생명보험자는 피보험자의 사망이 음주 또는 마약의 사용에 기인한 때에는 보험금 지급책임을 지지 아니한다"라고 규정하기도 한다.[63]

원래 재해사망(Unfall-Tod)은 급격하고도 우연한 외래의 사고로 피보험자가 신체상의 손상을 입고 사망한 것을 이른다.[64] 외래적 사고는 피보험자의 질병이

---

62) Black, Jr./Skipper, Jr., *op. cit.*, pp. 411-2.
63) 46 C.J.S. 364. 양승규, 『보험법의 법리』, 삼지원, 2000, 587쪽 참조.

나 체질적인 요인에서 오는 것이 아니라 외부에서 생긴 사고를 의미한다. 그러므로 피보험자가 술에 만취하여 의식을 잃은 상태에서 사고를 일으켰다 하더라도 이는 피보험자의 책임있는 사유로 생긴 체질적인 요인에서 생긴 것이지 이를 외래적인 사고로 다룰 수는 없다. 이에 따라 상해보험의 경우 피보험자가 취중에(while intoxicated) 또는 술에 취한 상태(influence of intoxicating drinks)에서 생긴 사고로 상해 또는 사망한 경우에는 보험보호를 하지 않는다.[65]

이러한 점에서 피보험자가 판단능력이 흐릴 정도로 술에 취하여 음주로 인한 병적인 명정으로 인하여 심신을 상실한 상태에서 베란다에서 뛰어내려 사망한 것은 피보험자 자신의 귀책사유에 해당하고, 그것이 우발적인 외래의 사고로 볼 수는 없다. 정신질환자의 무의식적인 행위로 인하여 사망한 경우에도 그것이 자살로서 비난할 수 없다 하더라도 이는 외래적 사고가 아니므로 재해사망이 아닌 일반사망으로 다루는 것이 옳다고 할 것이다.

그리하여 이 사건은 피보험자가 술에 만취한 상태에서 신병 등을 비관하여 베란다에서 뛰어내려 자살한 것으로 "피보험자가 고의로 자신을 해친 경우"에 해당하여 보험자의 면책사유에 해당한다고 풀이하는 것이 마땅할 것이다. 그리고 법원이 설령 이 사건에서 피보험자의 사망이 병적인 명정으로 인한 심신상실의 상태에서 생긴 사고이므로 자살이 아니라고 판단한다 하더라도 피보험자가 취중에 스스로 창문에서 뛰어내린 사고를 우발적인 외래의 사고로 추락한 재해사고로 인정하여 재해보험금을 지급하도록 하는 것은 보험의 악용을 북돋는 결과를 가져온다는 점도 아울러 고려할 필요가 있다고 할 것이다.

3. 부부싸움 중 몸을 던져 사망한 경우와 자살

대법원 2006.3.10. 선고 2005다49713 판결은 "격렬하게 부부싸움을 하여 극도로 흥분되고 불안한 심리상태를 이기지 못하고 순간적인 정신적 공황상태에서

64) 양승규, 앞의 책, 485쪽 참조; 김성태, 앞의 책, 862쪽; 정동윤, 앞의 책, 721쪽; 정찬형, 앞의 책, 755-6쪽.

65) 46 C.J.S. 220 참조.

자신의 행동으로 인하여 발생할 사망의 결과와 그로 인한 가족들 및 주변상황의 변화에 대하여 제대로 이해하거나 예측하지도 못한 채 극도로 모멸스럽고 격분된 순간을 벗어날 방편으로 베란다에서 뛰어내림으로써 사망한 경우에는 '고의로 자신을 해친 경우'에 해당하지 아니하여 보험약관상의 재해에 해당한다"라고 판시하고 있다.

이 사건은 피보험자가 남편과 재정문제 등으로 갈등을 빚어 왔고, 출산 후 1년만에 충수절제수술을 받는 등 각종 병명으로 신체적 정신적으로 많이 쇠약해진 상황에서 사고 당일 남편이 술에 취하여 귀가하여 망인이 손위 동서와 전화로 재정보증문제로 언쟁을 하는 것을 보고 전화를 뺏고 수회 빰을 때리자 흥분하여 격렬하게 부부싸움을 하면서 남편이 함께 죽어버리자고 멱살을 잡고 베란다로 끌고 가는 등 격심한 다툼이 벌어진 후에 피보험자가 베란다 밖으로 뛰어내려 사망한 것으로 나타나고 있다.

물론 이러한 상황에서 누구나 정신적 공황상태에 이를 수 있다 하더라도 피보험자가 억제할 수 없는 충동으로 베란다에서 뛰어내려 사망한 사건을 자신의 행위의 도덕적 성격이나 결과를 이해할 수 없는 정신질환자와 같이 다룰 수 있는가? 미국의 한 판례에서는 "피보험자의 자살 의도는 피보험자가 억제할 수 없는 충동(irresistible impulse)에 이끌려 죽었다는 증거에 의하여 부인될 수는 없다"고 판시하고 있다.[66]

부부간의 갈등으로 남편으로부터 아이들 앞에서 빰을 맞고 수모를 겪으면서 격렬한 부부싸움을 한 피보험자로서 '차라리 죽자'는 생각이 충동적으로 들 수도 있을 것이다. 이렇게 볼 때에 이 사건은 피보험자가 충동적으로 베란다에서 뛰어내린 것으로 일종의 충동자살에 속한다고 보는 것이 합리적이라고 여겨진

66) 46 C.J.S. *Insurance* § 990 Database updated June 2005; Searle v. Allstate Life In. Co.,212 Cal. Rptr. 466, 696 P.2d 1308, 38 Cal.3d 425. 그리고 Provision of life insurance policy denying liability for death benefits "if the insured should commit suicide, while sane or insane" was applicable to preclude benefits for insured who had admittedly died of self-inflicted gunshot wound, regardless of whether his or her act had resulted from irresistible impulse, since act would have been regarded as suicide in case of sane person and would remain suicide in case of person suffering mental aberration. Nielsen v. Provident Life & Accident Ins. Co., 100 Idaho 223, 596 P.2d 95 (1979) (citing Couch on Insurance 2d). 참조.

다. 그리하여 이 사건에서 "극도로 모멸스럽고 격분된 순간을 벗어날 방편으로 베란다에서 뛰어내림으로써 사망한 경우에는 '고의로 자신을 해친 경우'에 해당하지 아니하여 보험약관상의 재해로 판단하고 보험자는 보험금지급책임을 면할 수 없다"라고 판시한 대법원의 판결은 옳다고 할 수는 없다.[67)]

V. 맺는 말

사람은 누구나 존엄한 가치를 지니고 이 세상에 태어난다. 생명은 인간 활동의 원동력이고 생명이 끊어지면 죽음을 맞이 한다. 사람은 살아 있는 동안 생명의 신비를 간직하고 이를 존중하여 훼손하지 않도록 해야 한다. 인생은 고통의 바다(苦海)라고 한다. 그만큼 살아가는데 고통이 따르고 어려움이 있다는 말이다. 그러나 우리는 인내와 희망을 지니고 적극적이고 긍정적인 자세로 성실한 삶을 살고자 할 때에 생명의 신비와 기쁨을 맛보고 인생의 무한한 가치를 느낄 수 있다.

사람은 누구나 심한 고통을 견디면서 죽음을 기다리는 것이 쉽지 않다. 그러나 그 고통을 이기지 못하고 자살한 경우 자신의 오명을 남길 뿐 아니라 가족과 이웃의 가슴에 남기는 상처를 깊게 하고, 많은 피해를 주고 있음을 깊이 새겨야 한다. 우리는 평소에 어떠한 시련을 겪더라도 고통을 견디면서 죽음을 맞이할 준비를 하도록 하는 마음가짐이 필요하다. 이웃을 배려하는 마음을 간직할 때에 자신의 목숨을 함부로 다룰 수도 없을 것이다. 생명은 나의 것이 아니고 나에게 주어진 선물이다. 우리는 이러한 삶을 이웃과 함께 아름답게 마칠 수 있도록 힘을 합쳐야 한다.

생명보험은 사람의 삶과 죽음에 따르는 고통을 보험단체를 통해서 분담하고자 하는 제도이다. 우연한 사고로 인한 경제적 수요를 집단적으로 충족시키고자

---

67) 이 사건에서 보험금청구소송을 제기한 당사자는 남편과 자녀들이고, 심한 부부싸움을 하여 아내가 자살하도록 원인을 제공한 남편에게 보험금을 지급하는 것이 어떠한 의미를 가지는지도 아울러 고찰할 필요가 있다.

마련된 보험은 고의로 사고를 일으킨 자는 보호하지 않는다. 피보험자가 자살한 때에 보험자의 면책사유로 하고 있는 것은 바로 그 때문이다.

자살은 피보험자가 자기의 손으로 목숨을 끊는 것으로 윤리적으로도 허용할 수 없는 행위이지만 한편으로는 그 유족을 배려하지 않을 수도 없다. 그리하여 자살약관은 일정한 기간을 정하여 그 기간 안에 피보험자가 자살한 때에는 보험자의 면책사유로 하면서 그 기간이 경과한 후에 자살한 경우에는 이를 다투지 않고 있다. 이것은 고의사고를 면책사유로 하고 있는 보험법리의 예외를 인정한 것으로 이를 엄격하게 해석하는 것이 기본법리라고 할 것이다. 앞에서 살펴본 우리나라 판례는 하나같이 자살한 피보험자를 동정하고 있는 모습을 띠어 해석상 여러 가지 의문을 제기하고 있으나 법원의 소명이 무엇인지 살펴야 한다.

자살은 생명의 신비를 저버리고 생명권을 침해하는 행위로서 윤리적 가치를 손상시키는 처사이다. 모든 사람에게 높은 도덕적 기준을 요구할 수는 없다 하더라도 국가나 사회는 소외된 이웃에 대한 배려를 아끼지 말아야 하고, 불치병으로 고통 받는 환자에게도 생의 마지막 길을 잘 정리하도록 이끌어야 한다. 가령 말기 암 환자가 참기 힘든 통증 속에서 곧 죽음이 예견되고 있는 상황에서도 자살을 택하기보다는 그 고통을 참아 받으면서 조용히 죽음을 맞이하는 것이 사람의 가치를 높여 주는 것이고, 조용히 생을 마감하는 사람의 모습은 아름답다고 할 수 있다.

인간의 존엄과 가치를 존중하여 생명의 신비를 간직하고 자살을 예방하기 위해서도 물질적 가치보다도 정신적 가치를 중시하는 도덕성을 회복하고 서로 믿고 도와주는 사회풍토를 조성해야 한다. 그리고 자살약관을 정비하여 그 면책기간을 3년 이상으로 늘리는 동시에 면책기간이 경과한 후에 자살한 경우에도 보험에 가입한 연도에 따라 보험금액을 차등 지급하는 방안을 강구하는 것이 필요하다. 고액보험의 경우에는 피보험자의 자살로 보험수익자가 지급받게 되는 보험금액의 총액한도를 설정하여 수개의 보험을 악용하는 폐단을 막아 도덕적 위험을 방지하도록 해야 할 것이다.

끝으로 보험사건은 보험의 원리에 따라 풀어야 하고, 단순히 피보험자를 보호한다는 입장에서 무리한 논리를 전개하는 것은 삼가야 할 일이다. 보험판례가 보험의 법리를 왜곡하고 가령 음주운전사고나 음주로 인한 심신상실로 인한 사고를 우연한 외래적인 사고로 다루어 보험자의 책임을 인정하는 것은 보험의 악용을 부추기는 결과를 가져오는 것임을 깊이 깨달아야 한다. 건전한 보험시장의 발전과 보험사기를 비롯한 보험범죄와 자살을 예방하기 위해서도 생명윤리를 존중하고 윤리의식을 강화하여 정직한 사회풍토를 조성하도록 힘써야 한다.[68]

68) 연합뉴스 2008.11.7. 보도에 의하면 국제투명성기구(TI)가 한국, 인도, 방글라데시, 몽골 등 4개국에 거주하는 청소년들의 반부패인식지수를 조사한 결과에 따르면 한국은 10점 만점에 6.1점으로 조사대상 4개국 중 최하위를 기록했다.(양정우 기자)

반부패 윤리의식 관련 제시문	한국	인도	방글라데시	몽골
정직하게 사는 것보다 부자가 되는 것이 더 중요하게 생각한다	22.6%	8.4%	3.1%	9.1%
만약 경찰이나 지켜보는 사람이 없으면 교통법규를 지키지 않을 수 있다	44.1%	8.8%	7.2%	12%
반부패인식지수 (10점 만점)	6.1	7.55	8.45	6.64

[부록 1]

2008년 정부의 상법개정안에 대한 의견서

2008.1.24

사단법인 한국보험학회

〈총체적 의견〉

○ 2008년 상법 보험편 개정안은 지나치게 독일법에 경도되어 있고, 다른 입법례, 특히 영국과 미국 등 다른 각국 입법례에 대한 보다 면밀한 검토가 필요하며, 상법 보험편의 현대화라는 개정취지에 미흡하다.

○ 충분한 의견개진이 부족하였다. 공청회를 한 번 개최하였다고 하나, 연금보험 등에 집중하였다는 것이 다수의 의견이다.

○ 제638조가 최대선의에 관한 규정을 신설하였으나, 정작 소비자의 최대선의만을 강조하였다는 비판을 면하기 어렵다. 보다 균형적 시각이 부족하다는 비판을 받을 수 있다. 예를 들면, 독일보험계약법은 옴부즈만제도 등을 두고 있고, 미국의 대다수 주는 보험금지급을 지체한 보험자에 대하여는 간접손해(Consequential Damages)와 징벌적 손해(Punitive Damages)

를 지급하도록 한다.

〈통칙〉

Ⅰ. 제638조의 3(보험약관의 명시교부의무)

1. 의견: 제2항에 취소하지 않은 경우의 효과에 대하여 "보험계약자가 보험계약을 취소하지 아니한 때에는 보험계약관계는 그 보험약관의 규정에 따른다."는 규정 신설

2. 이유

(1) 독일약관규제법 제23조 제항은 "주무장관의 인가를 받은 보험자의 보통거래약관에 의한다"라고 규정하고 있고, 독일보험계약법 제5조 a에 따라 취소하지 않은 경우의 효과에 대하여 규정함으로써 이 경우의 법률관계를 명확히 할 필요가 있음

(2) 판례(대법원 1996.4.12. 선고 96다4893 판결)는 "상법 제638조의3 제2항에 의하여 보험자가 약관의 교부 및 설명의무를 위반한 때에 보험계약자가 보험계약 성립일로부터 1월 내에 행사할 수 있는 취소권은 보험계약자에게 주어진 권리일 뿐 의무가 아님이 그 법문상 명백하므로, 보험계약자가 보험계약을 취소하지 않았다고 하더라도 보험자의 설명의무 위반의 법률효과가 소멸되어 이로써 보험계약자가 보험자의 설명의무 위반의 법률효과를 주장할 수 없다거나 보험자의 설명의무 위반의 하자가 치유되는 것은 아니다"라고 하여 1991년 상법 보험편 개정시의 입법취지와 다른 판결을 내리고 있어 이를 명확히 할 필요성이 존재함.

Ⅱ. 제646조의2(보험대리점 등의 권한)

1. 의견: 보험대리점에 관한 규정을 신설한다면 동조 제1항에서 "보험대리점은 특정한 보험회사를 위하여 상시 보험계약의 체결을 대리하거나 또는 중개하는 자로서, 그 지위는 대리점계계약에 따른다"라고 규정한 후, 제2항에서 체약대리점의 권한에 관한 규정을 두되, 그 권한은 법률로 의제하는 것보다 "체약대리점은 반대의 약정이 없는 한 보험계약의 체결, 유지, 변경에 관한 일치의 권한이 수여된 것으로 추정한다"라는 추정조항을 두는 것이 보다 합리적임.

2. 이유

(1) 대리점에 관한 권한은 상법 보험편에서 규정하는 것은 적정하지 않음. 민법의 표현대리규정이나 보험업법 제102조 (모집을 위탁한 보험회사의 배상책임)의 적절한 보호가 불가능한지 여부에 대한 검토가 부족하고, 이 조항의 도입을 통해 그와 같은 취지(개정안의 구체적인 취지 자체도 불분명하다. 막연한 계약자보호인가?)가 합리적으로 확보될 수 있는지 의심스러움.

(2) 임의대리점인 보험대리점의 구체적인 권한은 수권계약에서 정할 일이며, 원칙적으로 법이 간섭할 문제가 아님.

(3) 제1항 제3호의 소위 의사표시수령권을 인정하는 문언은 문제가 있음. 예컨대 고지나 통지 등은 의사표시가 아니고, 이를 의사표시수령권으로 지칭하는 것은 법리적으로 명확하지 않음.

(4) 제2항의 문언과 구조도 입법기술적으로 문제가 있음. 제1항에서 대리점의 권한을 일일이 열거하면서 포괄적으로 법정(法定)하다가, 제2항에서는 반전하여 이를 제한할 수 있다고 한 후, 다시 선의의 제3자에게 대항할 수 없다는 등 번복을 거듭하고 있음, 오히려 독일 보험계약법 제47조와 같이 "전항에서 정한 권한에 대한 제한은 선의의 제3자에게 대항하지 못한다"로 충분히 줄일 수 있음

Ⅲ. 상법 제651조(고지의무)

1. 의견: 프랑스보험법 제113-9조에 따라 "사고 발생후에 선의임이 확인된 경우에는 위험이 정확하게 고지되었더라면 납입하였을 보험료에 대한 납입한 보험료의 비율로 보험금이 감액된다"라고 하여 비율적 감액보상원칙 채택.

2. 이유 : 고지의무의 엄격성을 완화하는 것이 세계적인 추세임

Ⅳ. 상법 제655조

1. 의견 : "보험사고가 발생한 후에도 보험자가 제650조, 제651조, 제652조 및 제653조에 따라 계약을 해지한 때에는 보험금을 지급할 책임이 없고 이미 지급한 보험금의 반환을 청구할 수 있다. 다만, 고지의무(告知義務)를 위반한 사실 또는 위험이 현저하게 변경되거나 증가된 사실이 보험사고의 발생에 영향을 미치지 아니하였음이 증명된 때에는 계약을 해지하더라도 보험금을 지급할 책임이 있다" 중 단서 삭제

2. 이유: 판례의 입법화이지만 현행의 법의 해석으로도 이와 같은 결론을 내릴 수 있음

Ⅴ. 상법 제658조(보험금액의 지급)

1. 의견 : 제2항 "보험자는 보험금의 지급기간에 관하여 약정이 없는 경우에는 제657조제1항의 통지를 받은 후 손해사정 또는 보험사고조사에 필요한 통상의 기간 내에 지체 없이 지급할 보험금을 정하고, 보험금을 정한 날부터 10일 이내에 피보험자 또는 보험수익자에게 보험금을 지급하여야 한다. 다만, 보험계약자 또는 보험금청구권자의 책임이 있는 사유로 손해사정이나 보험사고조사가 방해된 경우에는 손해사정 또는 보험사고조사에 필요한 통상의 기간의 진행은 정지되고 그 방해가 소멸된 때부터 진행한다" 중 단서 삭제

2. 이유: 본문으로 적정한 처리가 가능

〈손해보험〉

Ⅰ. 제672조의 2(둘 이상의 보험계약)

1. 의견: 신설에 반대한다.

2. 이유

(1) 다른 보험계약에 대한 통지의무의 위반의 경우 보험계약을 해지할 수 있다고 하는 제3항의 규정은 지나치게 보험계약측에게 가혹하여 형평에 반함

(2) 이 개정안을 삭제하거나 그 위반의 효과에 대하여 중복보험에 관한 상법 672조의 규정을 준용하는 것이 타당함

Ⅱ. 제679조(보험목적의 양도)

1. 의견: 제3항 "보험자는 보험목적이 양도된 사실을 안 날부터 1개월 이내에 보험계약의 해지를 통지할 수 있다. 이 경우 보험계약자가 해지 통지를 받은 후 15일이 지나야 해지의 효력이 생긴다."에서 "이 경우 보험계약자가 해지 통지를 받은 후 15일이 지나야 해지의 효력이 생긴다"는 문언 삭제

2. 개정이유: 양수인에게 2항에 의하여 양도후 1월의 기간동안을 보호하고, 또 해지 통지후 15일의 해지예고기간의 이익을 제공하는 것은 지나치게 양수인을 보호하는 입장임

Ⅲ. 제680조(손해방지의무)

1. 의견: 첫째, 제2항 "② 보험계약자나 피보험자가 제1항의 의무를 고의 또는 중대한 과실로 위반한 경우에는 보험자는 그 의무가 이행되었더라면 방지하거나 줄일 수 있었던 손해액을 보상액에서 공제할 수 있다. 다만, 제1항의 의무위반이 손해의 발생 및 확대에 영향을 미치지 아니한 경우에는 그러하지 아니하다" 중 단서규정 삭제

2. 이유: 손해방지의 의미를 설명함에 불과함

〈인보험〉

Ⅰ. 상법 727조(인보험자의 책임)

1. 의견 : 원래의 상법규정대로 두어야 한다. 따라서 현행의 연금보험에 관한 규정도 존치하자는 의견이다.

2. 이유 : 첫째 분할지급의 문구는 사적자치의 형태로 두는 것이 타당하고, 둘째 이러한 문제는 보험사업의 영위에 관한 보험업법의 규정으로 미루는 것이 마땅하다.

Ⅱ. 제732조 단서

1. 의견 : 현행 규정을 존치하여야 한다.

2. 이유 :개정안에 따르면 심신박약자가 의사능력을 갖추고 있어야 하는 시점은 청약시라고 할 것인데, 의사능력의 존부 등을 둘러싸고 보험가입 부당거부, 보험가입시 의사능력의 존부의 입증 등과 사고발생시의 의사능력의 상실 등을 둘러싼 분쟁이 많을 것이고, 심신박약자 또는 의사능력회복에 관한 다툼은 사망보험의 특성상 사망사고가 발생한 후에 제기되는 수가 많아 이를 둘러싼 다툼의 해결 역시 쉽지 않을 것이다.

III. 第732조의2(생명보험자의 면책사유)

1. 의견 : 현행 규정을 폐지하여야 한다.

2. 이유

(1) 이 규정에 의하여 음주운전이라는 범죄적 행위에 의한 인적 손해를 보상하여야 하는 부당한 결과가 초래되고 있음

(2) 개정안 제1항의 1호와 2호는 생명보험의 보험사고가 사망, 생존으로 특정되어 있는 개정안에 의한다면 구별의 실익이 없다고 할 수 있다. 오히려 "피보험자의 자살"을 법정면책사유로 정해두는 경우 현행 약관과 부합하지 않는 면이 있을 수 있고, 보험소비자의 보호라는 측면에서는 비판의 소지가 있을 수 있다(일례로 독일보험계약법에서는 자살의 경우에 대한 예외를 다시 인정하고 있다).

IV. 第732조의3(다른 생명보험계약의 고지의무)

1. 의견 : 이 규정의 신설에 반대한다.

2. 이유 : 개정안은 몇 가지의 문제가 있다.

(1) 해석의 어려움 : 보험자가 보험계약을 해지할 수 있는 사유인 "보험계약체결 당시 그 사실을 알았더라면 계약을 체결하지 않았으리라고 인정되는 때"

란 어떤 경우인가에 대한 해석이 난해하다.

(2) 다른 보험의 존재를 알리지 아니하였다고 하여 보험금 전액을 받을 수 없도록 한 점은 가혹하다는 비판의 여지가 있다.

(3) 일반적인 고지의무위반과 관련하여서도 해석의 정합성에서 문제가 있다.

① 그 요건에서 "중요한"의 해석과 관련한 문제

② 인과관계의 존부와 관련한 문제 : 개정안은 이 규정에 한하여서는 인과관계가 문제되지 않는 것처럼 해석된다.

3. 이 규정은 신설하지 않는 것이 타당하다.

V. 제732조의2(보험금청구권의 압류금지)

1. 의견 : 이 규정을 신설하여서는 안된다.

2. 이유 : 다음과 같은 결정적인 문제점들이 있다.

(1) 대표적 사법의 체계인 상법에서의 영리보험, 그 보험계약의 이론에 "공익적 성격", "사회보장적 성격"을 도입하는 것은 타당하지 않다. 사회보장적 내용을 보험계약법에 도입하는 것은 타당하지 않고, 이는 공적 보험 등의 타영역에서 담당함이 마땅하다.

(2) 민사집행법의 규정과 부합하지 않는 면이 있다. 민사집행법 제246조 제1항은 압류금지채권을 규정하면서 제2호에서 "채무자가 구호사업이나 제3자의 도움으로 계속 받는 수입", 제4호에서 "급료·연금·봉급·상여금·퇴직연금, 그 밖에 이와 비슷한 성질을 가진 급여채권의 2분의 1에 해당하는 금액"은 압류할 수 없도록 하였다.

(3) 보험계약자의 지정변경권과도 어울리지 않는 규정이다.

- 보험수익자를 직계비속 등으로 한정하여 정해 둔 경우에만 이 규정이 적용될 수 있는 것이다.

(4) 일명 "시간적 간극설"과의 문제

사망보험계약의 체결시 피보험자 자신을 보험수익자로 지정해 둔 경우는 상속재산에 편입되는 것이고 보험수익자가 상속인이 되지 않는다. 따라서 이 경우 채권압류의 대상이 되지 않는 것으로 되고, 균형적 결론을 도출해 낼 수 없다.

VI. 제737조의2(상해보험자의 면책사유)

1. 의견 : 인보험에서는 중과실을 면책사유로 함을 제외하는 것으로 충분하다. 기타의 문제는 약관으로 해결하도록 함이 마땅하다.

2. 이유 : 다음과 같은 문제점이 있다.

(1) 기본적 입법취지에는 동의한다.

(2) 그러나 일반 사법인 상법의 영역에서 대통령령으로 위임하는 형식에 대하여는 보다 치밀한 고찰이 필요하다.

(3) "반사회성, 고도의 위험성"이라는 일반적 준거를 제시하면서 대단히 중요한 면책사유에 대하여 대통령령으로 정하는 형식은 흔치 않다.

VII. 제739조(준용규정)

1. 의견 : 제2항의 신설에 반대한다.

2. 이유 : 제2항의 신설은 다음과 같은 문제점이 있다.

(1) 상해보험계약에 관하여는 그 실질에 반하지 않는 한, 손해보험에 관한 규정을 준용한다는 점에는 의문이 있다. 상해의 결과로 사망하는 경우 이도 상

해보험으로 해석하고 있으며, 따라서 상해보험이 포괄하는 범위는 상당히 넓다. "상해의 결과로 사망하는 경우 이도 상해보험의 영역이다"는 판결로 대법원 2004.7.9. 선고 2003다29463 판결 등이 있다.

이러한 상황이라면 결과적으로 생명보험만의 규정이 적용되는 경우가 오히려 적다고 할 것이다.

(2) 중복보험의 규정 적용시의 문제

이러한 상황이라면, 중복보험에 관한 규정은 그대로 적용되는 결과가 된다. 중복보험이 적용되는 경우 보험계약을 아무리 많이 체결해 둔다고 하더라도 실지의 손해액의 경우만 보상을 하겠다는 뜻이다.

생명보험에서 다른 보험에 대한 고지의무에 관한 규정 제732조의3(案)과 제672조의2(案) 이외에도, 이는 보험금청구권에 상당한 영향을 미치는 규정이다. 이 규정에 의한다면 보험자에게 다른 보험의 사실을 알렸음에도 불구하고 보험자는 그 계약을 해지할 필요가 없다. 왜냐하면 향후 사고가 발생하여도, 상해보험의 경우 손해액 이상으로는 보상할 필요가 없기 때문이다.[1)]

이를 둘러싸고 상당한 논란의 발생이 우려된다.

(3) 한 예로, 상해보험에서의 손해(損害)를 어떻게 정의할 것인가의 의문이 있다. 법문에서의 "손해"라는 개념에 정신적 손해가 포함된다고 할 것인데 그러하다면 이러한 손해 개념의 포섭과 관련하여서도 상당한 분란이 초래될 우려가 있다.

이는 초과보험이 적용되는 경우도 마찬가지이다.

---

1) *ex*) S보험사가 甲에게 상해보험을 권유하여 여러 개의 보험에 가입하도록 한 경우에 있어 이를 어떻게 해결할 것인가? 설령 보험업법상의 보험자책임 규정으로 해결하려 하더라도, 증권에서와 같이 아주 난해한 법률문제가 발생한다.

VIII. 제739조의 2와 3과 4 (질병보험자의 책임)

1. 질병보험에 관한 규정의 신설에 대하여는 이의가 없다.

2. 그러나 제739조의 3은 삭제하는 것이 타당하다고 본다.

(1) 이 규정이 없다 하더라도 보험자가 면책이다.

(2) 오히려 이 규정의 신설로 해석상의 혼선만 초래될 우려가 있다. 즉 '통상적으로 받아야 할 치료'에 해당하는 치료를 받았는지에 대한 분쟁의 빈발이 우려된다.

[부록 2]

상법 일부개정법률안

의 안 번 호	550

제출연월일 : 2008. 8. 6.
제 출 자 : 정 부

제안이유

보험의 건전성을 확보하고 선량한 보험계약자를 보호하기 위하여 보험사기를 방지하고 음주 · 무면허운전 등의 면책약관을 인정하기 위한 규정 등을 신설하고, 보증보험 · 질병보험 등 신종 보험계약 및 보험대리점 등의 권한에 관한 규정을 신설하여 보험산업의 성장 및 변화된 현실을 반영하는 한편, 일부 정신장애인에 대한 생명보험 가입 허용, 일정 범위의 생명보험금의 압류 금지 및 가족에 대한 보험대위 금지 규정 등을 신설함으로써 장애인과 유족의 보호를 도모하고, 보험목적의 양도 시 양도인 등의 통지의무 위반효과를 구체화 하는 등 현행 제도의 운영상 나타난 일부 미비점을 개선 · 보완하려는 것임.

주요내용

1) 보험계약의 최대선의성 원칙 명문화(안 제638조)

(1) 현재 보험계약의 최대선의성 원칙을 반영한 여러 규정[제651조(고지의무위반으로 인한 계약해지), 제659조(보험자의 면책사유) 등]이 있지만 이 원칙이 직접 규정되어 있지는 아니함.

(2) 「민법」상 신의성실의 원칙에 상응하는 개념으로 보험계약의 최대선의의 원칙을 명문으로 규정함.

(3) 보험계약 당사자에 대한 기본적 행위규범으로 작용하여 보험의 건전성을 확보하고, 법 규정이 불비할 경우 재판의 원용규범으로 기능할 것으로 기대됨.

2) 보험자의 보험약관 교부 · 설명의무 위반에 대한 보험계약자의 취소권 행사기간 연장(안 제638조의3)

(1) 현재 보험자가 보험약관의 교부 · 명시의무를 위반한 경우 보험계약자에게 보험계약이 성립한 날부터 1개월 이내에 취소권을 행사하도록 하고 있으나 그 기간이 지나치게 짧아 취소권 행사가 어려움.

(2) 보험계약자가 보험증권을 받은 날부터 3개월 이내에 취소할 수 있도록 그 기간을 연장하여 보험계약자가 취소권을 행사하기 쉽게 함.

3) 보험대리점 등의 권한에 관한 규정 신설(안 제646의2 신설)

(1) 현재 보험대리점 등 보험자의 보조자의 권한에 관한 규정이 없어, 보험계약자가 이들에게 교부한 보험료 및 청약 등의 의사표시와 관련하여 보험자와 보험계약자 간 분쟁의 원인이 되고 있음.

(2) 보험대리점에 보험료 수령권, 보험증권 교부권, 청약 · 해지 등 의사표시의 통지권 · 수령권을 부여하고, 특정한 보험자를 위하여 계속적으로 보험계약의 체결을 중개하는 자에게 보험료 수령권(보험자가 작성한

영수증을 교부하는 경우만 해당)과 보험증권 교부권을 인정하여 보험자 보조자의 권한을 명확하게 규정함.

4) 고지의무 등과 인과관계 없는 보험사고의 경우 보험자의 계약해지권 인정(안 제655조)

(1) 현재 보험계약자 등이 고지의무를 이행하지 아니한 상태에서 보험사고가 발생한 경우 보험자가 계약을 해지함으로써 면책되도록 하면서도, 고지의무 위반 등과 보험사고 사이에 인과관계가 인정되지 아니하는 경우에는 보험자가 면책되지 아니하는 것으로만 되어 있어 이 경우 보험자에게 계약해지권이 인정되는지 여부에 관하여 해석상 논란이 있음.

(2) 고지의무 위반 등과 보험사고 사이에 인과관계가 인정되지 아니하더라도 보험자가 보험금은 현행과 같이 지급하되 계약은 해지할 수 있도록 명문으로 규정함.

(3) 해석상 논란을 불식함으로써 법적 안정성 제고에 이바지할 것으로 기대됨.

5) 보험사기 방지를 위한 규정 신설(안 제655조의2 및 제657조의2 신설)

(1) 보험사기는 보험료 인상 및 중대 범죄 유발 요인으로 작용할 뿐만 아니라 선량한 보험가입자에게 피해를 주는 행위임에도 불구하고 현재 보험사기에 관한 규정이 없어 보험사기에 효과적으로 대처하지 못하고 있음.

(2) 보험계약이 사기로 인하여 체결된 경우에는 그 계약을 무효로 하고, 보험금청구가 사기로 이루어진 경우에는 일정한 요건 하에 보험자가 면책되도록 함.

(3) 보험계약자 등의 도덕적 해이를 방지함으로써 선량한 다수 보험계약자를 보호할 수 있을 것으로 기대됨.

6) 소멸시효 기간의 연장(안 제662조)

(1) 현재 소멸시효 기간은 보험금청구권은 2년, 보험료 또는 적립금 반환청구권은 2년, 보험료청구권은 1년으로 되어 있으나, 이는 외국 입법례 등에 비추어 지나치게 단기임.

(2) 소멸시효 기간을 보험금청구권은 3년, 보험료 또는 적립금 반환청구권은 3년, 보험료청구권은 2년으로 각각 연장함.

(3) 단기인 소멸시효 기간을 연장함으로써 보험자 및 보험계약자의 불이익을 줄일 수 있을 것으로 기대됨.

7) 중복보험 관련 규정의 정비(안 제672조, 제725조의2 및 제739조제2항, 안 제672조의2 신설)

(1) 현재는 중복보험의 요건으로 총 보험금액의 보험가액의 초과만이 규정되어 있어 총 보상액의 손해액의 초과는 중복보험으로 규율할 수 없고, 둘 이상의 보험계약에 대한 통지의무 위반 효과가 규정되어 있지 아니하며, 중복보험 관련 규정이 실손(實損) 보상적 상해보험에 적용되는지 여부에 관하여도 해석상 논란이 있음.

(2) 중복보험의 요건으로 보상액의 총액이 손해액을 초과하는 경우를 포함하고, 보험계약자 등이 둘 이상의 보험계약이 체결된 사실을 통지할 의무를 위반한 경우 보험자가 계약을 해지할 수 있도록 하며, 실손 보상적 상해보험의 경우에도 그 성질에 반하지 아니하는 한 중복보험 관련 규정을 준용할 수 있도록 함.

(3) 이득금지라는 중복보험 취지를 달성하고 법적안정성 제고에 이바지할 것으로 기대됨.

8) 보험목적의 양도 시 양도인 등의 통지의무 위반 효과 구체화(안 제679조)

(1) 현재 보험목적의 양도 시 양도인 또는 양수인의 보험자에 대한 통지의무는 규정되어 있으나 통지의무를 이행하지 아니한 경우의 효과에 관

하여는 규정되어 있지 아니하여 보험자의 계약해지권 인정 및 면책 여부와 관련하여 해석상 논란이 있음.

(2) 보험목적이 양도된 경우 양도인이나 양수인이 보험자에게 양도 통지를 하지 아니한 때에는 일정한 요건 하에 보험자가 면책되도록 하고, 보험자는 보험목적의 양도 사실을 안 날부터 1개월 이내에 보험계약을 해지할 수 있도록 함.

(3) 보험자와 양도인 또는 양수인 간의 분쟁을 명확히 해결할 수 있을 것으로 기대됨.

9) 손해방지의무 위반 효과의 구체화 및 손해방지비용 부담한도액의 설정(안 제680조)

(1) 현재 보험사고가 발생한 경우 보험계약자 또는 피보험자의 손해방지의무는 규정되어 있으면서 그 위반의 효과는 규정되어 있지 아니하고, 손해방지비용이 보험금액을 초과하는 경우 보험자의 지시나 동의 여부와 상관없이 보험자가 책임을 지도록 하고 있어, 보험금으로 보험급부의 한도를 정하는 보험계약의 기본구조에 어긋나는 문제점이 있음.

(2) 보험계약자나 피보험자가 고의 또는 중과실로 손해방지의무를 위반한 경우에는 방지하거나 줄일 수 있었던 손해액을 보상액에서 공제할 수 있도록 하고, 손해방지비용은 원칙적으로 보험금의 한도에서 부담하되 보험자의 지시나 동의에 따른 것인 경우에만 보험금액을 초과하는 비용도 부담하도록 함.

(3) 손해방지의무 위반의 효과 및 이와 관련한 보험자의 책임을 분명하게 함으로써 법적 안정성 제고에 이바지할 것으로 기대됨.

10) 가족에 대한 보험자의 보험대위 금지 규정의 신설(안 제682조)

(1) 현재 보험자가 대위권을 행사할 수 있는 제3자의 범위가 제한되어 있지 아니하여 보험계약자 또는 피보험자의 가족에 대하여도 대위권 행사가 가능하여 그 책임이 보험계약자 또는 피보험자에게도 미쳐 결국

보험계약이 공동화(空洞化)될 우려가 있음.

(2) 손해를 야기한 제3자가 보험계약자 또는 피보험자와 생계를 같이 하는 가족인 경우에는 그 가족의 고의로 인한 사고인 경우를 제외하고 보험자가 대위권을 행사할 수 없도록 함.

(3) 생계를 같이 하는 가족에 대한 대위권 행사를 금지함으로써 피보험자를 두텁게 보호할 수 있을 것으로 기대됨.

11) 책임보험 피보험자의 배상청구사실 통지의무 위반 효과의 구체화(안 제722조)

(1) 현재 책임보험의 피보험자가 배상의 청구를 받은 때에는 지체 없이 보험자에게 그 통지를 발송하도록 되어 있을 뿐 통지를 하지 아니한 경우의 효과에 관하여는 규정되어 있지 않아 해석상 논란이 있음.

(2) 책임보험의 피보험자가 그 통지를 게을리 하여 증가된 손해에 대하여는 보험자가 책임을 지지 아니하되, 책임보험의 피보험자가 이미 이 법 제657조에 의한 보험사고발생통지를 한 때에는 그 통지를 하지 아니하여도 되도록 함.

(3) 통지의무 위반 시 보험자의 책임 범위를 분명히 함으로써 법적 안정성 제고에 이바지할 것으로 기대됨.

12) 보증보험 규정의 신설(안 제726조의5부터 제726조의7까지 신설)

(1) 현재 보증보험에 관한 규정이 없고, 보증보험이 갖는 보증 및 보험의 양면성으로 인하여 보증보험의 성질에 관한 견해가 대립하는 등 보증보험의 법률관계가 불명확함.

(2) 보증보험에 관한 절을 신설하여 보증보험자의 책임, 보험편 규정 중 보증보험의 성질상 적용이 부적절한 규정의 적용 배제 및 「민법」상 보증규정의 준용 등에 관한 규정을 둠.

(3) 보증보험에 관한 법률관계를 이 법에 직접 규정함으로써 법적 안정성 제고에 이바지할 것으로 기대됨.

13) 연금보험 관련 규정 정비 및 생명보험의 보험사고 구체화(안 727조 및 제730조, 현행 제735조 및 제735조의2 삭제)

(1) 생명보험은 사망, 생존, 생존과 사망을 보험사고로 할 수 있는 것임에도 불구하고 현재 생사혼합보험 및 생존보험의 근거 조항으로 양로보험 및 연금보험 규정을 별도로 두고 있음.

(2) 보험금의 분할지급은 인보험(人保險)의 공통적인 특질이므로 인보험 통칙에 보험금 분할지급의 근거 조항을 신설하고, 생명보험은 사망, 생존, 사망과 생존을 보험사고로 할 수 있도록 명백히 규정함과 동시에 현행 양로보험 및 연금보험 조항을 삭제함.

14) 심신박약자에 대한 생명보험 가입 허용(안 제732조 단서 신설)

(1) 현재 15세 미만자, 심신상실자 또는 심신박약자의 사망을 보험사고로 하는 보험계약을 무효로 하고 있어 정신장애인은 장애의 정도에 관계없이 생명보험계약 체결이 불가능함.

(2) 심신박약자 중 의사능력이 있는 자는 생명보험계약의 피보험자가 될 수 있도록 함.

(3) 취업하여 생계를 유지하거나 보조하고 있는 심신박약자가 생명보험계약에 가입할 수 있게 됨으로써 그 유족의 생활 안정에 이바지할 것으로 기대됨.

15) 생명보험에 있어서의 보험자의 면책사유 구체화(안 제732조의2)

(1) 현재 생명보험에서 피보험자의 고의는 보험계약자 및 보험수익자의 고의와 동일하게 보험자의 면책사유로 규정되어 있으나, 이는 생명보험의 저축적·보장적 기능에 비추어 볼 때 불합리할 뿐만 아니라 실무상 통용되는 약관과도 불일치하는 문제가 있음. 또한, 둘 이상의 보험수익자 중 일부가 고의로 피보험자를 사망하게 한 경우 다른 보험수익자에 대한 책임문제에 관하여는 규정되어 있지 아니함.

(2) 피보험자의 고의는 보험계약자 또는 보험수익자의 고의와 다르게 평가하여 피보험자가 자살한 경우에만 보험자가 면책되도록 하고, 둘 이상의 보험수익자 중 일부가 피보험자를 사망하게 한 경우 보험자는 다른 보험수익자에 대하여 책임을 지도록 함.

(3) 생명보험계약의 저축적 · 보장적 기능을 반영함으로써 보험수익자의 유족 보호를 강화하고, 보험수익자가 둘 이상인 경우의 법률관계를 규정함으로써 법적 안정성을 높이는 데에 이바지할 것으로 기대됨.

16) 다른 생명보험계약의 고지의무 신설(안 제732조의3 신설)

(1) 고지의무 대상에 다른 생명보험계약의 체결 사실도 포함되는지 여부에 관하여 해석상 논란이 있는바, 피보험자에게 존재하는 다른 생명보험계약의 존재 여부를 보험자에게 미리 고지하게 함으로써 보험계약자 측의 도덕적 위험에 대처할 필요가 있음.

(2) 보험계약자나 피보험자가 보험자로부터 다른 생명보험계약의 고지를 요구받고도 고의 또는 중대한 과실로 고지하지 아니하거나 거짓의 고지를 한 경우 보험자가 계약을 해지할 수 있도록 함.

17) 일정 범위의 생명보험 수급권 압류 금지 규정의 신설(안 제734조의2 신설)

(1) 현재 유족의 생활 안정이라는 공익적 성격이 짙은 생명보험의 수급권에 대하여도 압류가 제한되어 있지 아니하여 생명보험 수급권자인 유족의 보호에 미흡함.

(2) 보험수익자의 직계존비속 또는 배우자가 사망함으로써 보험수익자가 취득하는 사망보험금청구권의 2분의 1에 해당하는 금액에 대하여는 압류할 수 없도록 함.

(3) 생명보험의 사회보장적 기능을 반영함으로써 유족의 생활 안정에 이바지할 것으로 기대됨.

18) 단체보험의 요건 명확화(안 제735조의3제3항 신설)

(1) 단체보험은 타인의 생명보험계약임에도 불구하고 현재 그 타인의 서면 동의를 받도록 하는 규정의 적용이 배제되어 있어, 단체가 자신을 보험수익자로 지정하는 경우에 피보험자인 구성원의 동의가 필요한지 여부에 관하여 해석상 논란이 있음.

(2) 단체보험에서 보험계약자가 피보험자가 아닌 자를 보험수익자로 지정하는 경우에는 단체의 규약에 명시적으로 정하지 아니하는 한 피보험자의 서면에 의한 동의를 받도록 함.

(3) 단체보험에서 단체의 구성원인 피보험자의 동의를 받도록 함으로써 단체의 구성원과 그 유족의 이익을 보호할 수 있을 것으로 기대됨.

19) 상해보험의 면책사유 규정 신설(안 제737조의2 신설)

(1) 현재 손해보험과 달리 상해보험에서는 중과실에 의한 사고의 경우 보험자가 면책되지 아니하도록 규정되어 있고, 대법원은 음주·무면허운전 등에 대한 보험자 면책약관은 이 법상 불이익변경금지원칙에 반하여 무효라고 하고 있는데, 이는 범죄행위이자 고도의 위험성이 있는 음주·무면허운전 등을 조장할 뿐만 아니라 사고의 우연성을 전제로 하는 보험원리에도 반하는 문제점이 있음.

(2) 상해사고가 보험계약자 등의 중과실에 의한 경우 원칙적으로 보험자가 면책되지 아니하지만, 반사회성 및 고도의 위험성이 모두 있는 행위로서 대통령령으로 정하는 행위의 경우에는 당사자 간의 약정에 따라 보험자가 면책될 수 있도록 함.

(3) 상해보험에서 음주·무면허운전 등 면책 조항의 효력을 인정하는 근거를 마련함으로써 보험계약자의 도덕적 해이를 방지하고 보험의 건전성을 확보하는 데에 이바지할 것으로 기대됨.

20) 질병보험 규정 신설(안 제739의2부터 제749조의4까지 신설)

(1) 현행법은 질병보험에 관한 규정을 두고 있지 아니하고 단지 해석과 약관에 의하여만 규율되고 있어 그 법률관계가 불명확함.

(2) 질병보험에 관한 규정을 신설하여 질병보험자의 책임과 준용규정을 두는 한편, 고령 · 말기 암 환자 등과 같이 개선의 여지가 없는 경우를 제외하고 통상적으로 받아야 할 치료를 고의로 받지 아니하는 경우에는 보험자가 면책되도록 하는 보험자의 면책 규정도 마련함.

(3) 질병보험에 관한 법률관계를 이 법에 직접 규정함으로써 법적 안정성 제고에 이바지할 것으로 기대됨.

법률 제○○○호

상법 일부개정법률안

상법 일부를 다음과 같이 개정한다.

제638조를 다음과 같이 한다.

제638조(보험계약의 의의 및 최대선의의 원칙) ① 보험계약은 당사자 일방이 약정한 보험료를 지급하고 재산 또는 생명이나 신체에 불확정한 사고가 생길 경우에 상대방이 일정한 보험금이나 그 밖의 급여를 지급할 것을 약정함으로써 효력이 생긴다.

② 보험계약의 당사자는 보험계약의 체결, 권리의 행사 및 의무의 이행을 최대선의(最大善意)의 원칙에 따라 하여야 한다.

제638조의3을 다음과 같이 한다.

제638조의3(보험약관의 교부·설명의무) ① 보험자는 보험계약을 체결할 때에 보험계약자에게 보험약관을 교부하고 그 약관의 중요한 내용을 설명하여야 한다.

② 보험자가 제1항을 위반한 경우에는 보험계약자는 보험증권을 받은 날부터 3개월 이내에 그 계약을 취소할 수 있다.

제646조의2를 다음과 같이 신설한다.

제646조의2(보험대리점 등의 권한) ① 보험대리점은 다음 각 호의 권한이 있다.

1. 보험계약자로부터 보험료를 수령할 수 있는 권한
2. 보험자가 작성한 보험증권을 보험계약자에게 교부할 수 있는 권한
3. 보험계약자로부터 청약, 고지, 통지, 해지, 취소 등 보험계약에 관한 의

사표시를 수령할 수 있는 권한

4. 보험계약자에게 보험계약의 체결, 변경, 해지 등 보험계약에 관한 의사표시를 할 수 있는 권한

② 제1항에도 불구하고 보험자는 보험대리점과의 대리계약에서 보험대리점의 제1항 각 호의 권한 중 일부를 제한할 수 있다. 다만, 보험자는 대리계약상의 권한 제한을 이유로 선의의 보험계약자에게 대항하지 못한다.

③ 보험대리점이 아니면서 특정한 보험자를 위하여 계속적으로 보험계약의 체결을 중개하는 자는 제1항제1호(보험자가 작성한 영수증을 보험계약자에게 교부하는 경우만 해당한다) 및 제2호의 권한이 있다.

④ 피보험자나 보험수익자가 보험료를 지급하거나 보험계약에 관한 의사표시를 할 의무가 있는 경우에는 제1항부터 제3항까지의 규정을 그 피보험자나 보험수익자에 대하여도 적용한다.

제650조제2항을 다음과 같이 한다.

② 계속보험료가 약정한 지급기일에 지급되지 아니한 경우에는 보험자는 상당한 기간을 정하여 보험계약자에게 그 지급을 최고(催告)하고, 그 기간 내에 지급되지 아니한 경우에는 그 계약을 해지할 수 있다.

제652조제1항을 다음과 같이 한다.

① 보험계약 체결 이후에 보험계약자 또는 피보험자가 사고발생의 위험이 현저하게 변경되거나 증가된 사실을 안 경우에는 지체 없이 보험자에게 통지하여야 한다. 통지를 게을리한 경우에는 보험자는 그 사실을 안 날부터 1개월 이내에 한하여 계약을 해지할 수 있다.

제653조를 다음과 같이 한다.

제653조(보험계약자 등의 고의나 중과실로 인한 위험변경증가와 계약해지) 보험계약 체결 이후에 보험계약자, 피보험자 또는 보험수익자의 고의 또는 중대한 과실로 인하여 사고발생의 위험이 현저하게 변경되거나 증가된 경우에는 보험자는 그 사실을 안 날부터 1개월 이내에 보험료의 증액을 청구하거나 계약을 해지할 수 있다.

제655조를 다음과 같이 한다.

第655조(계약해지와 보험금청구권) 보험사고가 발생한 후에도 보험자가 제650조, 제651조, 제652조 및 제653조에 따라 계약을 해지한 때에는 보험금을 지급할 책임이 없고 이미 지급한 보험금의 반환을 청구할 수 있다. 다만, 고지의무(告知義務)를 위반한 사실 또는 위험이 현저하게 변경되거나 증가된 사실이 보험사고의 발생에 영향을 미치지 아니하였음이 증명된 때에는 계약을 해지하더라도 보험금을 지급할 책임이 있다.

제655조의2 및 제657조의2를 각각 다음과 같이 신설한다.

제655조의2(사기에 의한 계약) ① 보험계약의 당사자 또는 피보험자의 사기(詐欺)로 인하여 체결된 보험계약은 무효로 한다.

② 제1항의 경우에 보험자는 그 사실을 안 때까지의 보험료를 청구할 수 있다. 다만, 인보험(人保險)에서 보험수익자를 위하여 적립한 금액은 보험계약자에게 지급하여야 한다.

제657조의2(사기에 의한 보험금청구) ① 보험계약자, 피보험자, 보험수익자 또는 보험금청구권을 가지는 제3자가 보험금을 청구한 경우에 사기의 목적으로 다음 각 호의 어느 하나에 해당하는 행위를 하여 보험금의 지급 여부 또는 그 산정에 중대한 영향을 미친 때에는 보험자는 그 사실을 안 날부터 1개월 이내에 보험금청구권이 상실된다는 뜻을 통지하여 보험금의 지급책임을 면할 수 있다.

1. 손해 통지 또는 보험금 청구에 관한 서면이나 증거를 위조하거나 변조하는 행위
2. 손해 통지 또는 보험금 청구에 관한 서면에 거짓된 사실을 기재하는 행위
3. 그 밖에 보험금의 지급 여부 또는 그 산정에 중대한 영향을 미치는 사항을 거짓으로 알리거나 숨기는 행위

② 제1항의 경우 보험자가 이미 보험금을 지급한 경우에는 그 반환을 청구할 수 있다.

제658조를 다음과 같이 한다.

第658조(보험금의 지급시기) ① 보험자는 보험금의 지급기간에 관하여 약정

이 있는 경우에는 그 기간 내에 지급할 보험금을 정하여 피보험자 또는 보험수익자에게 보험금을 지급하여야 한다.

② 보험자는 보험금의 지급기간에 관하여 약정이 없는 경우에는 제657조제1항의 통지를 받은 후 손해사정 또는 보험사고조사에 필요한 통상의 기간 내에 지체 없이 지급할 보험금을 정하고, 보험금을 정한 날부터 10일 이내에 피보험자 또는 보험수익자에게 보험금을 지급하여야 한다. 다만, 보험계약자 또는 보험금청구권자의 책임이 있는 사유로 손해사정이나 보험사고조사가 방해된 경우에는 손해사정 또는 보험사고조사에 필요한 통상의 기간의 진행은 정지되고 그 방해가 소멸된 때부터 진행한다.

제662조를 다음과 같이 한다.

제662조(소멸시효) 보험금청구권은 3년간, 보험료 또는 적립금의 반환청구권은 3년간, 보험료청구권은 2년간 행사하지 아니하면 소멸시효가 완성된다.

제664조를 다음과 같이 한다.

제664조(상호보험, 공제 등에의 준용) 이 편(編)의 규정은 그 성질에 반하지 아니하는 범위에서 상호보험(相互保險), 공제(供濟), 그 밖에 이에 준하는 계약에 준용한다.

제666조 제8호 및 제9호를 각각 제9호 및 제10호로 하고, 같은 조에 제8호를 다음과 같이 신설한다.

8. 피보험자의 주소, 성명 또는 상호

제669조제4항을 삭제한다.

제672조를 다음과 같이 한다.

제672조(중복보험) ① 동일한 보험계약의 목적과 동일한 사고에 관하여 둘 이상의 보험계약이 동시에 또는 순차로 체결된 경우에 각 보험금의 총액이 보험가액(保險價額)을 초과하거나 각 보험계약에 의한 보상액의 총액이 손해액을 초과하는 경우에는 보험자는 각 보험계약에 따른 보상액의 한도에서 연대책임을 진다. 이 경우 각 보험자의 보상책임은 각자의 보험금의 비율 또는 각 보험계약에 의한 보상액의 비율에 따른다.

② 보험자의 책임에 관하여 제1항과 다른 내용의 약정이 있는 경우에는 그

약정에 따른다.

제672조의2를 다음과 같이 신설한다.

제672조의2(둘 이상의 보험계약의 통지의무) ① 동일한 보험계약의 목적과 동일한 사고에 관하여 둘 이상의 보험계약이 동시에 또는 순차로 체결된 경우에는 보험계약자 또는 피보험자는 지체 없이 각 보험자에게 다른 보험계약의 보험자와 보험금을 통지하여야 한다. 동일한 보험계약의 목적에 관하여 제667조의 이익이나 보수를 보상하는 보험계약과 그 밖의 손해를 보상하는 보험계약이 따로 체결된 경우에도 같다.

② 보험계약자나 피보험자가 고의 또는 중대한 과실로 제1항의 통지를 하지 아니하거나 거짓의 통지를 한 경우에는 보험자는 그 사실을 안 날부터 1개월 이내에, 계약을 체결한 날부터 3년 이내에 한하여 계약을 해지할 수 있다. 다만, 보험자가 각 보험계약이 체결될 당시에 다른 보험계약의 내용을 알았거나 중대한 과실로 알지 못한 경우에는 그러하지 아니하다.

제679조 및 제680조를 각각 다음과 같이 한다.

제679조(보험목적의 양도) ① 피보험자가 보험목적을 양도한 경우 양수인은 보험계약상의 권리와 의무를 승계한다.

② 제1항의 경우에 보험목적의 양도인 또는 양수인은 보험자에게 지체 없이 보험목적의 양도 사실을 통지하여야 한다. 양도인 또는 양수인이 양도의 통지를 하지 아니한 상태에서 양도일부터 1개월을 지나 보험사고가 발생하고, 보험자가 제1항의 승계를 하지 않으리라는 사정이 인정되는 경우 보험자는 보험금을 지급할 책임을 면한다.

③ 보험자는 보험목적이 양도된 사실을 안 날부터 1개월 이내에 보험계약의 해지를 통지할 수 있다. 이 경우 보험계약자가 해지 통지를 받은 후 15일이 지나야 해지의 효력이 생긴다.

제680조(손해방지의 의무 및 비용) ① 보험계약자와 피보험자는 보험사고가 발생한 경우 그 사고로 인한 손해를 방지하고 줄이기 위하여 노력하여야 한다.

② 보험계약자나 피보험자가 제1항의 의무를 고의 또는 중대한 과실로 위

반한 경우에는 보험자는 그 의무가 이행되었더라면 방지하거나 줄일 수 있었던 손해액을 보상액에서 공제할 수 있다. 다만, 제1항의 의무 위반이 손해의 발생 및 확대에 영향을 미치지 아니한 경우에는 그러하지 아니하다.

③ 보험자는 제1항의 의무를 이행하기 위하여 필요하거나 유익하였던 비용과 보상액을 보험금의 한도 내에서 부담한다. 다만, 이 의무의 이행이 보험자의 지시나 동의를 따른 것인 경우에는 비용과 보상액이 보험금을 초과하더라도 보험자가 부담한다.

제682조를 다음과 같이 한다.

제682조(제3자에 대한 보험대위) ① 손해가 제3자의 행위로 인하여 발생한 경우에 보험금을 지급한 보험자는 그 지급한 금액의 한도에서 그 제3자에 대한 보험계약자 또는 피보험자의 권리를 취득한다. 다만, 보험자가 보상할 보험금의 일부를 지급한 경우에는 피보험자의 권리를 침해하지 아니하는 범위에서 그 권리를 행사할 수 있다.

② 보험계약자나 피보험자의 제1항의 권리가 그와 생계를 같이 하는 가족에 대한 것인 경우에는 보험자는 그 권리를 취득하지 못한다. 다만, 손해가 그 가족의 고의로 인하여 발생한 경우에는 그러하지 아니하다.

제722조를 다음과 같이 한다.

제722조(피보험자의 배상청구 사실 통지의무) ① 피보험자가 제3자로부터 배상청구를 받은 때에는 지체 없이 보험자에게 그 통지를 발송하여야 한다.

② 피보험자가 제1항의 통지를 게을리하여 손해가 증가된 경우에는 보험자는 그 증가된 손해를 보상할 책임이 없다. 다만, 피보험자가 제657조제1항의 통지를 발송한 경우에는 그러하지 아니하다.

제725조의2를 다음과 같이 한다.

제725조의2(둘 이상의 책임보험) 피보험자가 동일한 사고로 제3자에게 배상책임을 짐으로써 입은 손해를 보상하는 둘 이상의 책임보험계약이 동시에 또는 순차로 체결된 경우에는 제672조, 제672조의2 및 제673조를 준용한다.

제726조를 다음과 같이 한다.

제726조(재보험에의 준용) 이 절(節)의 규정은 그 성질에 반하지 아니하는

범위에서 재보험계약에 준용한다.

제4편제2장제7절(제726조의5부터 제726조의7까지)을 다음과 같이 신설한다.

제7절 보증보험

제726조의5(보증보험자의 책임) 보증보험계약의 보험자는 보험계약자가 피보험자에게 계약상의 채무불이행 또는 법령상의 의무불이행으로 입힌 손해를 보상할 책임이 있다.

제726조의6(적용 제외) ① 보증보험계약에 관하여는 제639조제2항 단서를 적용하지 아니한다.

② 보험계약자의 사기, 고의 또는 중대한 과실이 있는 경우에도 이에 대하여 피보험자에게 책임이 있는 사유가 없으면 제651조, 제652조, 제653조, 제655조의2, 제659조제1항 및 제672조의2를 적용하지 아니한다.

제726조의7(준용규정) 보증보험계약에 관하여는 그 성질에 반하지 아니하는 범위에서 보증채무에 관한 「민법」의 규정을 준용한다.

제727조를 다음과 같이 한다.

제727조(인보험자의 책임) ① 인보험계약의 보험자는 피보험자의 생명이나 신체에 관하여 보험사고가 발생할 경우에 보험계약으로 정하는 바에 따라 보험금이나 그 밖의 급여를 지급할 책임이 있다.

② 제1항의 보험금은 당사자 간의 약정에 따라 분할하여 지급할 수 있다.

제730조를 다음과 같이 한다.

제730조(생명보험자의 책임) 생명보험계약의 보험자는 피보험자의 사망, 생존, 사망과 생존에 관한 보험사고가 생길 경우에 약정한 보험금을 지급할 책임이 있다.

제732조에 단서를 다음과 같이 신설한다.

다만, 심신박약자가 보험계약을 체결하거나 제731조에 따른 서면 동의를 할 때에 의사능력이 있는 경우에는 그러하지 아니하다.

제732조의2를 다음과 같이 한다.

제732조의2(생명보험자의 면책사유) ① 사망을 보험사고로 한 보험계약에서 보험사고가 다음 각 호의 어느 하나에 해당하는 경우에는 보험자는 보험금을 지급할 책임이 없다.

1. 보험사고가 보험계약자 또는 보험수익자의 고의로 발생한 경우
2. 보험사고가 피보험자의 자살로 발생한 경우

② 둘 이상의 보험수익자 중 일부가 고의로 피보험자를 사망하게 한 경우에는 제1항에도 불구하고 보험자는 다른 보험수익자에 대한 보험금 지급 책임을 면하지 못한다.

제732조의3 및 제734조의2를 각각 다음과 같이 신설한다.

제732조의3(다른 생명보험계약의 고지의무) ① 보험자는 보험계약 당시에 보험계약자 또는 피보험자에게 피보험자의 사망을 보험사고로 하는 다른 생명보험계약의 보험자 및 보험금을 고지하도록 요구할 수 있다.

② 보험계약자나 피보험자가 고의 또는 중대한 과실로 제1항의 고지를 하지 아니하거나 거짓의 고지를 하고, 보험자가 보험계약 당시에 그 사실을 알았더라면 보험계약을 체결하지 아니하였을 것이라고 인정되는 경우에는, 보험자는 그 사실을 안 날부터 1개월 이내에, 보험계약을 체결한 날부터 3년 이내에 한하여 보험계약을 해지할 수 있다. 다만, 보험자가 보험계약 당시에 그 사실을 알았거나 중대한 과실로 알지 못한 경우에는 그러하지 아니하다.

제734조의2(보험금청구권의 압류금지) ① 직계존·비속(直系尊·卑屬) 또는 배우자가 사망함으로써 보험수익자가 취득하는 사망보험금청구권의 2분의 1에 해당하는 금액은 압류할 수 없다.

② 보험수익자가 사망보험금청구권을 취득하는 보험계약이 둘 이상인 경우에는 제1항을 각 보험계약별로 적용한다.

제735조 및 제735조의2를 각각 삭제한다.

제735조의3에 제3항을 다음과 같이 신설한다.

③ 제1항의 보험계약의 경우 보험계약자가 피보험자가 아닌 자를 보험수익자로 지정하는 경우에는 단체의 규약에서 명시적으로 정하는 경우 외에는

그 피보험자의 서면에 따른 동의를 받아야 한다.

제736조를 다음과 같이 한다.

제736조(보험적립금 반환의무 등) 제649조, 제650조, 제651조, 제652조부터 제655조까지 및 제732조의3에 따라 보험계약이 해지된 경우와 제659조 및 제660조에 따라 보험금 지급책임이 면제된 경우에는 보험자는 보험수익자를 위하여 적립한 금액을 보험계약자에게 지급하여야 한다. 다만, 다른 약정이 없는 경우로서 제659조제1항의 보험사고가 보험계약자에 의하여 발생한 경우에는 그러하지 아니하다.

제737조의2를 다음과 같이 신설한다.

제737조의2(상해보험자의 면책사유) 상해를 보험사고로 하는 보험계약에는 사고가 보험계약자 또는 피보험자나 보험수익자의 중대한 과실로 인하여 생긴 경우에도 보험자는 보험금을 지급할 책임을 면하지 못한다. 다만, 반사회성 및 고도의 위험성이 있는 행위 중 대통령령으로 정하는 행위의 경우에는 당사자 간에 다르게 약정할 수 있다.

제739조를 다음과 같이 한다.

제739조(상해보험에 대한 준용규정) ① 상해보험에 관하여는 제732조 및 제732조의2를 제외하고 생명보험에 관한 규정을 준용한다.

② 제1항에도 불구하고 실손(實損) 보상적 상해보험계약에 관하여는 그 성질에 반하지 아니하는 범위에서 손해보험에 관한 규정을 준용한다.

제4편제3장제4절(제739조의2부터 제739조의4까지)을 다음과 같이 신설한다.

제4절 질병보험

제739조의2(질병보험자의 책임) 질병보험계약의 보험자는 피보험자의 질병에 관한 보험사고가 발생할 경우 보험금이나 그 밖의 급여를 지급할 책임이 있다.

제739조의3(고의에 의한 질병의 악화) 피보험자가 질병을 악화시켜 보험금을 취득할 목적으로 통상적으로 받아야 할 치료를 받지 아니하여 질병이 악화

된 경우 보험자는 그로 인하여 악화된 부분에 대하여는 보험금을 지급할 책임이 없다.

제739조의4(질병보험에 대한 준용규정) 질병보험에 관하여는 그 성질에 반하지 아니하는 범위에서 생명보험 및 상해보험에 관한 규정을 준용한다.

부칙

제1조(시행일) 이 법은 공포 후 6개월이 경과한 날부터 시행한다.

제2조(일반적 경과조치) 이 법은 종전의 규정에 의하여 생긴 보험계약의 효력에는 영향을 미치지 아니한다.

[부록 3] 신 · 구조문대비표

현 행	개 정 안
第638條(意義) 保險契約은 當事者 一方이 約定한 保險料를 支給하고 相對方이 財産 또는 生命이나 身體에 關하여 不確定한事故가 생길境遇에 一定한 保險金額其他의 給與를 支給할것을 約定함으로써 效力이 생긴다	제638조(보험계약의 의의 및 최대선의의 원칙) ① 보험계약은 당사자 일방이 약정한 보험료를 지급하고 재산 또는 생명이나 신체에 불확정한 사고가 생길 경우에 상대방이 일정한 보험금이나 그 밖의 급여를 지급할 것을 약정함으로써 효력이 생긴다. ② 보험계약의 당사자는 보험계약의 체결, 권리의 행사 및 의무의 이행을 최대선의(最大善意)의 원칙에 따라 하여야 한다.
第638條의3(保險約款의 교부 · 명시義務) ①保險者는 保險契約을 체결할 때에 保險契約者에게 保險約款을 교부하고 그 約款의 중요한 내용을 알려주어야 한다. ②保險者가 第1項의 規定에 위반한 때에는 保險契約者는 保險契約이 成立한 날부터 1月내에 그 契約을 取消할 수 있다.	제638조의3(보험약관의 교부 · 설명의무) ① 보험자는 보험계약을 체결할 때에 보험계약자에게 보험약관을 교부하고 그 약관의 중요한 내용을 설명하여야 한다. ② 보험자가 제1항을 위반한 경우에는 보험계약자는 보험증권을 받은 날부터 3개월 이내에 그 계약을 취소할 수 있다.
<신 설>	제646조의2(보험대리점 등의 권한) ① 보험대리점은 다음 각 호의 권한이 있다. 1. 보험계약자로부터 보험료를 수령할 수 있는 권한 2. 보험자가 작성한 보험증권을 보험계약자에게 교부할 수 있는 권한 3. 보험계약자로부터 청약, 고지, 통지, 해지, 취소 등 보험계약에 관한 의사표시를 수령할 수 있는 권한 4. 보험계약자에게 보험계약의 체결, 변경, 해지 등 보험계약에 관한 의사표시를 할 수 있는 권한

현 행	개 정 안
	② 제1항에도 불구하고 보험자는 보험대리점과의 대리계약에서 보험대리점의 제1항 각 호의 권한 중 일부를 제한할 수 있다. 다만, 보험자는 대리계약상의 권한 제한을 이유로 선의의 보험계약자에게 대항하지 못한다. ③ 보험대리점이 아니면서 특정한 보험자를 위하여 계속적으로 보험계약의 체결을 중개하는 자는 제1항제1호(보험자가 작성한 영수증을 보험계약자에게 교부하는 경우만 해당한다) 및 제2호의 권한이 있다. ④ 피보험자나 보험수익자가 보험료를 지급하거나 보험계약에 관한 의사표시를 할 의무가 있는 경우에는 제1항부터 제3항까지의 규정을 그 피보험자나 보험수익자에 대하여도 적용한다.
第650條(保險料의 支給과 지체의 效果) ① (생 략)	第650條(保險料의 支給과 지체의 效果) ① (현행과 같음)
②繼續保險料가 약정한 時期에 支給되지 아니한 때에는 保險者는 상당한 期間을 정하여 保險契約者에게 催告하고 그 期間內에 支給되지 아니한 때에는 그 契約을 解止할 수 있다.	② 계속보험료가 약정한 지급기일에 지급되지 아니한 경우에는 보험자는 상당한 기간을 정하여 보험계약자에게 그 지급을 최고(催告)하고, 그 기간 내에 지급되지 아니한 경우에는 그 계약을 해지할 수 있다.
③ (생 략)	③ (현행과 같음)
第652條(危險變更增加의通知와契約解止) ①保險期間中에保險契約者또는被保險者가事故發生의危險이顯著하게變更또는增加된事實을안때에는遲滯없이保險者에게通知하여야한다 이를懈怠한때에는保險者는그事實을안 날로부터 1月內에한하여契約을 解止할 수 있다	第652條(危險變更增加의通知와契約解止) ① 보험계약 체결 이후에 보험계약자 또는 피보험자가 사고발생의 위험이 현저하게 변경되거나 증가된 사실을 안 경우에는 지체 없이 보험자에게 통지하여야 한다. 통지를 게을리한 경우에는 보험자는 그 사실을 안 날부터 1개월 이내에 한하여 계약을 해지할 수 있다.

현 행	개 정 안
② (생 략)	② (현행과 같음)
第653條(保險契約者等의 故意나 重過失로 因한 危險增加와 契約解止) 保險期間中에 保險契約者, 被保險者 또는 保險受益者의 故意 또는 重大한 過失로 因하여 事故發生의 危險이 顯著하게 變更 또는 增加된 때에는 保險者는 그 사실을 안 날부터 1月내에 保險料의 增額을 請求하거나 契約을 解止할 수 있다.	제653조(보험계약자 등의 고의나 중과실로 인한 위험변경증가와 계약해지) 보험계약 체결 이후에 보험계약자, 피보험자 또는 보험수익자의 고의 또는 중대한 과실로 인하여 사고발생의 위험이 현저하게 변경되거나 증가된 경우에는 보험자는 그 사실을 안 날부터 1개월 이내에 보험료의 증액을 청구하거나 계약을 해지할 수 있다.
第655條(契約解止와 保險金額請求權) 保險事故가 發生한 後에도 保險者가 第650條, 第651條, 第652條와 第653條의 規定에 依하여 契約을 解止한 때에는 保險金額을 支給할 責任이 없고 이미 支給한 保險金額의 返還을 請求할 수 있다. 그러나 告知義務에 違反한 事實 또는 危險의 顯著한 變更이나 增加된 事實이 保險事故의 發生에 影響을 미치지 아니하였음이 證明된 때에는 그러하지 아니하다.	제655조(계약해지와 보험금청구권) 보험사고가 발생한 후에도 보험자가 제650조, 제651조, 제652조 및 제653조에 따라 계약을 해지한 때에는 보험금을 지급할 책임이 없고 이미 지급한 보험금의 반환을 청구할 수 있다. 다만, 고지의무(告知義務)를 위반한 사실 또는 위험이 현저하게 변경되거나 증가된 사실이 보험사고의 발생에 영향을 미치지 아니하였음이 증명된 때에는 계약을 해지하더라도 보험금을 지급할 책임이 있다.
<신 설>	제655조의2(사기에 의한 계약) ① 보험계약의 당사자 또는 피보험자의 사기(詐欺)로 인하여 체결된 보험계약은 무효로 한다. ② 제1항의 경우에 보험자는 그 사실을 안 때까지의 보험료를 청구할 수 있다. 다만, 인보험(人保險)에서 보험수익자를 위하여 적립한 금액은 보험계약자에게 지급하여야 한다.
<신 설>	제657조의2(사기에 의한 보험금청구) ① 보험계약자, 피보험자, 보험수익자 또는 보험금청구권을 가지는 제3자가 보험금을 청구한 경우에 사기의 목적으로 다음 각 호의 어느 하나에

현 행	개 정 안
	해당하는 행위를 하여 보험금의 지급 여부 또는 그 산정에 중대한 영향을 미친 때에는 보험자는 그 사실을 안 날부터 1개월 이내에 보험금청구권이 상실된다는 뜻을 통지하여 보험금의 지급책임을 면할 수 있다. 1. 손해 통지 또는 보험금 청구에 관한 서면이나 증거를 위조하거나 변조하는 행위 2. 손해 통지 또는 보험금 청구에 관한 서면에 거짓된 사실을 기재하는 행위 3. 그 밖에 보험금의 지급 여부 또는 그 산정에 중대한 영향을 미치는 사항을 거짓으로 알리거나 숨기는 행위 ② 제1항의 경우 보험자가 이미 보험금을 지급한 경우에는 그 반환을 청구할 수 있다.
第658條(保險金額의 支給) 保險者는 保險金額의 支給에 관하여 約定期間이 있는 경우에는 그 期間내에 約定期間이 없는 경우에는 第657條第1項의 통지를 받은 후 지체없이 支給할 保險金額을 정하고 그 정하여진 날부터 10日내에 被保險者 또는 保險受益者에게 保險金額을 支給하여야 한다.	제658조(보험금의 지급시기) ① 보험자는 보험금의 지급기간에 관하여 약정이 있는 경우에는 그 기간 내에 지급할 보험금을 정하여 피보험자 또는 보험수익자에게 보험금을 지급하여야 한다. ② 보험자는 보험금의 지급기간에 관하여 약정이 없는 경우에는 제657조제1항의 통지를 받은 후 손해사정 또는 보험사고조사에 필요한 통상의 기간 내에 지체 없이 지급할 보험금을 정하고, 보험금을 정한 날부터 10일 이내에 피보험자 또는 보험수익자에게 보험금을 지급하여야 한다. 다만, 보험계약자 또는 보험금청구권자의 책임이 있는 사유로 손해사정이나 보험사고조사가 방해된 경우에는 손해사정 또는 보험사고조사에 필요한 통상의 기간의 진행은 정지되고 그 방해가 소멸된 때부터 진행한다.
第662條(消滅時效) 保險金額의 請求權과 保險料 또는 積立金의 返還請求權은 2年間, 保險料의 請求權은 1年間 行使하지 아니하면 消滅時	제662조(소멸시효) 보험금청구권은 3년간, 보험료 또는 적립금의 반환청구권은 3년간, 보험료청구권은 2년간 행사하지 아니하면 소멸시

현 행	개 정 안
效가 完成한다	효가 완성된다.
第664條(相互保險에의 準用) 이 編의 規定은 그 性質이 相反되지 아니하는 限度에서 相互保險에 準用한다.	제664조(상호보험, 공제 등에의 준용) 이 편(編)의 규정은 그 성질에 반하지 아니하는 범위에서 상호보험(相互保險), 공제(供濟), 그 밖에 이에 준하는 계약에 준용한다.
第666條(損害保險證券) 損害保險證券에는 다음의 事項을 記載하고 保險者가 記名捺印 또는 署名하여야 한다.	第666條(損害保險證券) --.
1. ~ 7. (생 략)	1. ~ 7. (현행과 같음)
<신 설>	8. 피보험자의 주소, 성명 또는 상호
8.·9. (생 략)	9.·10. (현행 제8호 및 제9호와 같음)
第669條(超過保險) ① ~ ③ (생 략)	第669條(超過保險) ① ~ ③ (현행과 같음)
④第1項의 境遇에 契約이 保險契約者의 詐欺로 因하여 締結된 때에는 그 契約은 無效로 한다. 그러나 保險者는 그 事實을 안때까지의 保險料를 請求할 수 있다	<삭 제>
第672條(重複保險) ①동일한 保險契約의 目的과 동일한 事故에 관하여 數個의 保險契約이 동시에 또는 順次로 체결된 경우에 그 保險金額의 總額이 保險價額을 초과한 때에는 保險者는 各自의 保險金額의 限度에서 連帶責任을 진다. 이 경우에는 各 保險者의 補償責任은 各自의 保險金額의 比率에 따른다. ②동일한 保險契約의 目的과 동일한 事故에 관하여 數個의 保險契約을 체결하는 경우에는 保險契約者는 各 保險者에 대하여 各 保險契約의 내용을 통지하여야 한다.	제672조(중복보험) ① 동일한 보험계약의 목적과 동일한 사고에 관하여 둘 이상의 보험계약이 동시에 또는 순차로 체결된 경우에 각 보험금의 총액이 보험가액(保險價額)을 초과하거나 각 보험계약에 의한 보상액의 총액이 손해액을 초과하는 경우에는 보험자는 각 보험계약에 따른 보상액의 한도에서 연대책임을 진다. 이 경우 각 보험자의 보상책임은 각자의 보험금의 비율 또는 각 보험계약에 의한 보상액의 비율에 따른다. ② 보험자의 책임에 관하여 제1항과 다른 내

현 행	개 정 안
③第669條第4項의規定은第1項의保險契約에 準用한다	용의 약정이 있는 경우에는 그 약정에 따른다.
<신 설>	제672조의2(둘 이상의 보험계약의 통지의무) ① 동일한 보험계약의 목적과 동일한 사고에 관하여 둘 이상의 보험계약이 동시에 또는 순차로 체결된 경우에는 보험계약자 또는 피보험자는 지체 없이 각 보험자에게 다른 보험계약의 보험자와 보험금을 통지하여야 한다. 동일한 보험계약의 목적에 관하여 제667조의 이익이나 보수를 보상하는 보험계약과 그 밖의 손해를 보상하는 보험계약이 따로 체결된 경우에도 같다. ② 보험계약자나 피보험자가 고의 또는 중대한 과실로 제1항의 통지를 하지 아니하거나 거짓의 통지를 한 경우에는 보험자는 그 사실을 안 날부터 1개월 이내에, 계약을 체결한 날부터 3년 이내에 한하여 계약을 해지할 수 있다. 다만, 보험자가 각 보험계약이 체결될 당시에 다른 보험계약의 내용을 알았거나 중대한 과실로 알지 못한 경우에는 그러하지 아니하다.
第679條(保險目的의讓渡) ①被保險者가 保險의 目的을 讓渡한 때에는 讓受人은 保險契約上의 權利와 義務를 承繼한 것으로 推定한다. ②第1項의 경우에 保險의 目的의 讓渡人 또는 讓受人은 保險者에 대하여 지체없이 그 사실을 통지하여야 한다.	제679조(보험목적의 양도) ① 피보험자가 보험목적을 양도한 경우 양수인은 보험계약상의 권리와 의무를 승계한다. ② 제1항의 경우에 보험목적의 양도인 또는 양수인은 보험자에게 지체 없이 보험목적의 양도 사실을 통지하여야 한다. 양도인 또는 양수인이 양도의 통지를 하지 아니한 상태에서 양도일부터 1개월을 지나 보험사고가 발생하고, 보험자가 제1항의 승계를 하지 않으리라는 사정이 인정되는 경우 보험자는 보험금을 지급할 책임을 면한다. ③ 보험자는 보험목적이 양도된 사실을 안

현 행	개 정 안
	날부터 1개월 이내에 보험계약의 해지를 통지할 수 있다. 이 경우 보험계약자가 해지 통지를 받은 후 15일이 지나야 해지의 효력이 생긴다.
第680條(損害防止義務) ①保險契約者와 被保險者는 損害의 방지와 輕減을 위하여 노력하여야 한다. 그러나 이를 爲하여 必要 또는 有益하였던 費用과 補償額이 保險金額을 超過한 境遇라도 保險者가 이를 負擔한다.	제680조(손해방지의 의무 및 비용) ① 보험계약자와 피보험자는 보험사고가 발생한 경우 그 사고로 인한 손해를 방지하고 줄이기 위하여 노력하여야 한다. ② 보험계약자나 피보험자가 제1항의 의무를 고의 또는 중대한 과실로 위반한 경우에는 보험자는 그 의무가 이행되었더라면 방지하거나 줄일 수 있었던 손해액을 보상액에서 공제할 수 있다. 다만, 제1항의 의무 위반이 손해의 발생 및 확대에 영향을 미치지 아니한 경우에는 그러하지 아니하다. ③ 보험자는 제1항의 의무를 이행하기 위하여 필요하거나 유익하였던 비용과 보상액을 보험금의 한도 내에서 부담한다. 다만, 이 의무의 이행이 보험자의 지시나 동의를 따른 것인 경우에는 비용과 보상액이 보험금을 초과하더라도 보험자가 부담한다.
第682條(第三者에 對한 保險代位) 損害가 第三者의 行爲로 因하여 생긴 境遇에 保險金額을 支給한 保險者는 그 支給한 金額의 限度에서 그 第三者에 對한 保險契約者 또는 被保險者의 權利를取得한다. 그러나 保險者가 補償할 保險金額의 一部를 支給한 때에는 被保險者의 權利를 害하지 아니하는 範圍內에서 그 權利를 行使할 수 있다	제682조(제3자에 대한 보험대위) ① 손해가 제3자의 행위로 인하여 발생한 경우에 보험금을 지급한 보험자는 그 지급한 금액의 한도에서 그 제3자에 대한 보험계약자 또는 피보험자의 권리를 취득한다. 다만, 보험자가 보상할 보험금의 일부를 지급한 경우에는 피보험자의 권리를 침해하지 아니하는 범위에서 그 권리를 행사할 수 있다. ② 보험계약자나 피보험자의 제1항의 권리가 그와 생계를 같이 하는 가족에 대한 것인 경우에는 보험자는 그 권리를 취득하지 못한다. 다만, 손해가 그 가족의 고의로 인하여 발생한 경우에는 그러하지 아니하다.

현 행	개 정 안
第722條(被保險者의 事故通知義務) 被保險者가 第3者로부터 賠償의 請求를 받은 때에는 遲滯없이 保險者에게 그 通知를 發送하여야 한다	제722조(피보험자의 배상청구 사실 통지의무) ① 피보험자가 제3자로부터 배상청구를 받은 때에는 지체 없이 보험자에게 그 통지를 발송하여야 한다. ② 피보험자가 제1항의 통지를 게을리하여 손해가 증가된 경우에는 보험자는 그 증가된 손해를 보상할 책임이 없다. 다만, 피보험자가 제657조제1항의 통지를 발송한 경우에는 그러하지 아니하다.
第725條의2(數個의 責任保險) 被保險者가 동일한 事故로 第3者에게 賠償責任을 짐으로써 입은 損害를 補償하는 數個의 責任保險契約이 동시 또는 順次로 체결된 경우에 그 保險金額의 總額이 被保險者의 第3者에 대한 損害賠償額을 초과하는 때에는 第672條와 第673條의 規定을 準用한다.	제725조의2(둘 이상의 책임보험) 피보험자가 동일한 사고로 제3자에게 배상책임을 짐으로써 입은 손해를 보상하는 둘 이상의 책임보험계약이 동시에 또는 순차로 체결된 경우에는 제672조, 제672조의2 및 제673조를 준용한다.
第726條(再保險에의 適用) 이 節의 規定은 再保險契約에 準用한다.	제726조(재보험에의 준용) 이 절(節)의 규정은 그 성질에 반하지 아니하는 범위에서 재보험계약에 준용한다.
<신 설>	제7절 보증보험
<신 설>	제726조의5(보증보험자의 책임) 보증보험계약의 보험자는 보험계약자가 피보험자에게 계약상의 채무불이행 또는 법령상의 의무불이행으로 입힌 손해를 보상할 책임이 있다.
<신 설>	제726조의6(적용 제외) ① 보증보험계약에 관하여는 제639조제2항 단서를 적용하지 아니한다. ② 보험계약자의 사기, 고의 또는 중대한 과실이 있는 경우에도 이에 대하여 피보험자에게

현 행	개 정 안
     <신 설>	책임이 있는 사유가 없으면 제651조, 제652조, 제653조, 제655조의2, 제659조제1항 및 제672조의2를 적용하지 아니한다. 제726조의7(준용규정) 보증보험계약에 관하여는 그 성질에 반하지 아니하는 범위에서 보증채무에 관한 「민법」의 규정을 준용한다.
第727條(人保險者의 責任) 人保險契約의 保險者는 生命 또는 身體에 關하여 保險事故가 생길 境遇에 保險契約의 定하는 바에 따라 保險金額其他의 給與를 할 責任이 있다	제727조(인보험자의 책임) ① 인보험계약의 보험자는 피보험자의 생명이나 신체에 관하여 보험사고가 발생할 경우에 보험계약으로 정하는 바에 따라 보험금이나 그 밖의 급여를 지급할 책임이 있다. ② 제1항의 보험금은 당사자 간의 약정에 따라 분할하여 지급할 수 있다.
第730條(生命保險者의 責任) 生命保險契約의 保險者는 被保險者의 生命에 關한 保險事故가 생길 境遇에 約定한 保險金額을 支給할 責任이 있다	제730조(생명보험자의 책임) 생명보험계약의 보험자는 피보험자의 사망, 생존, 사망과 생존에 관한 보험사고가 생길 경우에 약정한 보험금을 지급할 책임이 있다.
第732條(15歲未滿者等에 對한 契約의 禁止) 15歲未滿者, 心神喪失者 또는 心神薄弱者의 死亡을 保險事故로 한 保險契約은 無效로 한다. <단서 신설>	第732條(15歲未滿者等에 對한 契約의 禁止) --. 다만, 심신박약자가 보험계약을 체결하거나 제731조에 따른 서면 동의를 할 때에 의사능력이 있는 경우에는 그러하지 아니하다.
第732條의2(重過失로 인한 保險事故) 死亡을 保險事故로 한 保險契約에는 事故가 保險契約者 또는 被保險者나 保險受益者의 중대한 過失로 인하여 생긴 경우에도 保險者는 保險金額을 支給할 責任을 免하지 못한다.	제732조의2(생명보험자의 면책사유) ① 사망을 보험사고로 한 보험계약에서 보험사고가 다음 각 호의 어느 하나에 해당하는 경우에는 보험자는 보험금을 지급할 책임이 없다. 1. 보험사고가 보험계약자 또는 보험수익자의 고의로 발생한 경우

현 행	개 정 안
	2. 보험사고가 피보험자의 자살로 발생한 경우 ② 둘 이상의 보험수익자 중 일부가 고의로 피보험자를 사망하게 한 경우에는 제1항에도 불구하고 보험자는 다른 보험수익자에 대한 보험금 지급 책임을 면하지 못한다.
<신 설>	제732조의3(다른 생명보험계약의 고지의무) ① 보험자는 보험계약 당시에 보험계약자 또는 피보험자에게 피보험자의 사망을 보험사고로 하는 다른 생명보험계약의 보험자 및 보험금을 고지하도록 요구할 수 있다. ② 보험계약자나 피보험자가 고의 또는 중대한 과실로 제1항의 고지를 하지 아니하거나 거짓의 고지를 하고, 보험자가 보험계약 당시에 그 사실을 알았더라면 보험계약을 체결하지 아니하였을 것이라고 인정되는 경우에는, 보험자는 그 사실을 안 날부터 1개월 이내에, 보험계약을 체결한 날부터 3년 이내에 한하여 보험계약을 해지할 수 있다. 다만, 보험자가 보험계약 당시에 그 사실을 알았거나 중대한 과실로 알지 못한 경우에는 그러하지 아니하다.
<신 설>	제734조의2(보험금청구권의 압류금지) ① 직계존 · 비속(直系尊 · 卑屬) 또는 배우자가 사망함으로써 보험수익자가 취득하는 사망보험금청구권의 2분의 1에 해당하는 금액은 압류할 수 없다. ② 보험수익자가 사망보험금청구권을 취득하는 보험계약이 둘 이상인 경우에는 제1항을 각 보험계약별로 적용한다.
第735條(養老保險) 被保險者의 死亡을 保險事	<삭 제>

현 행	개 정 안
故로 한 保險契約에는 事故의 發生없이 保險期間이 終了한 때에도 保險金額을 支給할 것을 約定할 수 있다	
第735條의2(年金保險) 生命保險契約의 保險者는 被保險者의 生命에 관한 保險事故가 생긴 때에 약정에 따라 保險金額을 年金으로 分割하여 支給할 수 있다.	<삭 제>
第735條의3(團體保險) ①·② (생 략)	第735條의3(團體保險) ①·② (현행과 같음)
<신 설>	③ 제1항의 보험계약의 경우 보험계약자가 피보험자가 아닌 자를 보험수익자로 지정하는 경우에는 단체의 규약에서 명시적으로 정하는 경우 외에는 그 피보험자의 서면에 따른 동의를 받아야 한다.
第736條(保險積立金返還義務等) ①第649條, 第650條, 第651條 및 第652條 乃至 第655條의 規定에 依하여 保險契約이 解止된 때, 第659條와 第660條의 規定에 依하여 保險金額의 支給責任이 免除된 때에는 保險者는 保險受益者를 爲하여 積立한 金額을 保險契約者에게 支給하여야 한다. 그러나 다른 約定이 없으면 第659條第1項의 保險事故가 保險契約者에 依하여 생긴 境遇에는 그러하지 아니하다.	제736조(보험적립금 반환의무 등) 제649조, 제650조, 제651조, 제652조부터 제655조까지 및 제732조의3에 따라 보험계약이 해지된 경우와 제659조 및 제660조에 따라 보험금 지급책임이 면제된 경우에는 보험자는 보험수익자를 위하여 적립한 금액을 보험계약자에게 지급하여야 한다. 다만, 다른 약정이 없는 경우로서 제659조제1항의 보험사고가 보험계약자에 의하여 발생한 경우에는 그러하지 아니하다.
<신 설>	제737조의2(상해보험자의 면책사유) 상해를 보험사고로 하는 보험계약에는 사고가 보험계약자 또는 피보험자나 보험수익자의 중대한 과실로 인하여 생긴 경우에도 보험자는 보험금을 지급할 책임을 면하지 못한다. 다만, 반사회성 및 고도의 위험성이 있는 행위 중 대통령령으로 정하는 행위의 경우에는 당사자 간에 다르

현 행	개 정 안
	게 약정할 수 있다.
第739條(準用規定) 傷害保險에 關하여는 第732條를 除外하고 生命保險에 關한 規定을 準用한다	제739조(상해보험에 대한 준용규정) ① 상해보험에 관하여는 제732조 및 제732조의2를 제외하고 생명보험에 관한 규정을 준용한다. ② 제1항에도 불구하고 실손(實損) 보상적 상해보험계약에 관하여는 그 성질에 반하지 아니하는 범위에서 손해보험에 관한 규정을 준용한다.
<신 설>	제4절 질병보험
<신 설>	제739조의2(질병보험자의 책임) 질병보험계약의 보험자는 피보험자의 질병에 관한 보험사고가 발생할 경우 보험금이나 그 밖의 급여를 지급할 책임이 있다.
<신 설>	제739조의3(고의에 의한 질병의 악화) 피보험자가 질병을 악화시켜 보험금을 취득할 목적으로 통상적으로 받아야 할 치료를 받지 아니하여 질병이 악화된 경우 보험자는 그로 인하여 악화된 부분에 대하여는 보험금을 지급할 책임이 없다.
<신 설>	제739조의4(질병보험에 대한 준용규정) 질병보험에 관하여는 그 성질에 반하지 아니하는 범위에서 생명보험 및 상해보험에 관한 규정을 준용한다.

찾아보기

[저자 소개]

• 양승규

서울대학교 법과대학 졸업
서울대학교 대학원수료(법학석사 · 법학박사)
Wien대학교·Southern Methodist 대학교에서 수학
서울대학교 교수·보험감독위원역임
현 세종대학교 총장, 서울대학교 명예교수

〈저서·역서〉

한국법학교육(공역, 서울대학교 법학연구소, 1967)
보험자대위에 관한 연구(삼영사, 1975)
개정 상법사례연구(삼영사, 1982)
판례교재 보험법·해상법(법문사, 1982)
보험법·해상법(한국방송통신대학, 1992)
자동차보험과 소비자(콕커렐 · 디킨슨 저: 감영서 경세원, 1996)
국제항공운송법(마네저: 역서, 법문사, 1987)
상법의 논점(삼지원, 2000)
보험법의 법리(삼지원, 2000)
보범판례연구(삼지원, 2000)
보험법(제5판)(삼지원, 2004)
해상보험법(공저, 삼지원, 2007)

• 장덕조

서울대학교 법과대학 졸업
서울대학교 대학원수료(법학석사 · 법학박사)
현 서강대학교 법학전문대학원 교수

〈저서〉

보험법의 쟁점(편저, 법문사, 2000)
보험법쟁점연구 I(법영사, 2002)
상법 II(한국방송통신대학교 출판부, 2002)
주석금융법(한국사법행정학회, 2007)

• 한창희

서울대학교 법과대학 졸업
서울대학교 대학원수료(법학석사 · 법학박사)
현 국민대학교 교수

〈저서〉

최신회사법(청목출판사, 2007)
상법사례연습(청목출판사, 2007)
해상보험법(공저, 삼지원, 2007)
최신상법총론(제2판)(청목출판사, 2009)
주석금융법(보험업법 1, 2) (공저, 한국사법행정학회, 2007)
주석상법(Ⅶ)(보험편)(한국사법행정학회, 2001)

보험법개정의 관점

2009년 4월 25일 초판인쇄
2009년 4월 30일 초판발행

저 자 양승규 · 장덕조 · 한창희
발행인 유 성 렬
발행처 청목출판사
서울특별시 영등포구 신길동 233-96
전화 (02) 849-6157(代) · 2820
FAX (02) 849-0817
등록 제318-1994-000090호

파본은 바꾸어 드립니다. 값 15,000원

http : //www.chongmok.co.kr

ISBN 978-89-5565-301-4